全国学前教育专业
"十三五"规划教材

学前儿童
语言教育与活动指导

高羽 周晴 ◎ 主编

潘秀玮 陶翠萍 ◎ 副主编

人民邮电出版社

北 京

图书在版编目（CIP）数据

学前儿童语言教育与活动指导 / 高羽，周晴主编
. -- 北京 : 人民邮电出版社，2019.11（2022.1重印）
全国学前教育专业"十三五"规划教材
ISBN 978-7-115-52283-2

Ⅰ. ①学… Ⅱ. ①高… ②周… Ⅲ. ①学前儿童—语
言教学—幼儿师范学校—教材 Ⅳ. ①G613.2

中国版本图书馆CIP数据核字(2019)第223290号

内 容 提 要

本书立足于学前儿童语言教育的教学实际，力求全面、系统地反映学前儿童语言教育理论研究和实践的最新成果，并针对当下学前儿童语言发展的特点，进行理论要点的重构与整合。

本书共分为十章，主要内容包括初识学前儿童语言教育，学前儿童语言发展与教育阶段，学前儿童谈话活动，学前儿童讲述活动，学前儿童听说活动，学前儿童阅读活动，学前儿童文学作品教育活动，学前儿童书写准备活动，学前儿童日常生活中的语言教育，以及学前儿童语言教育的评价等。

本书适合作为普通高等院校、职业院校学前教育专业及幼儿师范学校的学习教材，也可作为大多数幼儿园和幼教机构一线教师继续教育和进修的参考用书。

◆ 主　　编　高　羽　周　晴
　　副主编　潘秀玮　陶翠萍
　　责任编辑　古显义
　　责任印制　马振武

◆ 人民邮电出版社出版发行　　北京市丰台区成寿寺路 11 号
　　邮编　100164　　电子邮件　315@ptpress.com.cn
　　网址　http://www.ptpress.com.cn
　　固安县铭成印刷有限公司印刷

◆ 开本：787×1092　1/16
　　印张：13.5　　　　　　　2019 年 11 月第 1 版
　　字数：220 千字　　　　　2022 年 1 月河北第 4 次印刷

定价：42.00 元

读者服务热线：(010)81055256　印装质量热线：(010)81055316
反盗版热线：(010)81055315
广告经营许可证：京东市监广登字20170147号

前　言

　　语言是人类保存和传递社会历史文化经验的载体，同时也是一种交际和思维工具。人们通过语言来了解事物，表达思想感情，完成与他人的沟通。幼儿时期是人的一生中语言发展的最佳时期。在重视彰显个性、表达自我的今天，语言能力对个人发展显得尤为重要。

　　人际交往能力、语言表达能力、阅读能力和书写能力是一个人最基本的能力素质。幼儿只有具备了一定的语言素质，可以正确运用语言，才有全面发展的可能性。同时，语言是思维的工具，是思维的表现形式，没有语言的帮助，所有成果都无法顺利地巩固、发展和传递。在知识经济时代，学习能力变得非常重要，而语言则是学习的基础工具，通过语言的交流，如听、说、读、写等行为，我们才得以获得巨大的知识量。鉴于此，学前儿童语言教育仍然是现在和今后学前教育中的重要方面，而教师要践行自己的使命，掌握学前儿童语言教育活动的方法和措施，用心促进学前儿童语言能力的开发与提高。

　　学前儿童语言教育把0～6岁学前儿童语言的发生、发展及其教育作为学前儿童语言教育的研究对象，主要研究该年龄段的儿童在语言习得过程中产生的一系列现象和问题，从中发现规律，并运用规律进行有效的教育，促进他们语言能力的整体发展。

　　课程建设是教育建设的基础，是保障教育教学质量的关键环节，而教材建设则是课程得以实施的保障。我们要根据学前教育近几年的发展现状和改革方向，结合学校人才培养和教学实际，以全新的理念和实用的内容培养学前教育专业学生的综合素质，提高其文化水平、艺术修养、职业技能、实际操作能力及创新能力。因此，学前教育的专业教材应突出学前教育专业的特色和发展方向，具有指导性、针对性、实用性和趣味性。

　　基于以上考虑，本教材遵循《幼儿园教育指导纲要（试行）》的基本精神，贯彻"育人为本、实践取向和终身学习"的教师教育理念，立足于幼儿师范高等专科学校和幼儿师范学校学前儿童语言教育的教学实际，力求全面、系统地反映学前儿童语言教育理论研究和实践的最新成果，体现出时代性、科学性和可操作性的特点，面向整个学前儿童语言教育，突出幼儿阶段语言教育，以更好地适应学校和社会发展的需要。

　　参与本书编写的专家与教师均长期从事学前儿童语言教育的研究与教学工作，对学前儿童语言教育课程的内容领会透彻，并在实际教学中深入探索和实践，摸索出一套行之有效的教学方法和经验，这为本书的编写提供了丰富的素材与参考，使本书更具针对性与实用性。

　　本书编者在对国内先进的相关理论知识进行梳理的基础上，针对当下学前儿童的语言发展特点，对理论要点进行了重构与整合，力求教材理论知识的完整性与针对性；在实践设置环节，力求与当下学前教育的其他相关环节及活动既保持相互的渗透与融合，又保持一定的独立性，使教师在实践环节有更多的自主支配空间；在对案例的选择上，本书结合当下实际，既保证了经典案例的再次实践，又加入了新鲜元素，使案例的内容更加丰富、饱满。

此外，本书还配有微课视频和完整齐备的教学PPT、电子教案等文件，选书老师可登录人邮教育社区（www.ryjiaoyu.com）下载并获取相关的教学资源。

在本书的编写过程中，编者参考和借鉴了一些国内外学者的著述，以及优秀学前教育老师的一些实践案例，在此一并表示衷心的感谢！由于编写时间与编者水平有限，书中可能还存在纰漏与不足之处，恳请广大师生、专家和读者朋友批评指正，我们将及时予以改进。

编　者

2019年8月

目　录

第一章

初识学前儿童语言教育

【学习目标】

➢ 了解学前儿童语言教育的内容与目标。

➢ 掌握学前儿童语言教育的方法。

➢ 了解学前儿童语言发展中的影响因素。

➢ 掌握学前儿童语言发展与教育的相关理论。

随着语言文化的发展，我们对学前儿童语言的探究从未中断过。学前儿童只有学好语言，才能更加有效地探索世界，才能使智慧潜能得以充分发挥。学前教育活动依赖于语言，正如柏拉图所说"语言是教育的工具"，它不仅是教师教学的工具，也是学前儿童学习的工具。离开语言，教育便无从发生。因此，学前儿童语言教育是学前教育学研究最主要的课题之一。

第一节 认识学前儿童语言教育

引导案例

雨泽现在已经4岁半了，但说话一直不太清楚。最近雨泽的父母把雨泽转入了一所新幼儿园，刚转园时他总是低着头，很少与小朋友交谈，而他偶尔说一句话，还会招来一阵笑声。时间一长，他更加难以启齿了。

雨泽的父母因工作原因都在外地，无暇照顾他。雨泽从小跟着老人长大，老人对他的生活照顾得无微不至，可与他交流沟通的机会少之又少。久而久之，雨泽的沟通能力明显不如同龄的孩子，并逐渐被同伴冷落。

老师与雨泽的奶奶和父母进行了多次沟通，帮他们分析了孩子现有的一些问题，引导他们帮助孩子进行正规的语言及感觉统合训练，并让他们了解一些语障儿童的矫正知识和适合家庭采用的矫正方法与游戏。

随着家人与雨泽交流次数的增多及老师在课堂上对雨泽的鼓励，雨泽的语言表达能力和交往能力已大幅提高，现已能够主动与其他小朋友进行沟通，课上敢于回答问题，性格也变得活泼开朗了许多，甚至有点儿调皮了。

学前阶段是口语发展的关键时期。学前儿童对语言的掌握是通过教育实现的，只有为学前儿童提供良好的语言教育环境，才能更好地促进学前儿童语言教育的发展及整体素质的发展，为学前儿童日后的发展奠定基础。

一、学前儿童语言教育基础

学前儿童语言教育是研究学前儿童语言发生发展的现象、规律及其训练和教育方法的一门科学，是学前教育师范院校培训幼儿教师的一门应用性科目。

近二三十年来，学前儿童语言教育获得了突飞猛进的发展，成为学前教育的支柱学科之一，对学前教育相关领域的发展起到了巨大的推动作用。由于学前儿童语言是一个不断发展的过程，因此，学前儿童语言教育又被称为"学前儿童语言发展与教育"。

学前儿童语言教育的定义有狭义和广义之分，如图1-1所示。

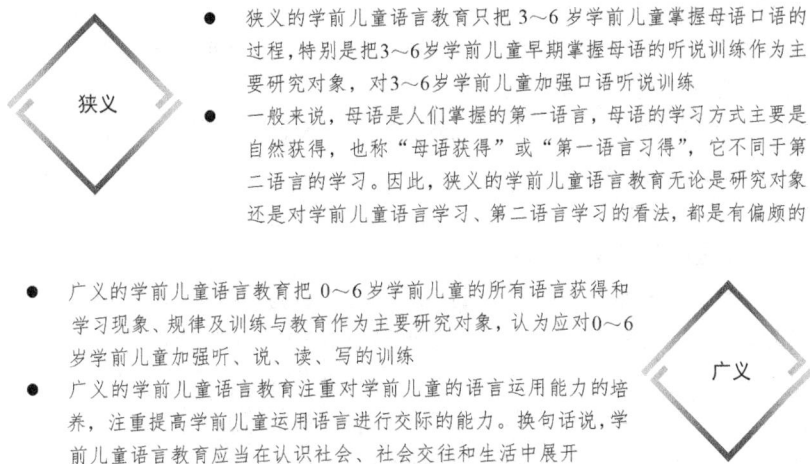

狭义

- 狭义的学前儿童语言教育只把3～6岁学前儿童掌握母语口语的过程，特别是把3～6岁学前儿童早期掌握母语的听说训练作为主要研究对象，对3～6岁学前儿童加强口语听说训练
- 一般来说，母语是人们掌握的第一语言，母语的学习方式主要是自然获得，也称"母语获得"或"第一语言习得"，它不同于第二语言的学习。因此，狭义的学前儿童语言教育无论是研究对象还是对学前儿童语言学习、第二语言学习的看法，都是有偏颇的

- 广义的学前儿童语言教育把0～6岁学前儿童的所有语言获得和学习现象、规律及训练与教育作为主要研究对象，认为应对0～6岁学前儿童加强听、说、读、写的训练
- 广义的学前儿童语言教育注重对学前儿童的语言运用能力的培养，注重提高学前儿童运用语言进行交际的能力。换句话说，学前儿童语言教育应当在认识社会、社会交往和生活中展开

广义

图1-1　狭义与广义的学前儿童语言教育

二、学前儿童语言教育的意义

作为学前教育的一个重要领域，我国学前儿童语言教育的基本任务主要有：提供普通话的语言环境，培养学前儿童正确说普通话；创造一个自由、宽松的语言交往环境，培养学前儿童语言交往的习惯，提高学前儿童语言交往的能力；发展学前儿童的语言理解能力和表达能力；积极引导并提高学前儿童倾听和欣赏儿童文学作品的能力；激发学前儿童对阅读与书写的兴趣，培养学前儿童阅读与前书写的习惯和能力，为学前儿童入学后的继续学习做好准备。

（一）探讨学前儿童语言教育的作用

探讨学前儿童语言教育具有重要作用，不仅可以促进学前儿童语言和行为的社会化进程，而且有利于学前儿童学习能力和认知能力的发展，提高学前儿童对语言的兴趣。

1. 促进学前儿童语言和行为的社会化进程

语言教育的基本任务在于促进学前儿童语言能力的发展，所以其首要任务是使学前儿童发音清晰，词汇丰富，口语表达完善，语言交往技能得到提高。

在学前儿童语言教育中，学前儿童不断积累新的语音和词汇，不断吸收新的句式和表达方法，然后逐渐把他人的语言转化为自己的语言，用来表达自己的思想和情感，对他人的行为产生影响并完成各种交往需求。

学前儿童获得语言能力后，就能用语言与周围人进行交流。这种交流有助于学前儿童克服以自我为中心的言行，使他们能够主动地适应他人的行为，并在此基础上逐渐获得语言自我调节能力，使自己的情感、态度、习惯、行为等与社会规范逐渐接近并相吻合。首先成人用语言对学前儿童进行他律，然后学前儿童就可以用语言进行自律，形成一定的、较稳固的行为习惯。学前儿童语言和社会化行为的发展，使学前儿童社会交往的精神需要得到一定的满足。

2. 促进学前儿童学习能力和认知能力的发展

语言具有高度的概括性，语义内容也相当丰富。学前儿童对语言的加工与其他认知加工有许多相似之处，又不等同于其他的认知加工。语音需要理解，语法规则需要抽象和概括，语言则通过语词、概念向学前儿童传递间接经验，有助于扩大学前儿童的眼界，提高思维和想象能力，也有助于学前儿童学习能力的发展。

在语言输出的加工中，学前儿童要把话语表达得正确、清楚、完整和连贯，也需要有感知、记忆、思维、想象过程的积极参与。随着学前儿童语言水平的提高，语言和认知能力的结合也渐趋密切。我国心理学家朱智贤教授认为，学前儿童语言连贯性的发展是学前儿童语言能力和逻辑思维能力发展的重要环节。由此可知，学前儿童早期语言能力的发展是他们认知能力发展的重要标志。

3. 促进学前儿童语言兴趣的提高

随着语言的不断丰富和语言交往技能的不断提高，学前儿童学习和运用语言的兴趣也越来越大。听和说的兴趣、自信和主动学习都有赖于语言听说能力的提高，而学前儿童一旦产生学习语言的兴趣，就会主动寻找学习语言的机会，学习更多的语言符号，尝试更新的语言技巧，语言的潜能就能得到充分的发挥。这种兴趣不仅对学前儿童当前的语言学习活动有积极影响，而且会影响他们入学乃至成年后学习和运用语言的兴趣。国内外许多作家小时候经常听人讲故事、读书。这些经验使他们对文学作品和写作活动产生了浓厚的兴趣，并最终促使他们走上文学创作的道路。

（二）揭示学前儿童语言发展与教育的规律

充分描述学前儿童语言的发展过程是学前儿童语言教育学科研究的基础，但不是目的。本学科研究的重要目的之一是揭示规律，而只有在描述的基础上总结出规律，研究才具有科学的意义。

如果说学前儿童语言的发展过程是自然意义上"是什么"的问题，那么，揭示学前儿童语言的发展规律才是科学意义上"是什么"的问题。

当前学术界已经揭示了一些学前儿童语言发展与教育的规律，图1-2所示为部分学前儿童语言发展教育规律。

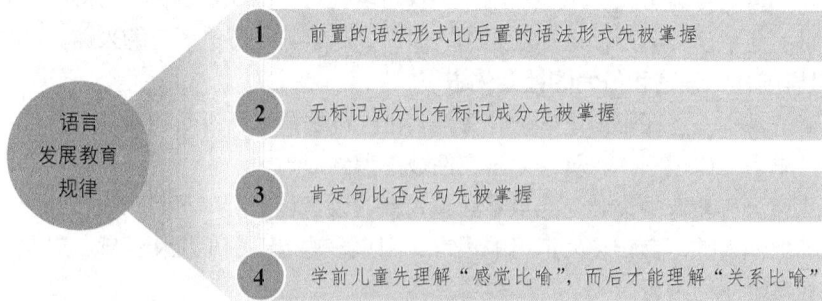

语言发展教育规律

1 前置的语法形式比后置的语法形式先被掌握

2 无标记成分比有标记成分先被掌握

3 肯定句比否定句先被掌握

4 学前儿童先理解"感觉比喻"，而后才能理解"关系比喻"

图1-2 部分学前儿童语言发展教育规律

学前儿童语言教育主要针对图1-2所示的规律开展教育与训练。许多教育工作者在实际教学中也摸索出丰富的经验，揭示了学前儿童语言教育的一般规律，而且在实际应用中也取得了一定的成效。

但是，这些探索所揭示的规律具有一定的局限性，而且许多规律是在有限材料的基础上概括出来的，是否具有普遍性还有待于事实的检验。

（三）解释学前儿童语言发展的过程及各种现象

从某种意义来说，科学的力量在于解释，解释是科学研究较高层次的追求。学前儿童掌握母语的过程都惊人地相似，可以分为以下五个阶段。

1. 出生后半年至1岁左右为嗫语阶段

在这一阶段中，婴儿能不由自主地发出各种声音，但还不能确定这些声音表示什么意思，这就是人们通常所说的咿呀学语阶段。这时的婴儿能理解成人的一些面部表情和语调，如果成人板着脸对他大声呵斥，他就会号啕大哭。这时的婴儿已能对成人的某些手势和简单的指令做出相应的反应，如当成人说"笑一笑""谢谢""欢迎欢迎"等，他就会做出相应的动作。

2. 1岁左右开始说话，进入单词句阶段

幼儿开始说话的时间有早有迟，早的为10个月左右，晚的要到1岁半左右，最迟的是2岁前后；一般而言，女孩开始学说话的时间要早于男孩。单词句阶段通常持续半年时间。在这个阶段，幼儿说出的句子由一个单词构成，随语境的不同可以表示多种意义。例如，"妈妈"在幼儿的语言中可以表示"妈妈，到这儿来""我要妈妈""妈妈抱抱我""妈妈，我要小便"等含义，也可能是"妈妈，我肚子饿了，我要吃饭"的意思。

3. 大约在1岁半进入双词句阶段

组成双词句的词可以分成两类：一类是轴心词，它们的数量少，使用频率低；另一类是开放词，它们的数量多，使用频率高。有的句子由轴心词加开放词构成，如要糖、爸爸好；有的句子由开放词加开放词构成，如走街上。

4. 大约在2岁半进入实词句阶段

实词句是只用实词不用虚词组成的句子，字数可以超过两个。例如，"妈妈班班"等，这种句子和成人发电报用词相仿，故称为"电报句"。在这个阶段，幼儿开始掌握语言的语法系统，但往往出现过度概括现象。例如，幼儿和母亲一起在超市购物，他会拉着妈妈的手说"妈妈买，妈妈买"，至于买什么谁也搞不清楚。

5. 大约在5岁进入成人句阶段

这时幼儿习得语言的过程已基本完成，虽然他们掌握的词汇数量有限，但基本的语法结构已经掌握，已经能够分辨正确的表达方法和错误的表达方法，能区别语句的同义关系和歧义关系。这时，幼儿对语言的运用已不限于表示眼前的事物。他们已经能够谈论以前发生的事情，也能谈论他们计划要做的一些事情，甚至谈论一些实际上并不存在的事情。

幼儿似乎并不费力便能习得十分复杂的语言系统，这让心理学家感到十分惊奇并表现出极大的兴趣。为了解释这种现象，他们提出了各种理论，如古典行为主义者的"模仿理论"、乔姆斯基的"先天语言习得机制"、勒纳伯格的"自然成熟理论"和"关键期学说"等。

这些解释有些已经被证明有严重的缺陷，有些只是目前还无法证明的假说。这些理论学家有关学前儿童语言发展的观点往往是一些推论，带有一定的片面性。目前，任何一派学说都无法全面、客观地对学前儿童语言发展的过程做出令人满意的解释。

三、学前儿童语言教育的目标

目标是行为的先导。在宏观层面上，学前儿童语言教育的目标要为我国的总体教育目标和学前儿童教育目标服务；在中观层面上，主要由《幼儿园教育指导纲要（试行）》和《3—6岁儿

童学习与发展指南》来指导；在微观层面上，主要是通过具体语言教学活动目标的达成来实现。

（一）学前儿童语言教育的总目标

1. 《幼儿园教育指导纲要（试行）》中"语言"领域的总目标

教育部于2001年颁布的《幼儿园教育指导纲要（试行）》（以下简称《纲要》）是我国21世纪初幼儿园教育的纲领性文件，其中将"语言"领域的目标设定为五个，如图1-3所示。

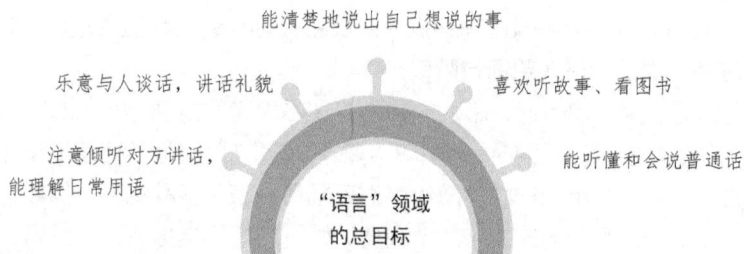

能清楚地说出自己想说的事

乐意与人谈话，讲话礼貌

喜欢听故事、看图书

注意倾听对方讲话，
能理解日常用语

能听懂和会说普通话

"语言"领域
的总目标

图1-3 《纲要》中"语言"领域的总目标

从对《纲要》中规定的"语言"领域的教育目标的分析中可以发现，《纲要》强调学前儿童"听、说、读、写"四种语言能力的培养，重视学前儿童语言学习品质（如乐意、喜欢、大胆、主动等）的形成和培养，在语言内容上关注学前儿童的生活、学前儿童自身的想法和感受，同时也关注优秀文学作品在学前儿童语言学习和发展中的作用，并推动了21世纪以来我国幼儿园教育中图画书的阅读与教学应用。

2. 《3-6岁儿童学习与发展指南》中"语言"领域的总目标

为了帮助幼儿园教师和家长了解3～6岁学前儿童学习与发展的基本规律和特点，建立对学前儿童发展的合理期望，指导幼儿园和家庭实施科学的保育和教育，促进学前儿童身心全面和谐发展，教育部于2012年9月颁布了《3-6岁儿童学习与发展指南》（以下简称《指南》）。《指南》中有关"语言"领域的学习与发展目标是对《纲要》中"语言"领域的目标的重申和发展。《指南》将学前儿童语言学习与发展的目标分为两个范畴，共六个目标，如图1-4所示。

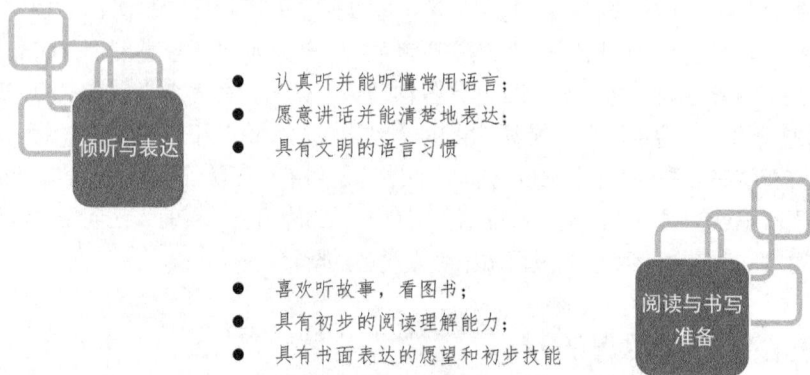

倾听与表达
- 认真听并能听懂常用语言；
- 愿意讲话并能清楚地表达；
- 具有文明的语言习惯

- 喜欢听故事，看图书；
- 具有初步的阅读理解能力；
- 具有书面表达的愿望和初步技能

阅读与书写准备

图1-4 《指南》中学前儿童"语言"领域的学习与发展目标

（二）学前儿童语言教育的年龄阶段目标

无论是《指南》还是《纲要》，其总目标都是对学前儿童在经历了幼儿园教育后应达到的语言能力水平的期望，这种期望的实现需要分解到各个年龄段中，随着年龄的增长以阶梯式的方式来实现。因此，我们除了要了解学前儿童语言教育的总目标外，还需要把握不同年龄阶段学前儿童语言教育的阶段目标。《指南》分三个年龄段在六个目标上列举了对学前儿童语言学习和发展的期望，这些期望可以在教育实践中转化为学前儿童语言教育的年龄阶段目标。

1. "认真听并能听懂常用语言"的年龄阶段目标

《指南》将不同年龄阶段学前儿童在这个目标上的学习和发展表现进行了列举，图1-5所示为"认真听并能听懂常用语言"的年龄阶段目标。

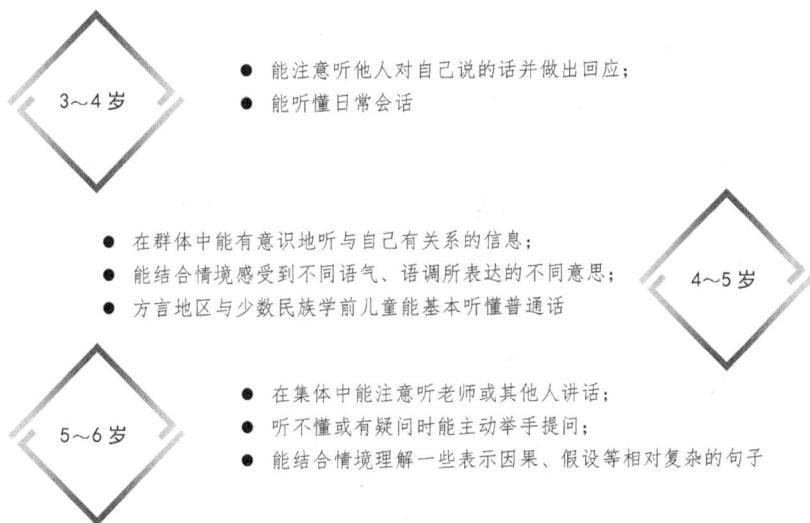

3～4岁
- 能注意听他人对自己说的话并做出回应；
- 能听懂日常会话

4～5岁
- 在群体中能有意识地听与自己有关系的信息；
- 能结合情境感受到不同语气、语调所表达的不同意思；
- 方言地区与少数民族学前儿童能基本听懂普通话

5～6岁
- 在集体中能注意听老师或其他人讲话；
- 听不懂或有疑问时主动举手提问；
- 能结合情境理解一些表示因果、假设等相对复杂的句子

图1-5　"认真听并能听懂常用语言"的年龄阶段目标

通过分析《指南》在这个目标上的年龄阶段目标可以发现，《指南》中不同年龄阶段目标主要包含"倾听"和"理解"两个方面。

在"倾听"语言能力上的层次划分主要表现为两个方面。

（1）倾听对象和情境的变化。随着年龄的增长，倾听的对象逐渐从"别人"扩展到"群体"，最后扩大到"集体"。倾听的对象人数从少到多，倾听的情境从非正式的随机谈话活动扩展到相对正式、有计划的交流活动。

（2）倾听内容和倾听方式的变化。随着年龄的增长，学前儿童逐渐从倾听跟自己有关的信息扩展到需要学前儿童注意的信息，学前儿童从有意识倾听逐渐发展到辨析性倾听。

在"理解"语言能力上的层次划分主要表现为两个方面。

（1）理解隐含意义。从最初的对日常会话的理解，逐渐发展到对情境中不同语气、语调所隐含意义的理解。

（2）理解复杂句。从对简单句的理解发展到对复杂句的理解。

2. "愿意讲话并能清楚地表达"的年龄阶段目标

图1-6呈现了《指南》对学前儿童在"愿意讲话并能清楚地表达"这一目标上的年龄阶段期望。

3～4 岁
- 愿意在熟悉的人面前说话并能大方地与人打招呼；
- 基本会说本民族或本地区的语言；
- 愿意表达自己的需要和想法，必要时能配以手势动作；
- 能口齿清楚地说儿歌、童谣或复述简短的故事

4～5 岁
- 愿意与他人交谈，喜欢谈论自己感兴趣的话题；
- 会说本民族或本地区的语言，基本会说普通话，少数民族学前儿童会用普通话进行日常会话；
- 能基本完整地讲述自己的所见所闻和经历的事情；
- 讲述比较连贯

5～6 岁
- 愿意与他人讨论问题，敢在众人面前说话；
- 会说本民族或本地区的语言和普通话，发音正确清晰，少数民族学前儿童基本会说普通话；
- 能有序、连贯、清楚地讲述一件事情；
- 讲述时能使用常见的形容词、同义词等，语言比较生动

图1-6 "愿意讲话并能清楚地表达"的年龄阶段目标

3. "具有文明的语言习惯"的年龄阶段目标

"具有文明的语言习惯"是学前儿童语言运用能力的重要体现。《指南》将不同年龄学前儿童在该目标上的表现进行了列举，如图1-7所示。

3～4 岁
- 与他人讲话时知道眼睛要看着对方；
- 说话自然，声音大小适中；
- 能在成人的提醒下使用恰当的礼貌用语

4～5 岁
- 他人讲话时能积极主动地回应；
- 能根据场合调节自己说话声音的大小；
- 能主动使用礼貌用语，不说脏话

5～6 岁
- 他人讲话时能积极主动回应；
- 能根据谈话对象和需要，调整说话的语气；
- 懂得按次序轮流讲话，不随意打断他人；
- 能依据所处情境使用恰当的语言，如在他人难过时会用恰当的语言表示安慰

图1-7 "具有文明的语言习惯"的年龄阶段目标

4. "喜欢听故事，看图书"的年龄阶段目标

"喜欢听故事，看图书"这一目标是《纲要》和《指南》共同具有的。不同的是，《指南》将这一目标按照年龄发展阶段进行了细化，如图1-8所示。

3~4岁
- 主动要求成人讲故事、读图书；
- 喜欢跟读律感强的儿歌、童谣；
- 爱护图书，不乱撕、乱扔

4~5岁
- 反复看自己喜欢的图书；
- 喜欢把听过的故事或看过的图书讲给他人听；
- 对生活中常见的标识符号感兴趣，知道它们表示一定的意义

5~6岁
- 专注地阅读图书；
- 喜欢与他人一起谈论图书和故事的有关内容；
- 对图书和生活情境中的文字符号感兴趣，知道文字表示一定的意义

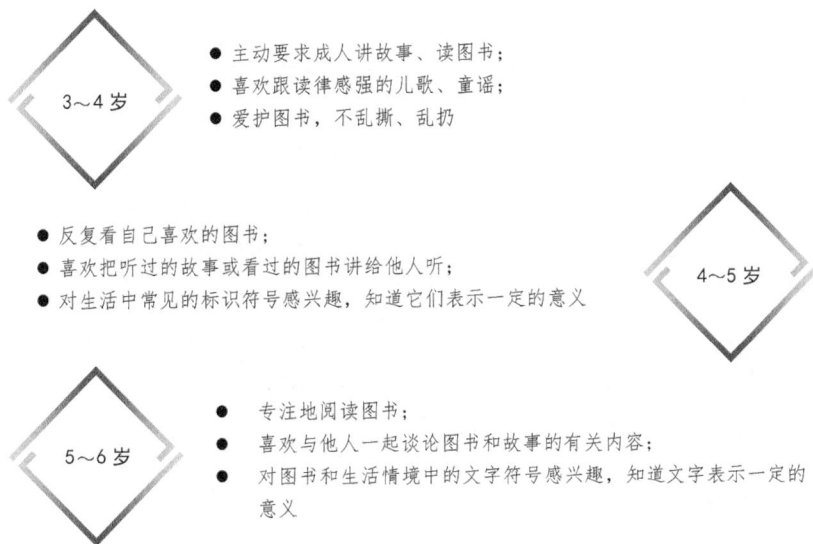

图1-8 "喜欢听故事，看图书"的年龄阶段目标

5. "具有初步的阅读理解能力"的年龄阶段目标

这个目标主要聚焦的是《纲要》中提出的"前阅读技能"目标。学前儿童的阅读可以分为亲子共读（或师幼共读）和自主阅读两种形式。对于学前儿童的阅读理解能力，《指南》从"理解水平"和"表达水平"两个方面对不同年龄阶段学前儿童的表现进行了划分，如图1-9所示。

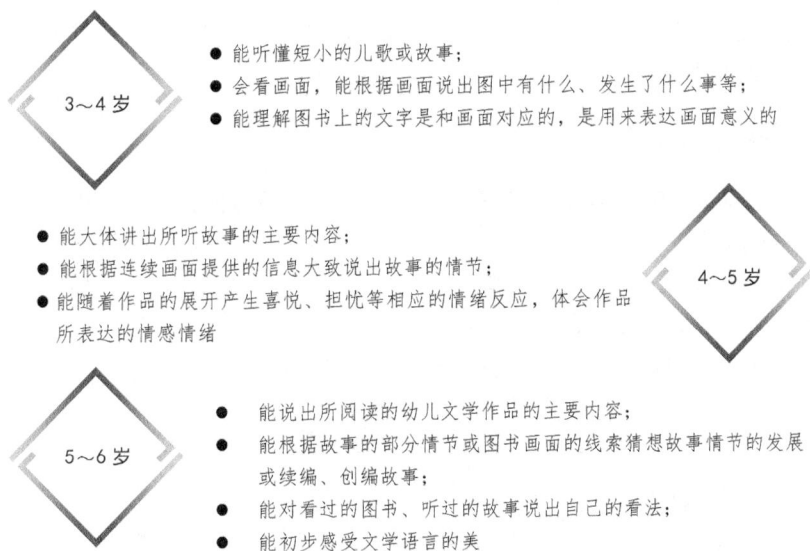

3~4岁
- 能听懂短小的儿歌或故事；
- 会看画面，能根据画面说出图中有什么、发生了什么事等；
- 能理解图书上的文字是和画面对应的，是用来表达画面意义的

4~5岁
- 能大体讲出所听故事的主要内容；
- 能根据连续画面提供的信息大致说出故事的情节；
- 能随着作品的展开产生喜悦、担忧等相应的情绪反应，体会作品所表达的情感情绪

5~6岁
- 能说出所阅读的幼儿文学作品的主要内容；
- 能根据故事的部分情节或图书画面的线索想想故事情节的发展或续编、创编故事；
- 能对看过的图书、听过的故事说出自己的看法；
- 能初步感受文学语言的美

图1-9 "具有初步的阅读理解能力"的年龄阶段目标

6. "具有书面表达的愿望和初步技能"的年龄阶段目标

这一目标指向的是《纲要》中提出的"前书写技能"目标。《指南》从书写形式、书写内容和书写姿势三个层面对学前儿童的前书写技能进行了更加细致的分析。图1-10所示为"具有书面表达的愿望和初步技能"的年龄阶段目标。

3~4 岁

喜欢用涂涂画画的方式表达一定的意思

4~5 岁

- 愿意用图画和符号表达自己的愿望和想法；
- 在成人提醒下，写画时姿势正确

5~6 岁

- 愿意用图画和符号表现事物或故事；
- 会正确书写自己的名字；
- 写画时姿势正确

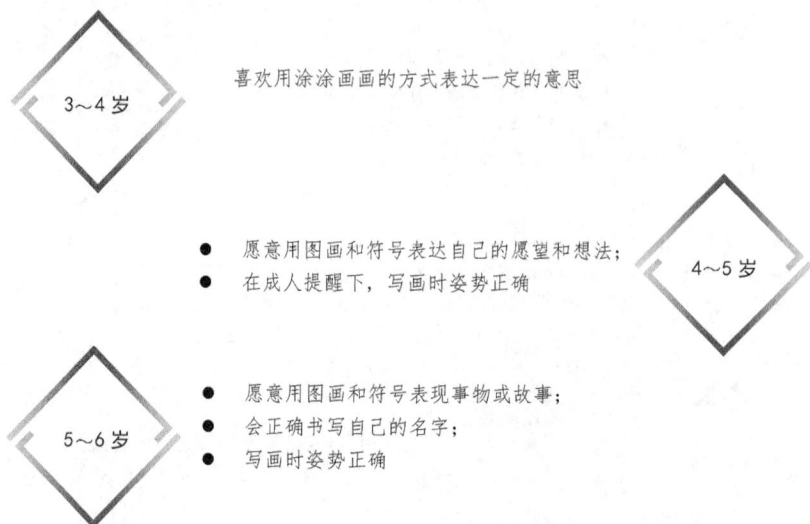

图1-10 "具有书面表达的愿望和初步技能"的年龄阶段目标

四、学前儿童语言教育的内容

在幼儿园中，学前儿童语言教育是幼儿园为学前儿童提供的语言形式、语言内容和语言运用的基本知识、基本态度和基本行为方式的总和，是学前儿童学习语言、获得语言经验的主要途径。幼儿园语言教育内容既包括教师通过有目的、有计划地组织的专门活动内容，也包括渗透在从"幼儿入园的问候""晨间谈话"到"幼儿离园时的道别"等各个环节中，以及其他领域活动中的语言教育内容。

（一）专门的语言教育内容

专门的语言教育内容是为学前儿童提供与语言进行充分互动的环境，使他们有机会对在日常生活中获得的零碎语言经验进行提炼和深化，从而达到对语言规则的理解和有意识的运用。专门的语言教育内容是根据既定的语言教育目标，通过有计划地安排和组织学前儿童系统学习语言的专门语言教育活动来实现的。

专门的语言教育内容的选择应遵循三项原则，如图1-11所示。

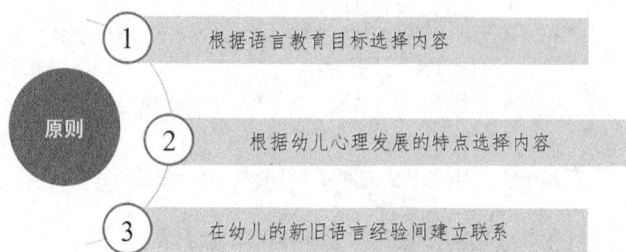

原则

1. 根据语言教育目标选择内容
2. 根据幼儿心理发展的特点选择内容
3. 在幼儿的新旧语言经验间建立联系

图1-11 专门的语言教育内容的选择原则

（二）专门的语言教育内容的范围

专门的语言教育内容分别蕴涵在"谈话活动""讲述活动""听说游戏""文学活动"和"早期阅读"五种形式的活动中。

1．谈话活动

谈话活动创设的是日常口语的交往情境，要求学前儿童调动自己已有的经验，围绕一定的话题倾听他人的意见，表达自己的想法。谈话活动的重点在于培养学前儿童运用口头语言与他人交际的意识、情感和能力，内容主要涉及以下两个方面。

（1）围绕自己熟悉的人或事进行谈话。

（2）就某一熟悉的场景发表个人的观点和想法。

2．讲述活动

讲述活动主要为学前儿童创设正式的口语表达情境，使学前儿童有机会在集体面前表达自己对某一图片、实物或情境的认识、看法等，学习表述的方法和技能。这类活动旨在培养学前儿童认真倾听的习惯和完整、连贯、清楚的表述能力，促进其独自言语的发展，内容主要涉及以下三个方面。

（1）用简单明了的语言把某一实物的特征、功用解说清楚。

（2）用比较恰当的语言讲述图片或影片中的主要人物、事件。

（3）用生动形象的语言讲述处在某一情境中的人物的形态、动作。

3．听说游戏

听说游戏为学前儿童提供了一种游戏情境，使学前儿童在游戏中按一定的规则练习口头语言，旨在培养学前儿童在口语交往活动中的快速、机智、灵活的倾听和表达能力。听说游戏主要涉及以下语言教育内容。

（1）巩固难发的音和方言干扰音，练习声调和发声。

（2）扩展、丰富词汇量，练习词的用法。

（3）在游戏中尝试运用某些结构的句子，锻炼语感。

4．文学活动

文学活动从某一具体文学作品入手，旨在为学前儿童提供一个全面学习语言的机会，使他们在理解感受作品的过程中，欣赏并学习运用文学作品提供的高质量的语言。文学活动着重培养学前儿童欣赏文学作品的能力及利用文学语言表达想象、生活经验的能力。

文学活动涉及的语言教育内容包括以下三个方面。

（1）在欣赏诗歌、散文的基础上，仿照某一首诗歌或一篇散文的框架，编写出自己的诗歌或散文段落。

（2）童话故事和生活故事的学习、表演、仿编或续编。

（3）通过对话、动作、表情进行故事表演，体验作品的情节变化和人物情感的变化。

5．早期阅读

早期阅读活动利用图书、绘画为学前儿童创设一个书面语言环境，使学前儿童有机会接触书面语言，了解语言的基本文化内涵。早期阅读活动旨在培养学前儿童对书面语言的兴趣，引导他们逐渐产生对汉字的敏感性，丰富他们"前阅读"和"前书写"的经验。

早期阅读包括以下内容。

（1）前图书阅读：学习翻阅、理解和制作图书，了解图书画面、文字与口语之间的对应关系。

（2）前识字：感受文字的功能、作用，了解识字的最基本的规律和方法。

（3）前书写：感受汉字的基本结构，认识汉字的书写特点和工具，学习书写汉字的基本方式。

五、学前儿童语言教育的原则

根据学前儿童学习语言的特点，学前儿童语言教育必须坚持以下基本原则。

（一）面向全体学前儿童

学前儿童语言教育应面向全体学前儿童，并遵循以下要求。

（1）面向全体学前儿童，教师在确立学前儿童语言教育目标时，必须依据本班学前儿童语言发展的年龄特征。

（2）教师在选择幼儿园语言教育的材料时，必须考虑全体学前儿童的普遍经验。

（3）教师在对学前儿童语言的效果进行评估时，必须参照学前儿童已有的语言经验和已有的语言发展状况。

（4）教师在组织学前儿童开展各种语言活动时，必须保证每个学前儿童都有机会运用语言，使每个学前儿童都有机会把自己想说的话说出来。

（5）教师要照顾到学前儿童语言发展的个体差异，为每个学前儿童的语言学习与发展提供平等的机会。

（6）教师对于不愿说话、语言发展缓慢的学前儿童，要找出原因，并采取针对性的措施，发展其语言；在集体面前要尽量少批评他们，以免伤害他们的自尊心，可以通过降低谈话难度等方式照顾个别学前儿童的需要。

（二）发挥学前儿童学习语言的主体性

学前儿童语言教育必须发挥学前儿童学习语言的主动性，使学前儿童成为语言学习的主人，这样才有可能取得预期的成效。要想在学前儿童语言教育中充分发挥学前儿童的自主性，最根本的是建立一种平等、民主的师幼关系。具体来说，教师应做到以下四点。

1. 为学前儿童学习语言提供榜样

教师在日常会话和教育活动中要注意自己的语言，要说普通话。语言既要规范，又要有礼貌，努力做到语音正确、语法规范、用词恰当，表达完整、连贯、清楚，为学前儿童学习规范的语言树立榜样。

教师除了将自己作为学前儿童语言学习的榜样外，还可以为学前儿童树立同伴榜样，鼓励学前儿童互相学习彼此的良好言语行为。

2. 对学前儿童语言学习进行指导

学前儿童语言教育必须为学前儿童提供理解和运用语言的实践机会，使他们在主动积极的言语交往活动中学习语言，发展口语表达能力。通过师幼间平等的交往，学前儿童可以提高其口语表达技能，并依据教师的反馈对自己的言语行为有更加深入的了解。

教师还应创设条件，鼓励学前儿童之间展开真正的言语交往，使学前儿童在实践的过程中提高语言表达能力和口语交际技巧。

3．为学前儿童提供接触和模仿的语言活动材料

教师可以提供丰富多样的语言活动材料，如录音录像设备、各种儿童图书或画册、常用汉字卡片或标签、纸、笔等，以激发学前儿童学习和运用语言的兴趣。

4．创设言语交际情境

创设言语交际情境，鼓励学前儿童与周围人进行言语交往。教师不要对学前儿童自发的言语交往过于限制，允许学前儿童在自由游戏或等待的时间里自由交谈。教师可以通过"故事表演""小小广播站"等形式对学前儿童提出运用语言的要求，激发学前儿童运用语言的动机，并对学前儿童的语言学习行为做出积极反馈，增进其学习语言和运用语言的兴趣和信心。

（三）加强语言教育与其他领域教育的联系

加强语言教育与其他领域教育的联系可从两个方面考虑。

（1）立足于语言教育的目标和内容，通过设计语言教育的延伸活动，完成一些其他领域的教育目标。这里的延伸活动在形式上与语言教育的关系并不十分明显，但在其内容上是与学前儿童学习的文学作品直接相关的。

（2）从其他领域的教育目标和内容出发，在教育过程中适当渗透语言教育的因素。

总之，教师要尽量从学前儿童教育的整体经验出发，综合考虑语言教育及与之相关联的其他领域教育的关系，为学前儿童设计综合性的学前儿童语言教育活动。

（四）以发展的眼光对待学前儿童

在学前儿童语言教育中，教师应以发展的眼光对待学前儿童，并从以下两方面来考虑，如图1-12所示。

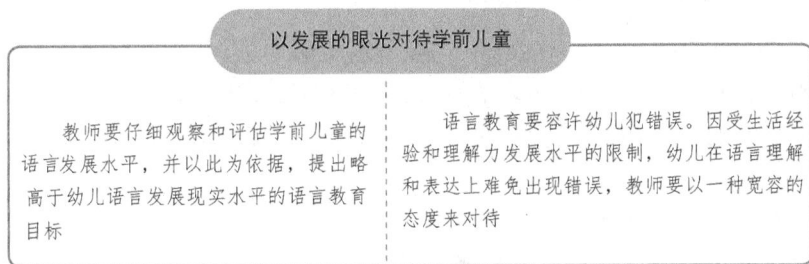

以发展的眼光对待学前儿童

教师要仔细观察和评估学前儿童的语言发展水平，并以此为依据，提出略高于幼儿语言发展现实水平的语言教育目标

语言教育要容许幼儿犯错误。因受生活经验和理解力发展水平的限制，幼儿在语言理解和表达上难免会出现错误，教师要以一种宽容的态度来对待

图1-12　以发展的眼光对待学前儿童

六、学前儿童语言教育存在的问题与发展趋势

（一）现阶段学前儿童语言教育中存在的问题

目前，我国学前儿童语言教育最大的问题体现在幼儿园语言教育活动的设计与实施上。现阶段我国幼儿园语言教育活动设计水平有限，对学前儿童语言的发展产生了一定的消极影响。经过相关调查发现，当前学前儿童语言教育活动主要存在以下问题。

1．教育观念小学化

幼儿园语言教育小学化问题大量存在，如有些幼儿园语言教育的主要任务就是教学前儿童识字。有些教师甚至表示，新的理念和方法在其所在的幼儿园根本用不上，因为该幼儿园的语言教育就是识字教育；有些幼儿园也有早期阅读活动，但其所用的教材是"某某识字阅读"，其目的不在于早期阅读，而是让学前儿童识字；有些幼儿园的语言教育则是"经典诵读"，让学前儿童背诵《三字经》《千字文》等。

由此可见，教育观念小学化在幼儿园语言教育中集中体现在教学内容强调识字、背诵，教学方法采用灌输、教授，而非活动和游戏。

2. 活动方案缺乏针对性

目前，幼儿教师仍然以照搬照抄已有活动方案为主，他们很少根据本班学前儿童的实际语言发展状况确定相应的语言发展目标。诚然，我们要借鉴成熟的教学活动方案，但如何做到既能借鉴优质幼儿园语言活动方案又能结合本班学前儿童的实际状况进行语言教育，仍需幼儿教师予以重视。

3. 语言教育活动与其他学科的渗透性不强

某些地区的幼儿园开展的语言教育活动比较孤立地进行语言教育，不注重语言教育与其他学科的相互渗透和整合。在语言互动中，有时只重视教师讲，而忽视学前儿童语言运用能力的发展。在教学实践中，依然有部分教师教学观念陈旧，不注重为学前儿童创设语言运用的情境。

此外，语言教育的目标性不强，不能利用新的研究成果和方法对学前儿童进行全面的语言教育；语言教育活动设计缺乏创造性因素，依然是"老师牵着小朋友的鼻子走"；许多幼儿教师在遇到学前儿童的发言或听课过程中表示有"意外"时，不能因势利导、随机应变，调整教育活动内容。

（二）学前儿童语言教育的发展趋势

近年来，在学前儿童语言教育方面，占主导地位的理论是全语言教育理论。全语言教育理论在国际学前教育界引发了世界范围内学前儿童语言教育的改革，对我国的学前儿童语言教育也产生了积极的影响。在全语言教育理论的影响下，我国学前儿童语言教育呈现出多元化教育观整合的趋势。

1. 创意学前儿童语言教育

创意学前儿童语言教育对学前儿童的学习价值在于：在创意的阅读中学会阅读、学会想象、学会创造。这种教育方式要求通过恰当的方式帮助学前儿童获得良好的语言习得环境，尽早培养学前儿童的自主阅读能力，为他们成为终身阅读者奠定坚实的基础。

（1）创意学前儿童语言教育的含义主要包含两个方面，如图1-13所示。

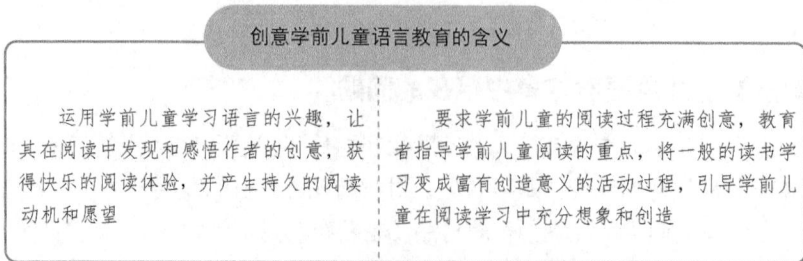

创意学前儿童语言教育的含义

| 运用学前儿童学习语言的兴趣，让其在阅读中发现和感悟作者的创意，获得快乐的阅读体验，并产生持久的阅读动机和愿望 | 要求学前儿童的阅读过程充满创意，教育者指导学前儿童阅读的重点，将一般的读书学习变成富有创造意义的活动过程，引导学前儿童在阅读学习中充分想象和创造 |

图1-13　创意学前儿童语言教育的含义

（2）创意学前儿童语言教育要注重内容的完整性。创意学前儿童语言教育内容的完整性是指在选择和编排语言教育内容时，要把语言看作一个整体，可以将其理解为以下几点，如图1-14所示。

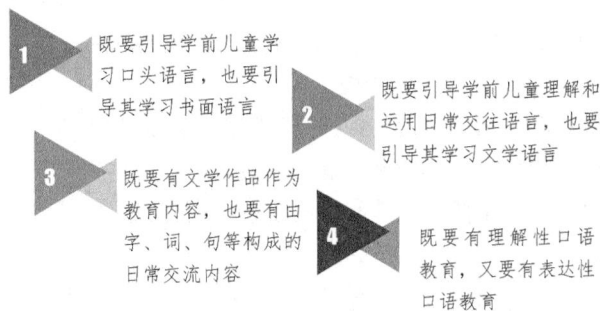

图1-14　创意学前儿童语言教育内容的完整性

（3）创意语言活动形式的多样性。学前儿童语言教育应该采用丰富多样的、适合学前儿童的活动类型和形式。例如，文学作品活动应包括童话故事、儿歌、浅显的古诗、散文等各种适合学前儿童的文学样式；游戏活动应包括发音游戏、词汇游戏、句子游戏、描述游戏、早期阅读游戏及综合性游戏等各种语言游戏。

2. 整合学前儿童语言教育

整合学前儿童语言教育观强调学前儿童语言学习是一个整合的系统，在这个系统中，学前儿童语言的发展与智能、情感的发展是整合统一的关系。强调学前儿童语言教育的整体观，就是对学前儿童语言教育的各种要素进行多层次、多样化的整合。整合的核心是联系的建立，在教学中，表现为从观念到目标、从内容到形式等多方面的整合。

（1）语言教育目标的整合。在制定学前儿童语言教育目标时，教师要考虑以下几点，如图1-15所示。

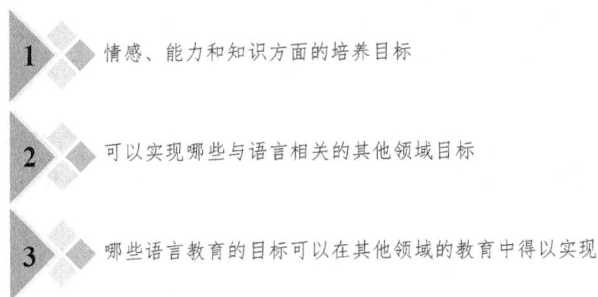

图1-15　学前儿童语言教育目标的制定

要想实现学前儿童语言教育目标，就要使语言教育活动既以学前儿童语言发展为主，又能促进学前儿童其他方面的发展。

（2）语言教育内容的整合。作为思维的载体，语言在学前儿童个体发展中具有至关重要的作用。在选择语言教育内容时，教师既要考虑学前儿童身心发展的特点，又要兼顾学前儿童不同领域发展之间的适应性，满足其发展的多元化需要。

因此，教育工作者在设计、选择教学内容时，要充分考虑学前儿童的社会知识、认知知识和语言知识三者的有效整合，在语言教育活动设计和实施中，应尽可能地发掘和建立各领域间的联系。

（3）语言教育形式、方法、手段的整合。在语言教育活动中，教师应糅合多种促进学前儿童语言发展的因素，让学前儿童在丰富多彩的活动中，在外界环境因素的刺激和强化作用下，主动地产生积极运用语言与人、事、物交往的需要和愿望，并主动地通过各种符号、手段作用于环境，在整合的语言教育环境中获得语言和其他方面的共同发展。

3. 以活动形式为主的学前儿童语言教育

以活动形式为主的学前儿童语言教育观是指教师设计和组织活动，让学前儿童在活动中学习语言、运用语言、掌握语言。这种教育观强调把教师和学前儿童共同参与的活动作为语言教育的基本形式，以活动的形式来推进学前儿童语言教育的进程。在以活动形式为主的学前儿童语言教育中，教师的责任重大。

教师作为活动的设计者、组织者和引导者，在活动之前要积极创设语言教育环境，准备充足的活动材料。在活动过程中，教师要灵活地运用各种教学方法，激发学前儿童参与活动的积极性，因材施教。

教师要根据学前儿童语言发展的需要，恰当地把握其参与活动的时机、方式及施加教育影响的程度。教师要根据活动的实际情况和学前儿童的"最近发展区"提出更新、更高的要求，为后期的语言教育奠定基础。

4. 重视家庭教育中的亲子共读

早期阅读教育是一项系统工程，家长对孩子的自主阅读能力的培养具有重要的责任。这就要求学前儿童语言教育工作者要和家长不断交流，帮助家长建立正确的早期阅读观念，使其激励和帮助学前儿童获得良好的阅读教育。家庭教育中的亲子共读，主要有以下四个方面的要求。

（1）家长需要建立一个充满阅读信息的环境，让孩子在生活中有很多机会接触书面语言信息。

（2）家长需要注意给孩子购买有趣的、有益的图画书和其他阅读材料，让其不断被新的图书所吸引，产生自主阅读的兴趣。

（3）家长和孩子一起阅读图画书，并且养成良好的阅读习惯。

（4）在阅读过程中，家长要给予孩子适当的指导，帮助其逐渐学会阅读。

第二节　学前儿童语言教育的方法

引导案例

徐娇老师为了提高中班幼儿的语言能力，设计并组织了一个语言教育游戏——转转盘。她和幼儿一起念儿歌："转转盘，转转盘，拨一拨，转一转，小朋友们认真看，小动物们要吃饭。"转盘停止后，幼儿要说出小动物的名字，说出小动物喜欢吃的食物，并将手中的食物图片送给小动物，如"小黄狗爱啃骨头""小花猫爱吃鱼"等。

在游戏过程中，孩子们既体会到语言游戏的乐趣，又提高了自身的语言表达能力。

学前儿童时期是人一生中重要的发展阶段。在这一阶段，学前儿童的语言、动作初步形成，语音发展进入关键期。因此，在这一时期，如何有效运用各种方法培养学前儿童理解和运用语言的能力是学前儿童教育阶段的重要内容。广大学前教育工作者应高度重视学前儿童语言教育的方法，为发展学前儿童语言创设条件和提供机会，让学前儿童参与各种丰富多彩的活动，在与人、物、环境、材料等交互作用的过程中学习语言，提升语言运用水平。

一、示范模仿法

示范模仿法是指教师通过自身的规范化语言，为学前儿童提供语言学习的样板，让学前儿童始终在良好的语言环境中自然地模仿学习，有时也可以由语言发展情况较好的学前儿童来示范。下面为示范模仿法的具体运用。

1．教师的示范语言一定要规范到位

教师说话时，除了咬字清楚、发音准确，辅以自然的表情和恰当的手势外，还要注意语言的表达技巧，包括运用适当的音量、语调、语速等。教师的言语示范必须做到正确、清楚、响亮，而且要富于表现力和感染力。

2．教师要把握好示范的时机和力度

语言教育中，学前儿童不易掌握的一些新的学习内容，教师要反复地重点示范，如难发准的音、新词句的学习、人物的对话、连贯的讲述、需要学前儿童作为仿编参照的原词句等，让学前儿童有意识地进行模仿学习。

3．教师要恰当地运用"显性示范"和"隐性示范"的手段

"显性示范"和"隐性示范"是相对应的，对于教学重点和难点问题，教师应依据学前儿童语言发展的水平和特点，恰当地选用不同的示范方法。

4．教师要积极观察学前儿童的语言表现，妥善地运用强化原则

教师要关注学前儿童在各种活动中的语言表现，善于发现学前儿童语言发展的差异，因材施教，随时鼓励学前儿童正确的语言行为和习惯，并加以强化。教师同时也要及时地指出错误，尽量避免学前儿童重复不正确的语言，产生误导，但要避免过于挑剔学前儿童语言中的错误，降低学前儿童学习的积极性。

二、视、听、讲、做结合法

语言是人类交流的工具，学前儿童要想自由地与人交流，就必须"学会说话"。"学会说话"除了要求学前儿童具有健全的发音器官外，还要求学前儿童必须具备丰富的词汇量、正确的语法知识和标准的语音、语调。为了促进学前儿童的语言发展，教师应创设环境，帮助学前儿童多看、多听、多说、多做，将"视、听、讲、做"完美地结合起来。

（一）多看

学前儿童的知识很多都是通过感性经验积累的，学前儿童感性经验的获得离不开对周围环境的观察。因此，在进行每一次语言教学活动之前，教师都要有计划、有目的地引导学前儿童进行观察。

在语言教学过程中，教师除了要求学前儿童要善于对周围环境进行观察外，还应向学前儿童提供具体形象的讲述对象。例如，给学前儿童提供色彩鲜明、画有精美插图的图画读物，如图1-16所示。在给学前儿童提供图画读物之前，教师应教会学前儿童看书的方法，例如，根据

情境排好故事的顺序，按照故事的内容提出问题让学前儿童解答等。当学前儿童看完图画书后，让其根据自己的理解和想象讲述故事。这样，虽然他们一个字也不认识，却能看懂图画中的内容，并能根据图画内容进行讲述，既丰富了他们的知识，又提高了其语言表达能力。

图1-16　学前儿童图画读物

（二）多听

《纲要》中提到的幼儿园语言教育的目标共有五条，其中三条涉及对学前儿童倾听能力的培养。这是因为良好的倾听能力是学前儿童语言发展的先决条件。学前儿童学习语言，必须要能听、会听，才有条件正确地说。

训练听的方法多种多样，可以让学前儿童听录音故事，听别人讲故事；邀请学前儿童谈话，互相倾听并交谈；带领学前儿童听各种声音，如乐器的声音、动物的声音等，让学前儿童听后模仿、想象，并讲出他们听到的声音好像在说什么。培养学前儿童良好的倾听习惯，要求学前儿童会听，听得懂，认真听，不打断别人的话，这也是文明习惯的一种表现。

（三）多说

学习语言主要用于日常的人际交流，人们之间的相互沟通离不开学前儿童的表达能力。因此，语言教育中不但要发展学前儿童听的能力，还要培养学前儿童说的能力。

教师应努力创设一个宽松的物质环境和精神环境，让学前儿童"想说""敢说"和"能说"。在日常生活中，教师还应利用与学前儿童接触的一切机会（如入园、早操、进餐、散步等）与之进行交谈，并且要注意倾听他们的谈话内容，当学前儿童用语不当时，教师应及时予以纠正。教师同时要引导学前儿童之间经常进行交流，让他们学会取长补短，促进语言发展。

（四）多做

发展学前儿童语言表达能力的任务，主要是培养学前儿童正确的语音、语调，丰富学前儿童的词汇，并教会学前儿童按照汉语的语法规则正确地运用句子。这些内容都要在语言实践中学习、掌握，这就要让学前儿童多练习，逐渐地掌握。因此，教师要给学前儿童提供练习的机会，创造多练的环境。对于学前儿童发音不准的字词，如很多学前儿童都将"老师"读成"老希"，教师和家长都要及时地进行纠正。有的学前儿童经常会讲出不合乎语言结构的句子，如"老师，我要听故事，蜗牛过牛年"，教师要帮助学前儿童纠正为"老师，我要听蜗牛过牛年，这个故事"，并让学前儿童反复说几遍。这样，学前儿童渐渐地就会说了。学前儿童学习语言，主要靠模仿，因此需要不厌其烦地让他们多练习。

学前儿童对语言的掌握离不开"视""听""说""做"。"视""听"丰富了学前儿童的认知，"视""听"的内容经过"说""做"反映出来。只有将这四个方面有机地结合起来，学前儿童才能在动手、动脑、动口中获得语言经验。

三、游戏法

游戏法是指教师运用具有一定规则的游戏，训练学前儿童正确发音，丰富学前儿童词汇，帮助学前儿童学习句式的一种方法。游戏是符合学前儿童年龄特点的活动，运用游戏法进行教育是学前儿童语言教育中常见的活动方式之一，其目的在于提高学前儿童的学习兴趣，集中学前儿童的注意力，促进学前儿童各种感官和大脑的积极活动。游戏法在运用时应注意以下事项，如图1-17所示。

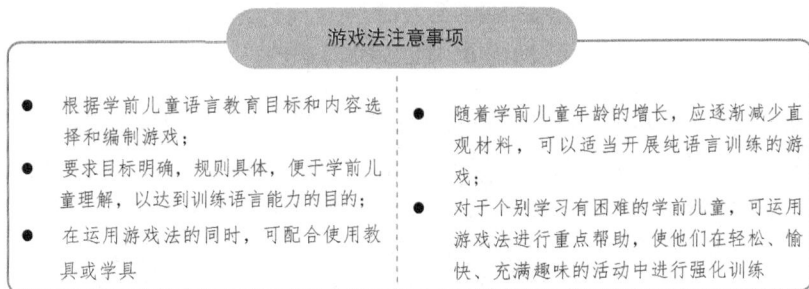

游戏法注意事项

- 根据学前儿童语言教育目标和内容选择和编制游戏；
- 要求目标明确，规则具体，便于学前儿童理解，以达到训练语言能力的目的；
- 在运用游戏法的同时，可配合使用教具或学具

- 随着学前儿童年龄的增长，应逐渐减少直观材料，可以适当开展纯语言训练的游戏；
- 对于个别学习有困难的学前儿童，可运用游戏法进行重点帮助，使他们在轻松、愉快、充满趣味的活动中进行强化训练

图1-17 游戏法注意事项

四、表演法

表演法是指在教师的指导下，学前儿童学习表演文学作品，以提高口语表现力的一种方法。表演法的具体运用如下。

（1）教师必须在学前儿童理解诗歌、散文、绕口令等作品内容并能熟练朗读的基础上，指导学前儿童正确地运用声调、韵律、节奏、速度等进行诗歌、散文、绕口令的朗诵和表演。

（2）教师必须在学前儿童理解童话、故事内容，熟悉人物对话及体会角色心理的基础上，指导学前儿童正确地运用语言、动作、表情等扮演角色，再现故事情节，进行故事表演。

（3）教师必须鼓励学前儿童在故事表演中创新内容和增加情节与对话，大胆地发展故事情节，恰当地进行动作设计，以及人物的心理刻画和渲染。

（4）教师必须要为全体学前儿童提供参与表演的机会。

五、练习法

练习法是指有意识地让学前儿童多次使用同一个语言因素（如语音、词汇、句子等）来进行练习，以训练学前儿童某种语言技能时而常采用的一种方法。在学前儿童语言教育中，口头练习是最基础、最频繁的练习方式。图1-18所示为练习法的具体运用。

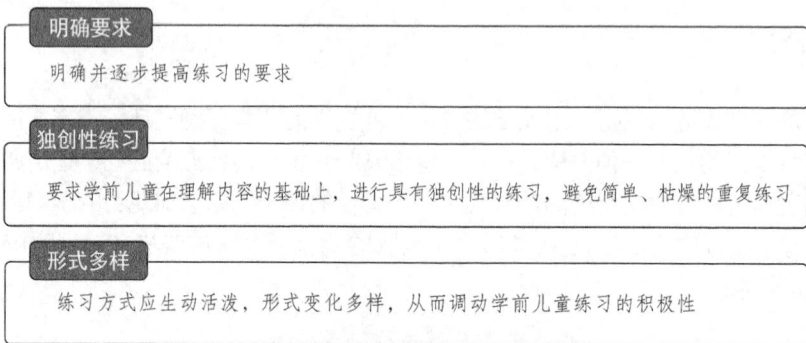

明确要求
明确并逐步提高练习的要求

独创性练习
要求学前儿童在理解内容的基础上，进行具有独创性的练习，避免简单、枯燥的重复练习

形式多样
练习方式应生动活泼，形式变化多样，从而调动学前儿童练习的积极性

图1-18　练习法的具体运用

教师在实际运用的过程中，还需结合本班学前儿童语言发展和语言学习的特点，选择和创造更为恰当的教育方法。此外，各种语言教育方法还可以互相配合，交叉使用或互相补充，综合运用，以便更好地促进学前儿童语言的发展。

教师在对学前儿童进行教育时要重视培养学前儿童语言学习的兴趣，只有使其兴趣提高了，才能保证学前儿童学习的质和量。所以教师适合采取启发式的教育教学方法，启发学前儿童根据自身情况去摸索，去感受学习说话的乐趣，并在不断摸索中逐渐学会说话的技巧，进而学会更多表达方法，提升自身语言的水平和能力。

第三节　学前儿童语言发展中的影响因素

引导案例

陈放是一名幼儿教育工作者，最近奔波于全国各地，进行学前儿童语言教育实地调查。在调查期间，他发现农村幼儿园中的幼儿与城市幼儿园中的幼儿，在语言表达方面存在很大差异。

在农村幼儿园参观时，陈放问："孩子们，你们多大了？"没有人回答，只有个别胆子大的幼儿在一旁偷笑或嘟嘟囔囔。陈放指着其中一个幼儿问时，那个幼儿也只是摇摇头。

在城市幼儿园参观则是另一种情境。陈放问一个幼儿："小朋友，你叫什么名字？"对方笑着答道："我叫卢哲，小名叫小哲。"然后其他幼儿也争先恐后地告诉陈放自己的名字，有个幼儿还主动告诉陈放："我叫许家瑞，我是今天的值日生。"他还分别介绍别人叫什么。

农村幼儿与城市幼儿的巨大反差，使陈放陷入了深深的沉思……

学前儿童语言的发展，是遗传素质、社会文化、周围环境、学前儿童认知能力等因素相互作用的结果。这些因素在不同的语音发展时期及不同的语音发展方面有着不同的影响。

一、遗传素质

（一）发音器官

发音器官是指人体参与发音活动的器官。根据这些器官在发音过程中的作用，可以分为呼吸器官、发声器官、吐字器官和共鸣器官。

呼吸器官包括肺、膈肌和胸廓，它们为发音提供所需的空气动力；发声器官包括喉头和声带，其作用是在空气动力推动下发出可供吐字器官和共鸣器官加工的声音；吐字器官包括唇、齿、舌、软腭、硬腭等，它们对发声器官产生的声音进行加工，形成具有意义的语音；共鸣器官包括口腔、咽腔、鼻腔和胸腔，它们对形成语音、扩大音量和丰富音色有着不可忽视的作用。

那么，人类是如何发出声音的呢？发音的程序如图1-19所示。

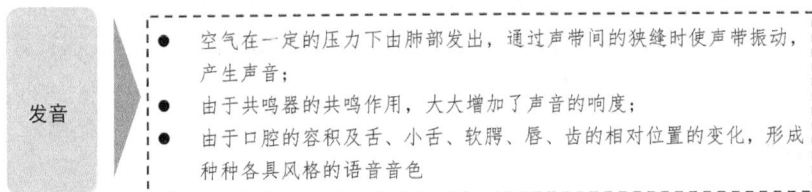

```
            ● 空气在一定的压力下由肺部发出，通过声带间的狭缝时使声带振动，
              产生声音；
发音          ● 由于共鸣器的共鸣作用，大大增加了声音的响度；
            ● 由于口腔的容积及舌、小舌、软腭、唇、齿的相对位置的变化，形成
              种种各具风格的语音音色
```

图1-19 发音的程序

声音节奏的快慢和清晰度主要受到口腔中的舌、小舌、软腭等部位活动程度的制约。如果学前儿童的这些部位的发育不健全，将会影响其正常的发音。

（二）听觉系统

学前儿童辨别声音细微差别的能力，会随着年龄的增长而不断提高。学前儿童听觉的感受性不断增长，听觉较成人敏锐；学前儿童听觉的个别差异性很大，随年龄的增长而不断减少。

（三）脑的生长发育与学前儿童的语言发展

1. "裂脑人"研究——语言侧化

"裂脑人"研究表明，大脑的左右半球之间存在明确的分工，左半球专门处理言词和符号信息，右半球则主要支配视觉、空间、情绪方面的行为。

2. 语言中枢的机能成熟与外部刺激的辩证关系

学前儿童的语言能力对大脑的整体功能及语言中枢的机能成熟存在着依赖性，人脑的结构和机能是在社会环境中生长发育并逐步趋向成熟的。大脑的遗传素质决定了一个人潜在的发展趋势，后天的语言刺激使这种趋势成为现实，脑功能在社会环境中逐渐成熟，使学前儿童的大脑潜力得到充分的发挥。早期语言中枢可以移位，早期阅读教育可以使学前儿童提前接触阅读，早期的书法练习可以使学前儿童的书写能力提前发展，早期词语概括范围的大小及语法掌握的复杂程度都会因为语言环境的不同而存在很大的差别。所有这些都意味着学前儿童早期脑功能发展的巨大潜力。

某个器官使用得越多，它在脑皮质中的代表区域也就越大。手在皮质上的投射面积比脚的

大，嘴唇的投射面积则更大。经常进行听说练习，有可能扩大语言器官在皮层的投射面积，增加通向语言中枢的神经联系，促进语言中枢的成熟，同时促进语言能力的发展。

二、社会文化

学前儿童的成长过程受社会文化导向的影响，任何成人与学前儿童的交往行为都携带了某种社会文化的因素，并通过交流互动传递给学前儿童。学前儿童的社会化过程本身就是一个学前儿童学习和获得文化的过程，而学前儿童语言的发展和学前儿童文化的学习具有共变的作用。在众多的文化因素中，最重要的两个因素是语种和语言观念。

（一）语种

不同的语言是不同民族或种族的文化符号，语言单位的组合方式和使用方式代表了不同的文化内涵，反映了不同的文化积淀，这必然影响着学前儿童语言发展的速度和特点。语种对学前儿童语言发展的影响最初表现在语音方面。新生儿对人类声音的音高范围非常敏感，他们有一种惊人的语感能力，能够分辨出语音的细微差别，这一技能可以帮助他们破译本民族语言的语音代码。这一事实和语言学的语言发展理论相一致。

（二）语言观念

语言观念是指人们对语言的认识、情感和审美情趣等一系列态度和看法。语言观念在学前儿童语言的发展中非常重要。通过比较中国与国外学前儿童在使用和习得形容词的先后顺序时发现，学前儿童常用的形容词和当地的文化有较高的相关性，尤其是语言观念和地方文化对学前儿童语言的发展具有综合作用，这也为社会相互作用语言发展理论提供了强有力的支持。

三、周围环境

（一）家庭环境对学前儿童语言发展的影响

不同形态的家庭环境与学前儿童语言的发展密切相关。家庭生活质量（活动的多样性、社会性沟通和互动、成人在学前儿童活动中的介入程度）、家庭的教育条件（家庭的书本数量和玩具数量及多样性、学前儿童参加文化活动的频次）及家庭教养方式的多样化形态等与学前儿童语言的发展均具有一定的相关性。

家庭中父母的受教育程度、教养方式、沟通策略、与学前儿童会话过程中的情绪状态及家庭的经济状况等都会对学前儿童的语言发展造成影响。同时，家庭中父母的语言输入特点直接影响着学前儿童的语言发展。在高教育背景的家庭和低教育背景的家庭中，学前儿童在言语倾向、言语行动和语用发展三种水平上的评价指标均存在一定的差异，这与父母语言的输入方式不同有关。

（二）幼儿园环境对学前儿童语言发展的影响

幼儿园给学前儿童提供给了一个全新的语言学习场所，学前儿童可以在这里得到教师耐心、细致的指导。在幼儿园，教师会为学前儿童提供真实而丰富的环境，创设可以帮助学前儿童操作运用更多使用语言的交流环境。例如，学前儿童在谈话活动中能够学会如何倾听与交流，在讲述活动中能够学习如何在集体面前清楚连贯地表达自我，早期阅读则为他们提供了接触书面语言的机会。

（三）社区环境对学前儿童语言发展的影响

社区环境中学前儿童的交往群体对其语言的发展有很大的影响作用。在社区环境中，学前儿童的亲社会行为会在学前儿童与周围群体的共处过程中逐步发展起来，学前儿童会感受到集体的、同伴群体的力量，体会丰富的情绪情感，这些为学前儿童语言的发展提供了更多的交流信息和机会。

四、学前儿童认知能力和语用发展

学前儿童的语用是指学前儿童在学习和获得语言的过程中不断操作和使用语言进行交流的现象。学前儿童在交往过程中形成的语言运用能力主要表现为如何运用恰当的语言形式表达自己的交往倾向，如何运用恰当的语言策略开展与他人的交流，如何根据不同的语言情境运用恰当的方法表达自己的想法。

语言的价值在于运用，语用能力是语言发展的高级层面。学前儿童语言运用是学前儿童语言发展的动力和源泉。语言获得理论认为，语言能力在某种程度上是独立于语言运用的。然而，罗林斯等人在对孤独症和智力障碍儿童的研究中发现，孤独症儿童的语言能力发展落后于同等智龄的智力障碍儿童。这是因为孤独症儿童语言发展的核心问题是语用，缺乏语用交流行为是导致儿童孤独症的重要因素之一。

语用发展具有驱动学前儿童语言发展的作用。每个学前儿童在每个行为领域（运动、语言、认知、社会行为）的发展都有一个时间表。也就是说，某个月他的运动能力和语言发展是这样的；过段时间，这几个行为领域的表现又不一样，这就是个人能力发展的时间表。例如，一个学前儿童两岁就会说完整的句子（有主语、宾语），而另一个学前儿童在两岁半才会这样做，虽然早会说话的学前儿童是聪明的，但晚会说话的学前儿童也不笨。教育训练既要尊重个人能力发展的时间表，又要适当地促进个人能力的发展。

第四节 学前儿童语言的教育理论

引导案例

浩浩四岁了，很喜欢说话，对周围的一切都充满了好奇心，总是这摸摸那瞧瞧，说个不停。妈妈带浩浩回乡下的外婆家，一路上他目不暇接，还对妈妈说："妈妈，这里的路好瘦啊，房子也好瘦。"

妈妈并没有对浩浩的语法错误进行纠正，而是对浩浩说："可是这里没有那么多车，空气很好，是不是？"

浩浩说："是呀，我好喜欢这里。"然后指着远处的玉米地说："你看，妈妈，那片草地里的草都好高啊！"

这时，妈妈立即纠正了浩浩的错误，说："浩浩，那不是草，是玉米苗。"

浩浩说："哦，原来是玉米小时候的样子呀！"

家长一般都会关注学前儿童语言内容的正确性，忽视语法结构的正确性，而学前儿童在成长过程中，能够将一些语法性的错误自动纠正过来。

学前儿童早期语言的获得对学前儿童的心理发展有着重大影响，因此掌握学前儿童语言发展与教育理论是极为必要的。

一、后天决定论

在对待学前儿童成长的问题上，一直存在着"先天（遗传、生理）决定"与"后天（环境、教育）决定"的争论，这种争论也相对应地形成了对于学前儿童语言发展的看法。以巴甫洛夫的条件反射和两种信号系统的学说、华生的行为主义学说为理论基础的学者，在学前儿童语言发展的问题上都比较强调后天环境的因素。这些学者关于学前儿童语言发展的理论，可以称为后天环境论。以行为主义为理论背景的后天环境论者，关于语言获得的观点因强调的侧重点不同而不完全一致，其内部可以分为模仿说、强化说和中介说三种。

（一）模仿说

模仿说认为，学前儿童是通过对成人语言的模仿而学会语言的。成人的语言是刺激，学前儿童的模仿是反应。模仿说可分为早期的机械模仿说和后来的选择性模仿说。

1. 机械模仿说

机械模仿说是较早的行为主义理论，它最早是由美国心理学家阿尔波特于1924年提出的。机械模仿说把学前儿童的语言看作是其父母语言的翻版，忽视了学前儿童在掌握语言过程中的主动性和创造性，这种观点显然是偏颇的。应当承认，模仿在学前儿童语言的发展中有不可忽视的作用，但它对一些学前儿童语言发展的根本问题和发展中的一些重要现象不能做出解释。

2. 选择性模仿说

为克服机械模仿说的不足，不少学者对机械模仿说进行改造，提出了"选择性模仿"这一新概念。选择性模仿是指对示范者语言结构的模仿，而不是对其具体内容的模仿。选择性模仿把示范句的语法结构应用于新的情境以表达新的内容，或将模仿获得的结构重新组合成新的结构，这样便产生了学前儿童自己的话语。

（二）强化说

强化说是行为主义最有影响的解释学前儿童语言发展的理论，在20世纪40～50年代初非常盛行。强化说以刺激-反应论和模仿说为基础，并特别强调"强化"在学前儿童语言学习中的作用，认为学前儿童是通过不断地强化学会语言的。强化说的主要代表人物是被称为"联想派大师"的斯金纳。

1. 斯金纳的基本观点

斯金纳在其著作《言语行为》中广泛运用了"强化"来解释各种语言行为，并提出"自动的自我强化"概念。这一概念是指学前儿童的模仿性发音也会对学前儿童产生强化作用。斯金纳在其后期著作《关于行为主义》（1974年）中，又提出"强化依随"概念。这一概念是指强化刺激紧跟在语言行为之后发生，它具有两个特点。

（1）最初被强化的是个体偶然发生的动作。反应和强化只是一种时间上的关系，并非有目的、有意志的行为。

（2）强化过程是渐进的。当学前儿童对示范句模仿得有些近似时，就给予强化，然后强化接近该句的语言。通过这种逐步接近的强化方法，学前儿童最终学会非常复杂的句子。

2. 对强化说的批评

刺激-反应论和强化说在语言学界和心理学界曾产生过很大的影响，但从20世纪60年代开始受到越来越多的批评。例如，在乔姆斯基时代，强化说就受到了乔姆斯基等人的批评。这些批评可以概括为以下三点。

（1）把动物的"行为"与人的语言行为相提并论。乔姆斯基认为，刺激、反应、强化等概念，是行为主义心理学家在实验室中通过对小白鼠等动物的实验得出的，人的语言行为必然不同于动物的"行为"，行为主义者把动物的"行为"与人的语言行为相提并论，用来解释学前儿童语言的发展是不合适的。

（2）语言行为简单化。行为主义者把语言行为简单地看作一系列刺激-反应现象，只强调语言可观察、可测量的外部因素，并认为弄清楚这些制约语言反应的变量，就可以预测人的各种语言行为。这种看法过于幼稚，因为语言行为十分复杂，影响语言行为的因素既有环境因素，又有心理因素，还有大量的语言因素。这些方方面面的因素，并非都是可观察、可测量的，也不是简单的刺激与反应。

（3）将强化视为学前儿童学习语言的唯一方式。强化虽然是学前儿童学习语言的一种重要方式，但不是唯一的方式。语言的单位和规则是有限的，但是由这些单位和规则所生成的句子却是无限的。成人不可能对这些无限的句子都给出强化反应。而且，在学前儿童语言发展的自然环境中，成人比较关注的是学前儿童语言内容的正确性，而不是语法结构的正确性。

（三）中介说

1. 中介说的基本观点

中介说又称传递说，是为解决传统的刺激-反应论的简单化缺陷而提出的一种改良主张。美国加利福尼亚大学心理学教授、行为主义的代表人物之一的汤勒曼，早在1935年就提出了"中介变因"概念。后来，一批有影响的心理学家或心理学语言学家，如莫勒、斯塔茨等人，把这一概念创造性地应用到学前儿童语言的研究中，形成"中介说"。中介说在行为主义传统的"刺激-反应"链条中，又增加了"传递性刺激"和"传递性反应"的中介。

斯塔茨在探讨一个人的语言如何形成时说，一个词或一句话都可以具有刺激的性质，可以诱发条件反应。例如，人们听到"他病了"，就会联想到"他躺在床上""他去看医生""他打针吃药"及猜想他生病的原因等。这种隐含的反应又可以成为刺激，引起新的反应等。在外显的刺激和反应中间，有一系列因联想而引起的隐含的刺激和隐含的反应所构成的中介体系。这种中介体系说明了刺激和反应的传递性。

2. 对中介说的批评

对中介说的批评主要体现在以下两个方面。

（1）中介说在刺激与反应之间加上了传递性刺激和传递性反应的中介，以此来解释语言如何作用于人，语言怎样表现当时当地的事物，新的语言怎样被创造出来并被理解等，都是传统的刺激-反应论所不能解释的问题。

（2）中介说不愿放弃刺激-反应的基本模式，也有许多不能自圆其说的地方。正如美国心理语言学家福多尔认为：传递性反应不一定是在刺激的作用下直接产生的。传递性反应也不一定能够成为隐含的刺激，引起新的反应。

二、先天决定论

先天决定论强调人的先天语言能力，强调遗传因素对学前儿童语言发展的决定性作用，忽视乃至否定后天环境因素的影响，与后天决定论针锋相对。这方面较有影响的理论主要是先天语言能力说和自然成熟说。

（一）先天语言能力说

乔姆斯基认为，决定学前儿童能够说话的因素不是经验和学习，而是先天遗传的语言能力，这里的语言能力是指语言知识，即普遍的语法知识。

1. 乔姆斯基的基本观点

先天语言能力说认为，学前儿童"是自然界特别制造的小机器，是专为学语言而设计的"。乔姆斯基注意到以下的事实，如图1-20所示。

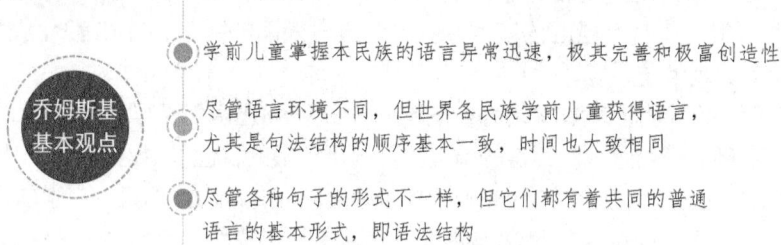

乔姆斯基基本观点

- 学前儿童掌握本民族的语言异常迅速，极其完善和极富创造性
- 尽管语言环境不同，但世界各民族学前儿童获得语言，尤其是句法结构的顺序基本一致，时间也大致相同
- 尽管各种句子的形式不一样，但它们都有着共同的普通语言的基本形式，即语法结构

图1-20 乔姆斯基的基本观点

据此，乔姆斯基提出了自己的理论假设。

学前儿童大脑中有一种受遗传因素决定的先天语言获得装置（Language Acquisition Device，LAD），它包含一套包括若干范畴和规则的语言普遍特征，以及先天的评价语言信息的能力，为这套普遍的语言范畴和规则赋予各种具体语言值。

学前儿童听到一些具体的语言，首先根据语言的普遍特征对某一具体的语言结构提出假设，然后运用评价能力对假设进行验证和评价，从而确定母语的具体结构，即为语言的普遍范畴和规则赋上具体的值，获得语言能力。

LAD的工作程序说明，先天语言能力说把学前儿童的语言获得看作是一个演绎的过程。这种学说并不完全否认后天语言环境的作用，但是对于后天语言环境的作用却看得非常小。

学前儿童对所接受的具体的原始语言素材进行处理，并逐步形成一种个别的语法能力。在此过程中，学前儿童能发现语言的深层结构及将其转换为表层结构的转换规则，因而能产生和理解无限多的新语句。

2. 对先天语言能力说的批评

先天语言能力说是具有一定的理论价值和学术史意义的重要学说。但是，先天语言能力说也受到了不少批评。

（1）乔姆斯基的理论是思辨的产物。人的大脑中是否存在一个如乔姆斯基所说的"那种由语言普遍特征和先天的语言评价能力构成的LAD"，是一个无法证明的假设。

（2）过于低估后天语言环境的作用。许多研究表明，学前儿童各阶段语言的发展，同成人与学前儿童交谈的语言成正相关。我们在研究成人同学前儿童交际的语言问题时曾经发现：成人同学前儿童交谈的语言，在复杂程度上具有略微"超前性"，对学前儿童的语言起着向导作用。

（3）史莱辛格对学前儿童生来具有LAD这种普遍的语言范畴和规则提出了反证。史莱辛格让失聪幼儿看几幅内容不同的画，要求被试者用手势语来表达画的内容，目的是看这些对自然语言毫无所知的失聪幼儿是否具有一些最基本的语法范畴。实验结果表明，这些学前儿童的手势语没有英语中的语法关系。失聪幼儿只是因听力障碍而不能获得有声语言，但他们的LAD并没有损伤。这说明学前儿童生来并不具有如乔姆斯基所说的普遍语法范畴。

（4）先天语言能力说非常强调学前儿童本身在获得语言过程中的主动性和创造性，但既然人类生来就拥有一套现成的、可以规定本民族语言如何理解和产生的普遍语法规则系统，就无须学前儿童本身再做什么探索和发现了。这无异于是从与行为主义相对立的另一个极端来否定学前儿童在语言获得中的主动性和创造性。

（二）自然成熟说

自然成熟说是由美国哈佛医学院心理学家勒纳伯格提出的一种学前儿童语言发展的理论。勒纳伯格的基本主张主要可分为三点。

1. 语言能力的先天性

1967年，勒纳伯格在《语言的生物学基础》中提出六条标准，用来鉴定一种能力是先天的还是后天的。六条标准具体内容如下。

（1）这种行为在需要之前就出现了。

（2）它的出现不是主观决定的。

（3）它的出现不是靠外部原因激发的。

（4）获得这种行为往往有一个"关键期"。

（5）直接教授和反复训练对这种行为的获得影响较小。

（6）它的发展具有阶段性，通常与年龄和其他方面有关。

如果某种行为具备上述六条标准，就可以说是与生俱来的。勒纳伯格证明，语言行为完全符合这些标准，因此是先天性的。

2. 语言能力的自然成熟

勒纳伯格把学前儿童语言的发展看作是一个受发音器官和大脑等神经机制制约的自然成熟的过程。语言是人类大脑机能成熟的产物，当大脑机能的成熟达到一种语言准备状态时，只要受到适当外在条件的激活，就能使潜在的语言结构状态转变成现实的语言结构，语言能力就能显露，学前儿童的语言也逐渐发展成熟。

学前儿童生理的发展是由遗传因素决定的，同样，语言获得也是由先天遗传因素决定的。

3. 语言发展的关键期

勒纳伯格认为，语言既然是大脑功能成熟的产物，语言的获得必然有个关键期，从2岁左右开始到青春期（11～12岁）为止。他指出学前儿童在发育时期，语言能力主要受大脑右半球支配。

在成长过程中，语言能力要从右半球转移到左半球，即大脑的侧化。大脑侧化一般发生在2～12岁。如果左半球在大脑侧化之前受损，语言能力就留在右半球；如果左半球在大脑侧化之后受损，人就会失去语言能力。

三、先天与后天相互作用论

无论是后天决定论还是先天决定论的观点，都是较为极端、激进的，难以对学前儿童的语言获得做出满意的解释，以皮亚杰为代表的一派提出先天与后天相互作用论，他们主张从认知结构的发展来说明语言的发展，认为学前儿童的语言能力仅是大脑一般认知能力的一个方面，而认知结构的形成和发展是主体和客体相互作用的结果。

（一）皮亚杰的认知说

先天与后天相互作用论以皮亚杰的认知说为理论基础，认为学前儿童的语言发展是主客体相互作用的结果。图1-21所示为皮亚杰的认知说的基本观点。

1　语言是学前儿童众多符号功能中的一种，符号功能是指学前儿童应用一种象征或符号来代表某种事物的能力

2　认知结构是语言发展的基础，语言结构随着认知结构的发展而发展

3　个体的认知结构和认识能力是不断发展的，它来源于主客体之间的相互作用

4　儿童的语言结构具有创造性

图1-21　皮亚杰的认知说的基本观点

皮亚杰学派过分强调认知发展是语法发展的基础，必然要遇到认知发展和语言发展的关系是否是直接的和单向的等难题。图1-22所示为对认知说的批评内容。

1　认知说虽然是学前儿童语言学中较有影响的理论，但这种学说不是专门为解决学前儿童语言获得提出的

2　学前儿童认知水平的发展与语言结构的发展是否平行，还有待验证

3　认知说只强调认知发展对语言发展的影响，而忽视乃至否定语言发展对认知发展的影响，这种"单向"影响的看法，也受到了越来越多的批评

图1-22　对认知说的批评内容

（二）规则学习说和社会交往说

当前一批学者的研究倾向是博采众长，在对各种理论进行发展的过程中，由于吸收的方式和强调的重点不同而表现出不同的两种倾向。这两种不同的倾向可以用"规则学习说"和"社会交往说"来概括，如图1-23所示。

- 规则学习说认为，学前儿童具有一种理解母语的先天处理机制，但是，这种机制主要是一种学习和评价的能力，而不具有如乔姆斯基所说的语言普遍特征；
- 学前儿童的语言学习主要是对规则的学习，所以在学前儿童语言发展的早期，还有许多过分概括的现象。对规则的归纳，凭借的是工具性的条件反射，是刺激-概括的学习过程，是先天因素同后天因素的相互补充和相互影响

规则学习说

- 社会交往说认为，语言获得不仅需要先天的语言能力，也依赖一定的生理成熟水平和认知发展水平，更需要在交往中发挥语言的实际交际功能。因此，他们认为学前儿童和成人语言交际的互动实践活动，对学前儿童语言的发展起着决定性的作用；
- 社会交往几乎可以看作是学前儿童的一种天性。学前儿童在会说话之前，就已经能用体态与成人交际，并听懂一些成人的话语；在单词句和双词句阶段，学前儿童以语言、体态或是体态语言相结合的方式作为交际手段；最后，过渡到可以完全用语言进行交际

社会交往说

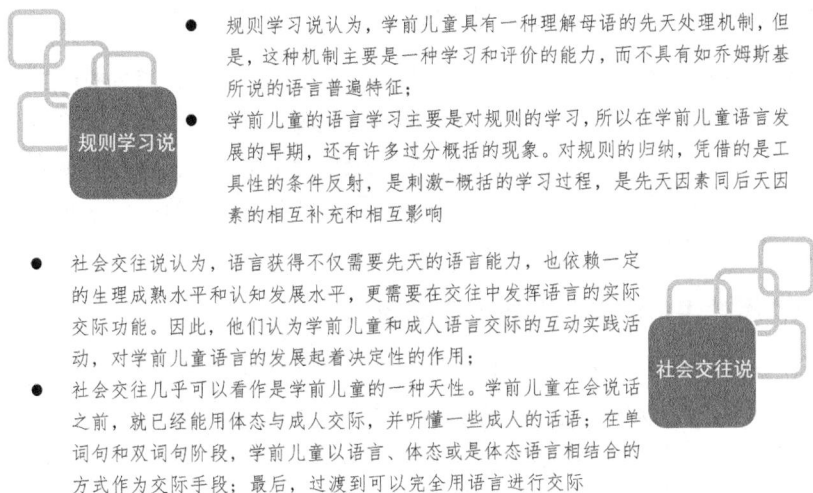

图1-23　规则学习说和社会交往说

四、全语言理论

全语言教育也称为整体语言教育，是近年来语言教育中较重要的一种理论思潮，它是兴起于20世纪80年代的一种教育哲学，提出涵盖学习、语言、课程、教师和教学的较为系统的见解，引发了美国等英语系国家教育观念的转变。

全语言教育是一种教育哲学观念，是关于语言和语言学习、学习者和学习、教师和教学，以及课程设置的一些观点和信念，是一种对教育、教育历程及其相关的个人与群体的新思考方式。教育者应该视学习者为完整的个体，并且在整体的情境中以语言学习所有要学习的事物，保证学前儿童语言学习目标和内容的完整性。

（一）学前儿童的语言学习是整体性的学习

全语言教育的倡导者们指出，语言是一个整体，不应当被肢解成语音、词汇、语法、句型，把语言分割成独立的成分，这样会使语言丧失其完整性。古德曼认为："学校把完整的语言，拆成抽象而细碎的小片段，认为学前儿童学习简单细小的事物会学得比较好。这样的想法，乍看似乎很有道理，于是我们把语言拆成单字、音节及单独的语音。不幸的是，这么一来，我们也同时把语言变成了一些与学前儿童的需要和经验无关的抽象事物，而忽略了语言最重要的目的——有意义的沟通。"片段的综合永远不等于整体。

（二）学前儿童的语言学习应当回归真实世界

全语言教育希望学校的语言回归真实世界，将传统的教科书、作业本束之高阁，让学前儿童通过读写日常生活中的事物来学习阅读和书写。古德曼指出，有效的语言学习不是"正确的"或"标准的"，而是连接个人生活经验和社会的学习。"只有当孩子必须使用语言来满足自己的需求时，学习才有目的，才能发挥功用。"全语言教育认为，学前儿童的语言主要是在一定的情境中使用而获得发展的，成人有目的、有计划教育的作用居于第二位。

（三）学前儿童的语言学习应与其他领域的学习融合在一起

全语言教育的新观念告诉人们，人的学习是符号的学习。从早期语言教育的角度来看，语言既是学前儿童学习的对象，也是学前儿童学习其他内容的工具。在语言学习中应运用艺术、戏剧、音乐、舞蹈等手段，或将语言学习整合到主题单元中来进行，这些主题单元可围绕多个领域来选择。这种打破学科界限的学习，不仅有利于学前儿童的语言学习，而且有利于学前儿童对其他相关领域内容的学习。

（四）学前儿童的语言学习是开放而平等的学习

在全语言教育观念中，教师和学前儿童是构造愉快学习过程的共同体。全语言的出发点是学前儿童本位，全语言教育认为应让学前儿童拥有学习语言的主动权，让学前儿童成为学习的主角，拥有足够的自由和空间。在教育活动中，学前儿童和教师是合作学习关系，教师的责任是为学前儿童创设一个良好的语言学习环境，并在学前儿童之间营造一个非竞争的学习共同体。

思考与实训

一、思考题

（一）名词解释

1. 全语言教学
2. 创意语言教育
3. 语言观念
4. 模仿说
5. LAD

（二）简答题

1. 简述学前儿童语言教育的目标。
2. 简述学前儿童语言教育的原则。

（三）论述题

1. 学前儿童语言教育方法有哪些？
2. 学前儿童语言发展中的影响因素有哪些？
3. 论述学前儿童语言发展与教育理论。

二、案例分析

玲玲是一个活泼可爱的小女孩，很受大人的喜爱。可是现在一岁半了，她说话还不是很利落，甚至有些含糊，但是家长与玲玲对话的时候，她能完全明白大人的意思。你怎么看待这一现状？如何改善？

三、拓展训练

1. 安安的家长向幼儿园教师反映最近安安总是口吃，认为是模仿班级中的某位小朋友造成的，你如何向安安的家长解释？

2. 观察记录小班、中班、大班学前儿童语言的特点并进行比较。

第二章

学前儿童语言发展与教育阶段

【学习目标】

➤ 了解每个阶段儿童语言发展的特点。

➤ 理解并熟练掌握影响儿童语言发展的因素。

➤ 每个年龄阶段学前儿童语言发展的教育措施。

0～6岁阶段是学前儿童语言发展与教育的最佳阶段。在这一阶段，学前儿童从最初只能发出一些简单的音节，到能通过一定的语言和动作表情表达自己的意愿，再到词汇量逐渐丰富，表述能力日益完整、清楚，语言能力得到整体发展。

第一节　0～1岁婴儿语言的发展与教育

引导案例

凡凡现在已经9个月了，凡凡的妈妈和爸爸每天都会引导凡凡发音，反复地教凡凡学叫"爸爸妈妈"，妈妈与凡凡讲话时，也会特意让凡凡看到自己的口型，用纯正的语音教他，大家都特别期待凡凡叫出的第一声"妈妈"。

这一天，爸爸妈妈和凡凡一起玩游戏，妈妈手里拿着一辆小汽车，爸爸抱着凡凡说："凡凡，快叫妈妈，让妈妈把小汽车拿过来。"凡凡的父母经常和凡凡做这样的互动，但最后凡凡只会着急地"啊啊"地叫着，而现在爸爸反复说了几次之后，凡凡竟然喊出了一声"妈妈！"

凡凡的妈妈特别激动，抱起凡凡，鼓励他再叫一遍，凡凡动了动嘴，好像在想怎么发音，最后终于又叫了一声"妈妈"。此刻，凡凡的妈妈特别开心与满足，在日积月累的语音熏陶中，凡凡说出了人生中的第一个称谓。

0～1岁阶段是婴儿口语的发生期，这一时期的口语训练能为婴儿的语言发展打下良好的基础。正常婴儿在这段时间不仅能够听到声音，而且还以某种能够帮助自己语言学习的方式去感知语言，尝试掌握发音技能，父母应该帮助婴儿做大量的发音练习，为婴儿正式使用语言做准备。

一、简单音节阶段

0～3个月是简单音节阶段。这个阶段的婴儿语言发展的特点表现在以下七个方面。

（1）听觉比较敏锐，对语音较敏感，具有一定的辨音水平。

（2）听到突然响声会被吓一跳。

（3）听到新奇的声音会停下正在做的事情。

（4）不同类型的哭声代表不同的意见。

（5）当父母和他谈话时能用眼睛盯着说话者，大约持续30秒。

（6）当父母和他进行面对面的"交谈"时能对父母的声音（伴随目光、微笑以及翕动的嘴唇等）做出反应。

（7）发出一些唧唧咕咕的声音，其中包含韵母音a、e等和声母音g、k等，有时还会改变音调和音高，节奏像唱歌一样。

二、连续音节阶段

4～8个月是连续音节阶段，这一阶段的婴儿明显变得活跃起来。当他吃饱、睡醒、感到舒适时，常常会自动发音。如果有人逗他或自己看到颜色鲜艳的事物而感到高兴时，发音会更频繁。这个阶段的婴儿语言发展可分两个时期来分析其特点。

（一）4～6个月

4～6个月的婴儿能坚持发出连续的音节，发音较多的是对成人的社会性刺激的反应，发音内容大多是以辅音和元音相结合的音节为主，并且有一个从单音节发声过渡到重叠多音节发声的过程，具体表现有以下内容。

（1）有人跟他说话后能停止哭泣。

（2）能够持续注意并寻找声音的来源。

（3）对熟悉的人微笑并能笑出声来。

（4）能对成人语言中不同的语气内容做出相应反应，如被愤怒的语言惊吓、对亲切的语言微笑。

（5）愿意玩能发出声音的玩具。

（6）活动时口中经常能发出一些成串的语音。

（7）能对镜中自己的影像说话。

（8）用语音来吸引别人的注意，或拒绝某事，或表示愿意做某事，或想要什么。

（二）7～9个月

7～9个月的婴儿能同时感知三种不同的语调，对于微笑、平淡和恼怒的语调有了表示，或报以微笑，或愣住，或紧张害怕。对陌生的声音，会瞪眼仔细聆听，表示出好奇心。懂得简单的词、手势和命令，理解具有情境性，具体表现有以下内容。

（1）听得懂他的名字，听到叫他会扭头看你。

（2）理解成人用强调语气说出"不"或"别碰它"等要求，并能做出正确反应。

（3）能够辨别家里人的名字和一些熟悉物体的名称。

（4）能够和成人玩一些语言游戏。

（5）会用舌头和嘴唇发出一些非语言的声音。

（6）努力模仿别人发出的语音。

（7）把一些语音连在一起发着玩。

（8）能够发出一些非常像单词的音节。

（9）开始用动作进行交流，如挥手表示再见。

三、学话萌芽阶段

9～12个月是学话萌芽阶段，这一阶段的婴儿所发出的连续音节不只是同一音节的重复，而且明显地增加了不同音节的连续发音，音调也开始多样化，会用四个声调，听起来很像是在说话。当然，这些"话"多数仍然是没有意义的，但却为学说话做好发音上的准备。在这一时期，婴儿会说出第一个有意义的词，这是婴儿真正语言表达的开始。

这个阶段的婴儿语言发展的特点表现在以下方面。

（1）朝着周围发出声音的地方看，如门铃等；理解一些简单命令性语言，如"到这儿来""坐下""别碰它"等。

（2）挥手向人表示再见。

（3）认识一些新单词（通常是有关吃的，好玩的玩具，家里人的名字及最常用的物品名称等）。

（4）生气或发怒时能用摇头或哭表示不满。

（5）如果成人笑他的某些语音或动作，或鼓掌欢迎，他就会不断地重复它。

（6）可以模仿一些非语言的声音，如咳嗽声或舌头打出的声音。

（7）努力模仿成人发出的新语音。

（8）伴随着音乐会发出一些语音。

（9）高兴时发出一些"啊""噢"等声。

（10）有的婴儿会说出第一个单词，如"妈妈"等。

第二节　1～2岁幼儿语言的发展与教育

引导案例

> 甜甜现在1岁半了，平时可以模仿大人的发音，偶尔蹦出一两个字。妈妈为了让甜甜掌握不同的发音，给甜甜准备了许多小动物的图片，如小鸡、小鸭、小羊、小狗等。
>
> 每次妈妈都会一边出示图片，一边模仿小动物的叫声，如"甜甜，这是小鸡，小鸡怎么叫啊，叽叽叽"。甜甜就会一边看着图片，一边跟着妈妈说："叽叽。"妈妈不断地重复，甜甜就会跟着妈妈不断地模仿。
>
> 一个月后，甜甜不仅认识了许多小动物，还学会了好多小动物的发音，妈妈指着小羊问甜甜："甜甜，这是什么呀？"甜甜奶声奶气地说："羊！"妈妈又问道："小羊怎么叫呀？"甜甜像模像样地说："咩～。"有时候妈妈会问甜甜："小狗长什么样啊？"甜甜自己就会把小狗的图片找出来，并学小狗的叫声："汪—汪。"
>
> 虽然甜甜现在只会说一个字或两个字的叠词，但家人已经非常满意了，毕竟甜甜还不到2岁。一家人最开心的事就是每天晚上逗甜甜说话，刚刚学发音的甜甜甚是可爱。

经历最初一年的语言准备阶段，婴儿开始进入幼儿期，也开始进入学习口语的全盛时期，因此1～2岁被称为语言发生阶段。根据幼儿语言发展的基本情况，它可以分为两个阶段：1～1.5岁是幼儿语言的单词句阶段，幼儿往往用一个单词表示一个句子；1.5～2岁是幼儿语言的双词句阶段，这一阶段的幼儿对词句的掌握迅速发展。

一、单词句阶段

1～1.5岁是单词句阶段，单词句是指幼儿用一个单词来表达一个比该词意义更为丰富的意思。这一阶段的幼儿理解词语有以下三个特点，如图2-1所示。

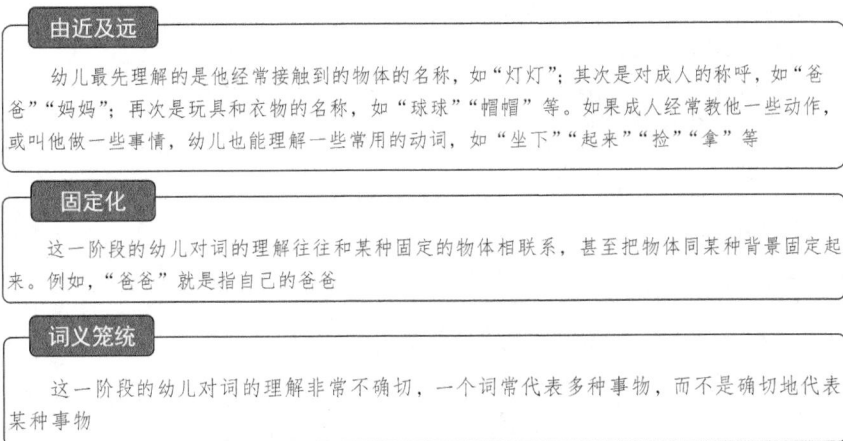

由近及远

幼儿最先理解的是他经常接触到的物体的名称，如"灯灯"；其次是对成人的称呼，如"爸爸""妈妈"；再次是玩具和衣物的名称，如"球球""帽帽"等。如果成人经常教他一些动作，或叫他做一些事情，幼儿也能理解一些常用的动词，如"坐下""起来""捡""拿"等

固定化

这一阶段的幼儿对词的理解往往和某种固定的物体相联系，甚至把物体同某种背景固定起来。例如，"爸爸"就是指自己的爸爸

词义笼统

这一阶段的幼儿对词的理解非常不确切，一个词常代表多种事物，而不是确切地代表某种事物

图2-1　单词句阶段的幼儿理解词语的特点

在说出词方面，则具有以下特点。

（1）单音重叠。在发音方面，往往发出单个的、重叠的音。

（2）一词多义。由于这个年龄的幼儿对词的理解还不精确，说出的一个词并不只代表一个对象，而是代表着多种对象。

（3）以词代句。这一阶段的幼儿不仅用一个词代表多种物体，而且用一个词代表一个句子，因此这阶段被称为"单词句"时期。例如，当幼儿说"球球"时，随着不同的情境可能表示不同的意思。

（4）和动作紧密结合。当幼儿用单词表达某个意思时，常伴随着动作和表情。

（5）词性不确定。例如，"嘟嘟"既可作为名词来称呼汽车，又可作为动词表示开车。

单词句阶段，对语言教育活动的建议主要有以下几点。

（1）在日常生活中随时随地帮助幼儿掌握新词，扩大词汇量。

（2）多跟幼儿交谈，提供语言模仿的榜样。

（3）自制或购买图书，促进幼儿阅读兴趣和阅读能力的提高。

（4）鼓励幼儿多开口，成人要耐心倾听并予以应答。

（5）开展多种形式的语言游戏，如"猜猜看""打电话"等以练习听发音与用词。

二、双词句阶段

1.5～2岁是双词句阶段，这一阶段的幼儿说话的积极性高涨起来，幼儿语言的发展主要表现在开始说由双词或三词组合在一起的语句。这种句子比单词句明确，但表现形式是断断续续的，简略的，结构不完整。这时，幼儿主要使用名词、动词、形容词等实词，很少使用连词、介词等虚词。幼儿在这个阶段开始掌握真正的词。

在这个阶段，幼儿语言发展可分为三个时期来分析其特点。

（一）16～18个月

（1）能理解简单的语句，理解的词语多于能说出的词语。

（2）理解并喜欢歌曲、故事、儿歌等。

（3）理解并能执行成人的简单指令。

（4）会说10～20个单词。

（5）喜欢翻阅图书且"指指点点""叽里咕噜"，好像在讲解。

（6）会对看到的物体进行命名。

（7）时常有泛化、窄化等现象。

（二）19～21个月

（1）常用的词语达100个左右。

（2）处于双词句阶段，即说出由两个单词组成的句子。

（3）能理解并执行两个动作要求的命令。

（4）喜欢听成人反复讲同一个故事，并且能简单复述。

（5）能够理解并说出一些常用的动词和形容词。

（6）说到自己时，总是用名字代替。

（7）不断地提出问题，疑问句较多。

（8）语句中出现"重叠音"（如狗狗、猫猫）和词语"接尾"现象。

（三）22～24个月

（1）出现"词语爆炸"现象。

（2）理解并能正确地回答成人提出的一些问题。

（3）理解的词语达300个左右。

（4）能够说200～300个单词，"小儿语"逐渐消失。

（5）双词句仍占优势，可以模仿说出三词句。

（6）与人交往依靠语言，表达时动作及手势相应减少。

（7）能理解一些方位介词、时间介词和表示颜色的形容词。

在双词句阶段，语言教育活动的要点与方法主要有以下几点，如图2-2所示。

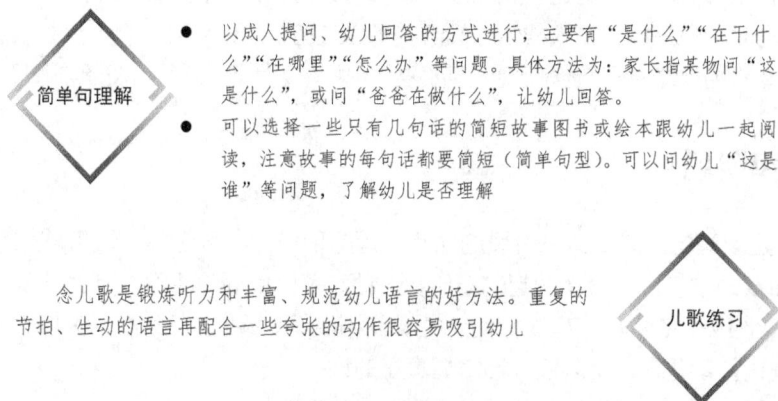

简单句理解

- 以成人提问、幼儿回答的方式进行，主要有"是什么""在干什么""在哪里""怎么办"等问题。具体方法为：家长指某物问"这是什么"，或问"爸爸在做什么"，让幼儿回答。
- 可以选择一些只有几句话的简短故事图书或绘本跟幼儿一起阅读，注意故事的每句话都要简短（简单句型）。可以问幼儿"这是谁"等问题，了解幼儿是否理解

儿歌练习

念儿歌是锻炼听力和丰富、规范幼儿语言的好方法。重复的节拍、生动的语言再配合一些夸张的动作很容易吸引幼儿

图2-2　双词句阶段语言教育活动的要点与方法

简单句表达	● 1岁半后可教幼儿学习说主谓句或谓宾句，如结合情境教幼儿说"妈妈吃""玩车车"等；

- 1岁半后可教幼儿学习说主谓句或谓宾句，如结合情境教幼儿说"妈妈吃""玩车车"等；
- 也可以在适当的时候引导幼儿使用稍长的礼貌用语，如"阿姨早上好"；
- 为幼儿提供良好的语言示范环境；
- 主动告诉幼儿一切问题，对幼儿的提问和讲述要正确对待；
- 倾听文学作品，观看儿童美术片或动画片；
- 继续开展早期阅读指导；
- 在游戏中进行词语练习，如"词语接龙"

图2-2 双词句阶段语言教育活动的要点与方法（续）

第三节 2～3岁幼儿语言的发展与教育

引导案例

佑佑快三岁了，妈妈每天晚上下班回来都会给佑佑讲故事，讲完会问佑佑一些问题，增强佑佑的语言理解能力，而佑佑就像十万个为什么一样，对一切都充满了好奇，每次听故事都会问一些稀奇古怪的问题。

今天，妈妈给佑佑讲虾公公看太阳的故事："大海的深处，住着一位虾公公。虾公公很老了，想去海面看一次太阳。但游了好久好久，仍然看不到一丁点儿的光亮。虾公公心想可能看不到太阳了。突然，一注水花把虾公公高高抛到了海面上，阳光顿时温暖了它的全身，原来是一头鲸正在喷水呢！"

讲完后，妈妈问佑佑："这个故事里都有谁呀？"

佑佑说："有虾公公和鲸。"

妈妈又接着问："虾公公想干什么？"

"虾公公想看太阳，鲸帮了虾公公。"佑佑一口气说了出来，然后又皱着眉头问道，"可是妈妈，为什么鲸会喷水？"

妈妈说："因为鲸要呼吸。"

"咱们家的金鱼为什么呼吸的时候不喷水？"……佑佑又开始不断地问问题了，不过妈妈没有一丝不耐烦，她用佑佑能听懂的语言耐心地给佑佑解答。

2岁以后，幼儿开始学习运用合乎语法规则的完整句更为准确地表达自己的思想，对语音、语法、词汇等方面的掌握都有了明显的进步，而且好奇心、求知欲很重，总是喜欢问"为什么？""这是什么？"等问题。

在这一时期，家长或教师应给幼儿创造丰富的语言学习环境，提供恰当的文学作品，丰富幼儿的语言经验，并耐心解答幼儿的疑问，满足他们的好奇心和求知欲。

一、初步掌握口语阶段

2～2.5岁是初步掌握口语阶段，这一阶段的幼儿在运用语言和词汇方面有显著进步，能用3～5个单词组成的句子来与人交谈，与他人的对话变得更加自由和顺畅，同时他们也开始用比较完整的句子与人交往，并学会倾听他人讲话，表达自己的要求和愿望。

这一阶段的语言发展特点主要有以下几点。

（一）基本上能理解成人所用的句子

2～3岁是幼儿词汇量迅速增长的时期，也是幼儿对语言的理解能力迅速提高的时期，幼儿能理解的词汇达900多个，词的泛化、窄化和特化现象明显减少，对词义的理解也日益接近成人用词的含义。幼儿对词的概括程度进一步提高，已能将有些词（如树、花等）理解为代表一类事物的词，但对某些词汇在理解上还具有直接性和表面性。

（二）语音逐渐稳定和规范，发不出的语音逐渐减少

由于幼儿发音器官逐渐成熟，在发音方面的困难日渐减少。发唇音已基本没有困难，但凡是需要舌头参与的音（舌尖、舌面、舌根等音），还存在不同程度的困难，尤以舌尖音突出，如zh、ch、sh、r等音，少数极个别的幼儿发g、k、h、u、e等音也有困难。

（三）能运用多种简单句句型，复合句也初步发展

在幼儿使用的句子中，简单句占大多数，约90%，复合句占10%左右。简单句句型较多，主要有主谓结构和主谓补结构两种类型。幼儿使用的复合句大多是不完全复句，是省略连词的简单句的组合。句子的含词量也在不断增多。幼儿在25～27个月开始出现三词句，28～30个月出现四词句，有个别的幼儿还出现五词句、六词句。这个阶段的幼儿虽然在使用句子方面有明显的进步，但表达水平不高，尚处在情境语言阶段，说话时多用些不连贯的短句，辅以手势、动作和面部表情，这种情境性语言对于不熟悉情况的人往往是难以理解的。

（四）疑问句逐渐增多

2岁左右是幼儿疑问句产生的主要时期。2岁4个月到3岁是幼儿疑问句的快速发展期。2岁出现反复问句，Who、How、Where、What、When、Why中的6个"W"是幼儿疑问句的主要表现形式。疑问句在幼儿发育成长的社会化过程中具有十分重要的地位。提问是幼儿与社会进行信息交换的主要途径。幼儿利用提问获取各种必需的信息帮助，成人通过幼儿对问题的回答来把握幼儿认知和语言发展水平。

（五）语言常使用接尾策略

接尾策略是幼儿使用语言中常用的一种策略，即不管实际情况如何，只选用问句末尾的一些词语作答，主要发生在1岁半到2岁半，3岁左右消失。例如，成人问"吃了没有？"（刚吃完饭），幼儿回答"没有"；又问"快收拾好玩具，跟妈妈出去玩，好不好"（幼儿应立即站起，丢掉玩具，一副要出去的样子），可听到的回答却是"不好"。这些答话与情境的不合和前后回答的矛盾，就是幼儿的接尾策略在起作用。

在初步掌握口语阶段，可以采取以下方式来进行学前儿童语言教育活动。

（1）让幼儿多看、多听、多说、多练。

（2）鼓励幼儿与同伴之间的自发模仿和相互交谈。

（3）在游戏中练习讲话。

（4）组织多种形式的语言教育活动。

（5）随时随地帮助幼儿正确使用语言。

二、目标口语初步发展阶段

2.5～3岁是目标口语初步发展阶段，这一阶段的幼儿的单词句、双词句这一类特殊语言成分已经大大减少，语言已经纳入目标语言的轨道。幼儿已经掌握语言系统和基本语法规则，具有一定的词汇量和一定的语言运用技能，可以初步用词语来解释词语。幼儿已开始形成语感，并能运用语言进行一般日常语言交际。

目标口语初步发展阶段幼儿语言发展的特点如下。

（一）词汇量迅速增加，对新词感兴趣

幼儿到了3岁左右，配合其好奇心、求知欲的发展，变得好问，对新词句表现出较大的兴趣。他们总喜欢问"这是什么"或"为什么"之类的问题，并从成人的答案中学到很多的新词。在3周岁的时候，幼儿使用的词汇量是2周岁时的3倍。也就是说，这一阶段仍然是幼儿新词不断涌现和使用的阶段。

3岁的幼儿开始学会用人称代词，其中最常用的是"我"和"我的"这两个代词，从而知道他仍然是以自我为中心的。

幼儿逐渐喜欢听故事和能理解故事的简单情节，对文学语言也非常感兴趣，并且愿意模仿。一个故事往往可以不厌其烦地听数遍。喜欢朗诵短小的儿歌。幼儿的这些新的兴趣和爱好，为他们学习知识，练习清楚地说话，提供了极为有利的条件。

（二）能抽象句子规则，常表现出系统整合的语言内化能力

系统整合是指当一种新的语言现象出现后，幼儿总是力图把它纳入原有的框架中，尽力用原有的规则去解释、同化它，"用已知去把握未知"是幼儿一种重要的认知惯性。例如，老师对幼儿说"布娃娃脸上有五官，有两只眼睛，两只耳朵……"，老师话音未落，幼儿就接上去说"两只鼻子，两只嘴巴"，显然幼儿的回答是凭自己已有的经验进行归纳的。这种认知惯性有时是成功的，有时则是失败的。究其失败的原因主要是原有的规则不能同化新的语言现象，出现了"特例"，即"一个鼻子，一张嘴巴"，而这些"特例"往往是成人重点要解释的地方。成人应从"特例"中概括出一些新的规则并把新规则进行整合，以达到新的平衡，建构出一个新系统。

（三）能说出完整的句子，出现多词句和复合句

这一阶段的幼儿，不仅词汇丰富了，而且所说的句子也完整了。他们能从成人所说的词语中推断出语言的规则，掌握语法和句子结构的基本要点。到了3岁的时候，幼儿说话的方式基本上和成人差不多，初步奠定了他们日后说话的基础。在口语表达方面，开始能用完整的句子与人交往，表达个人的要求和愿望，句子的含词量已达5～6个单词。他们使用的句子中陈述句占绝大多数，经常出现的复合句占总句数的三分之一以上，其中联合复句在2岁半到3岁阶段占绝对优势，占60%～90%；偏正复句占10%～30%。

（四）说话不流畅，表达常有"破句现象"

这一阶段的幼儿经常会出现说话不流畅的现象，但不一定是其语言上的缺陷。他们虽然学到了许多新词，但要把这些词有条理地组织成句子说出来，仍有一定的困难。因为幼儿思维的速度往往超过他们说话的速度，说话跟不上思想，想说的内容太多，一下子选不到恰当的词，但很心急地想要把它说出来，于是就变得说话不连贯，表现得犹豫不决或经常重复同一个单词或语句，这种情形看起来好像口吃，但对3岁的幼儿来说，说话不流畅、重复都是正常的、自然的现象。要是对此处理不当，反而会引起他们语言发展上的危机，语言发展的缺陷也会在这个时期出现。

（五）语言功能越来越丰富、准确

这一阶段的幼儿语言已具有回答、提问、问候、告知、告状、争执、命令、请求等语言功能，呈现出语言功能越来越丰富、准确的趋势。幼儿对于某些语言功能常常会有阶段性的特点，表现在某一阶段某一语言功能比较突出。

在目标口语初步发展阶段，可以采取以下方式来进行学前儿童语言教育活动。

（1）提供丰富的语言学习环境，丰富幼儿的语言经验。

（2）欣赏文学作品，重复和理解作品内容。

（3）组织幼儿进行谈话活动。

（4）在听说游戏活动中发展幼儿的语言。

（5）开展早期集体阅读活动。

第四节　0～3岁婴幼儿语言教育中应注意的问题

引导案例

苗苗今年已经3岁了，可是依旧说不出一句完整的话，只会一个字两个字地往出蹦，看到喜欢的玩具或爱吃的食物，也只会指着说："要。"而别人家的孩子已经可以表述一句完整的话了。

苗苗的爸爸、妈妈非常着急，便问了老师为什么苗苗说话这么晚，怎么教苗苗学会说话。经过老师的解答，苗苗的父母发现问题所在。原来苗苗一直由奶奶照顾，奶奶比较溺爱孩子，只要苗苗盯着什么东西看，或指着什么东西，奶奶就会立即拿过来给苗苗，这样苗苗觉得不用说话也可以得到自己想要的东西。奶奶的溺爱使苗苗失去了语言表达的机会。

发现这一问题后，一家人一改以往的态度。只有苗苗运用语言表达出自己想要的东西时，大家才会满足苗苗。例如，苗苗想要玩汽车玩具，只有苗苗说出"汽车"两个字时，才会让苗苗玩。渐渐地苗苗掌握的词汇越来越多，也可以说出一句完整的话了。

0～3岁婴幼儿的语言教育中，不仅要重视语言的"输入"，为婴幼儿提供丰富的语言素材和语言氛围，还要注重语言的"输出"，引导婴幼儿用语言表达自己的要求，为婴幼儿提供说话的机会。每个正常婴幼儿的先天语言素质都是差不多的，差距都是在后天教育中形成的，要想保证

婴幼儿语言能力的正常发展，就要掌握正确的语言教育方法，避免语言教育中的错误做法。

一、注意婴幼儿个体语言发展的差异性

婴幼儿语言发展既有普遍性又有差异性，主要受到先天和后天因素的制约。成人要细心观察和了解婴幼儿语言发展的特点和状况，制定一个符合婴幼儿语言发展特点、能够促进婴幼儿语言在原有水平上不断提高的教育方案。

二、专门教育与渗透教育相结合

专门的语言教育内容，是为幼儿提供与语言进行充分互动的环境，使他们有机会对在日常生活中获得的零碎语言经验进行提炼和深化，达到对语言规则的理解和有意识的运用。专门的语言教育内容是根据既定的语言教育目标，通过有计划地安排和组织婴幼儿进行一系列的学习语言教育活动来呈现的。

渗透的语言教育内容是指充分利用婴幼儿的各种生活和学习经验，在真实的生活情境中为婴幼儿提供更加广泛的、多种多样的学习语言的机会。

婴幼儿年龄越小，越要在专门的活动之余，把语言发展工作渗透到各项活动和日常生活中进行，使语词与情境密切配合，使婴幼儿说出更多的词。

三、注意婴幼儿语言输入与输出的平衡

语言的"输入"是指婴幼儿所接触到的各种语言素材，这是语言学习的起点。没有语言输入，就谈不上语言学习。要让婴幼儿多听，听故事、听儿歌、听各种声音，多跟婴幼儿交谈等。婴幼儿语言有三种不同水平的输入，即儿向言语、目标语言和伙伴语言。其中，成人与婴幼儿交谈的儿向言语应特别予以注意，是婴幼儿语言学习的"样本"。

国外有关文献称这种成人与婴幼儿的谈话为"儿向语言"（Child Directed Speech，CDS）。他们认为，CDS与婴幼儿语言发展的关系极为密切，近年来在国际上引起普遍重视，研究进展较大。

CDS具有以下特点，如图2-3所示。

1 CDS是一种动态言语，对于不同年龄阶段的婴幼儿，CDS的特点是不一样的。它的语法、语义和语言内容所代表的认知难度，与交谈对象的认知水平和能力相比稍高一些

2 与成人之间的交谈言语相比，CDS的词语和语法都比较简单，更合乎语法，其重复性和冗余度较高。和婴幼儿交谈的方式大多是对婴幼儿言语的重复、扩展和评价

3 语速较慢，语气具有夸张意味。成人在和婴幼儿交谈时，往往会有意放慢语速，夸张语气，多给婴幼儿以鼓励和奖赏等

图2-3　CDS的特点

成人的言语为婴幼儿提供了较为合适的语言样板，便于婴幼儿进行模仿和加工，并吸引婴

幼儿的兴趣和注意力，带动婴幼儿的语言向前发展。婴幼儿早期，儿向言语占主要位置。

同时，还应特别注意婴幼儿的语言"输出"。成人在语言上也要避免"包办代替"的现象。例如，婴幼儿每次指着玩具，就有人给他买的话，那么他无须说话，就可以得到玩具，这样不利于婴幼儿的语言发展。因此，成人应引导婴幼儿用语言表达自己的要求，给婴幼儿提供说话的机会，还要让其循序渐进地学习说话，引导婴幼儿的语言"输出"。

四、处理好语言模仿与语言创造的关系

语言模仿是婴幼儿语言发展的一种重要方式，是婴幼儿一种重要的内化能力。婴幼儿的语言具有创造性，但模仿学习在语言获得中仍起着重要的作用。因为创造必须要以一定的范型为基础，它是对已有范型的概括和新的组合，既是新颖的又是以模仿范型为基础的。由此可见，创造是依据模仿得到的或已经掌握的语言单位和语言规则，运用规则自己创造出新的语言现象。就语言系统的发展来看，婴幼儿的主要创造能力有以下几种，如图2-4所示。

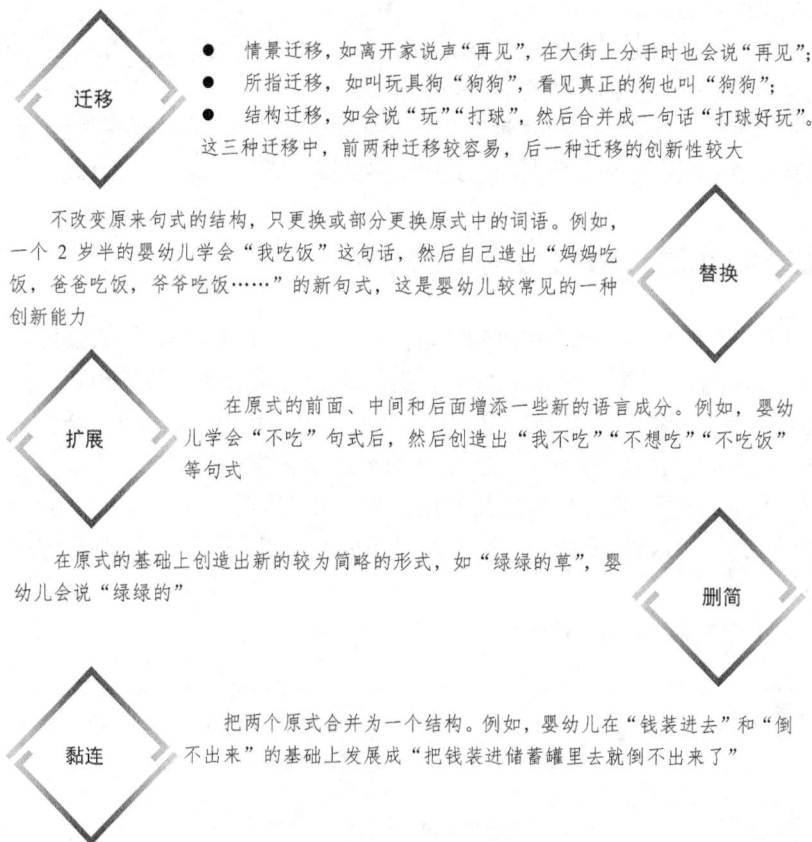

迁移
- 情景迁移，如离开家说声"再见"，在大街上分手时也会说"再见"；
- 所指迁移，如叫玩具狗"狗狗"，看见真正的狗也叫"狗狗"；
- 结构迁移，如会说"玩""打球"，然后合并成一句话"打球好玩"。

这三种迁移中，前两种迁移较容易，后一种迁移的创新性较大

替换
不改变原来句式的结构，只更换或部分更换原式中的词语。例如，一个2岁半的婴幼儿学会"我吃饭"这句话，然后自己造出"妈妈吃饭，爸爸吃饭，爷爷吃饭……"的新句式，这是婴幼儿较常见的一种创新能力

扩展
在原式的前面、中间和后面增添一些新的语言成分。例如，婴幼儿学会"不吃"句式后，然后创造出"我不吃""不想吃""不吃饭"等句式

删简
在原式的基础上创造出新的较为简略的形式，如"绿绿的草"，婴幼儿会说"绿绿的"

黏连
把两个原式合并为一个结构。例如，婴幼儿在"钱装进去"和"倒不出来"的基础上发展成"把钱装进储蓄罐里去就倒不出来了"

图2-4 婴幼儿的主要创造能力

模仿和创造具有相对性，模仿中有创造，创造中有模仿。在早期的语言发展中，婴幼儿较多地用模仿的方式进行学习，而随着婴幼儿语言的不断发展，创造和创造性模仿便会较多地被使用。因此处理好语言创造和语言模仿的关系，在婴幼儿语言发展和教育中至关重要。

3～6岁幼儿语言的发展与教育

引导案例

沫沫今年四岁了，已经学会用完整语言表达自己的需求了，也可以用简短的话与大人进行交流。但是沫沫分不清"si"和"shi"的音，总是把"四个"说成"是个"。为了纠正沫沫的发音，妈妈特意为沫沫找了一个适合幼儿学习的绕口令：我说四个石狮子，你说四个石狮子，石狮子是死狮子，纸狮子也是死狮子。

一开始，妈妈说一句，沫沫跟读一句，虽然沫沫读得不是很清晰，但在跟读过程中知道了"si"和"shi"是不一样的。渐渐地，沫沫可以将这篇绕口令完整地读下来。每次读，妈妈都会对沫沫的错误发音进行纠正，沫沫错误发音的次数逐渐减少。

在日常生活中，妈妈还会根据具体情境提一些问题，如"这里有几个鸡蛋？""四个。""沫沫你吃的是什么？""柿子。"在反复的练习中，沫沫终于能够分清"si"和"shi"的发音了。

3岁以后，有些幼儿仍然分不清相似音节。这时应根据幼儿的具体情况进行有针对性的训练，帮助他们正确发音，为准确感知语音打好基础。

3～6岁的幼儿在语音、词汇、语法方面已经逐渐成熟，教师与家长应抓住这一阶段，加强对幼儿语言发展中薄弱环节的训练。

一、语音的发展与教育

（一）幼儿语音发展的特点与规律

语音是幼儿赖以表现的媒介和物质体现，3～4岁是幼儿掌握语音的关键期，语音发展是幼儿口语发展的首要因素。图2-5所示为幼儿语音发展的特点与规律。

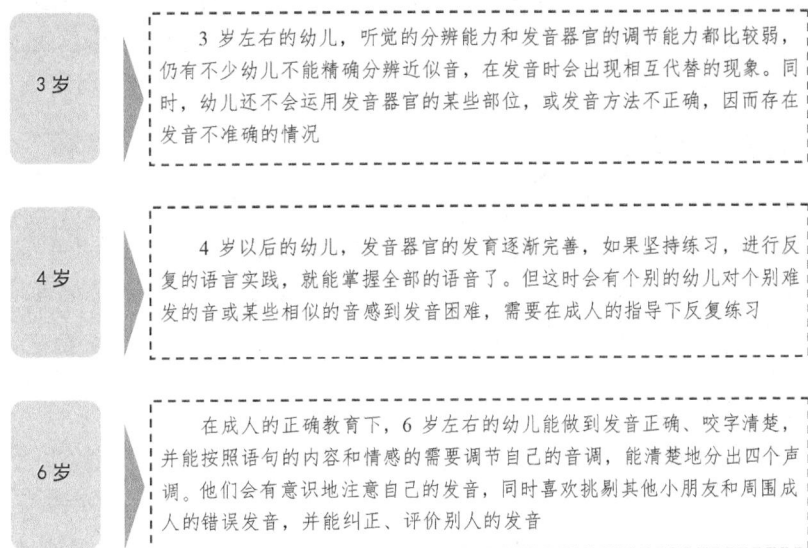

3岁	3岁左右的幼儿，听觉的分辨能力和发音器官的调节能力都比较弱，仍有不少幼儿不能精确分辨近似音，在发音时会出现相互代替的现象。同时，幼儿还不会运用发音器官的某些部位，或发音方法不正确，因而存在发音不准确的情况
4岁	4岁以后的幼儿，发音器官的发育逐渐完善，如果坚持练习，进行反复的语言实践，就能掌握全部的语音了。但这时会有个别的幼儿对个别难发的音或某些相似的音感到发音困难，需要在成人的指导下反复练习
6岁	在成人的正确教育下，6岁左右的幼儿能做到发音正确、咬字清楚，并能按照语句的内容和情感的需要调节自己的音调，能清楚地分出四个声调。他们会有意识地注意自己的发音，同时喜欢挑剔其他小朋友和周围成人的错误发音，并能纠正、评价别人的发音

图2-5 幼儿语音发展的特点与规律

（二）幼儿语音教育的内容

鉴于幼儿时期是掌握语音的关键时期，搞好幼儿的语音教育有着重要的意义。幼儿语音教育的内容大致包括以下方面。

1. 培养幼儿准确的听音能力

在幼儿语言发展早期，常常是模仿别人说话时的语调，对语句的每一个音不能分别感知，直到3岁左右，仍有不少幼儿不能精确分辨近似音，在发音时会出现相互代替的情况。这一现象是幼儿听觉水平较低造成的。因为听得准是说得准的前提，要使幼儿发音正确，必须注意发展幼儿的言语听觉，使他们能听得准确，能分辨语音的微小差别，特别是区别某些近似的词音，为幼儿准确地感知语音打好基础。

2. 教会幼儿正确发音

清楚、正确地发音是运用口语进行交际的必要条件。教师应以普通话语音为标准，教会幼儿正确地发音，使他们在入学前，能正确掌握1300多个普通话音节。教师在教育幼儿正确发音的过程中，要明确哪些是本地区幼儿感到困难和容易发错的音，并进行有针对性的教育。

3. 教会幼儿按照普通话的声调讲话

声调指音节的音高。汉语是有声调的语音，不同的声调和不同的声母或韵母一样，能代表不同的意思，所以在训练幼儿发音时必须教会他们掌握正确的声调。讲方言的幼儿学普通话时，其发音声调不准占了很大比例。因此，教师在对幼儿进行语音教育的过程中，小班幼儿要注意声调，中、大班幼儿则应声调正确。

4. 培养幼儿的言语表情

在口语中，为了准确和富有表现力地表达思想，需要声音的性质有所变化。在平时讲话时，教师主要是培养幼儿的自然表情，做到声音的性质与其要表达的内容一致。在朗诵或表演文学作品时，要求幼儿能在理解作品内容的基础上有发自内心的感情，而不应是刻板的、机械的声调，因此在文学作品的教育中，还应训练幼儿掌握一些简单的艺术发声的方法。

5. 培养幼儿语言交往的修养

语言交往的修养是指讲话态度方面的要求。从幼儿掌握口语开始，父母就应要求他们在语言交往中，说话态度要自然，声调上要友好，有礼貌，不允许撒娇和粗暴地讲话。

以上五个方面的内容和要求是相互联系的，教师要全面地理解这些要求，在教育中把它们有机地结合起来，对幼儿进行语音教育，为幼儿示范与讲解正确、规范的发音。

（三）幼儿语音教育的途径

幼儿学习发音是靠模仿形成言语反应的，这个反应必须经过多次的重复才能巩固。幼儿每学完一个新的词音后，教师都要及时地让他们进行重复练习，以不断发展他们发音器官的协调性和听觉器官的敏感性，这对小班幼儿尤其重要。中、大班幼儿虽然在掌握语音方面有了很大的进步，但在呼吸的长度和强度方面还需要经过练习。对于中班后期和大班幼儿，教师还需要培养其言语的表现力，这个任务也需要通过谈话、讲述、朗诵等方式经常进行练习。

1. 在日常生活中练习发音

为了使每个幼儿都能掌握普通话的标准音和语调，运用一些学习形式集体进行练习是必要的，但大量的练习还需要在日常生活中自然地进行。教师应根据本地区和本班幼儿的发音情况，确定语音练习的重点和重点帮助的对象。

在日常生活中练习发音，应随机地、个别地进行。例如，有的幼儿说不清"湿"（shi）和"吃"（chi），教师可利用有利时机进行谈话帮助幼儿发音，问"你把衣服放在水里会怎么样""昨天晚餐吃的是什么"等问题，创设机会引导幼儿练习发"湿"和"吃"的音。

2．开展听说游戏活动学习正确发音

良好的听觉是清晰发音的前提。发展听觉的灵敏度就是发展辨音的能力，发展听觉和发音的听说游戏活动可以培养幼儿正确发音的能力和听觉注意力，提高辨音能力。听说游戏的内容、规则和过程，要根据本班幼儿发音的特点来确定。教师在选编这类游戏时，注意游戏的结构要简单，不应使难发的音过于集中，难度过大，否则会降低幼儿学习的积极性。

在游戏过程中，教师除应注意全班幼儿的练习外，更应注重个别幼儿的单独练习。教师必须注意倾听每个幼儿的发音，发现错误要以正确的示范予以纠正。

3．利用儿歌、绕口令练习发音

儿歌、绕口令都是有韵律的文学作品，能生动形象地表现一定的内容。它结构短小，便于记忆，并有利于提高幼儿练习发音的兴趣。图2-6所示为中班幼儿练习sh、z音的儿歌。

通过学习绕口令，教师可以有意识地让幼儿重复许多相同或近似的词音，帮助其区别容易混淆的音。教绕口令的时候，教师要自己先背熟，使自己的发音准确无误。幼儿开始学绕口令时，在速度上不宜太快，力求每一个音都发准。待幼儿背熟后，再逐步要求他们加快速度，以提高幼儿发音的准确性。图2-7所示为"凤凰"绕口令。

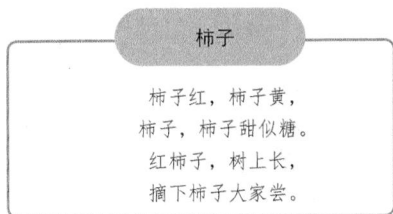

凤凰

对门有个白粉墙，
白粉墙上画凤凰。
先画一只粉黄粉黄的黄凤凰，
后画一只粉红粉红的红凤凰。
红凤凰看黄凤凰，
黄凤凰看红凤凰，
红凤凰，黄凤凰，
两只都像活凤凰。

柿子

柿子红，柿子黄，
柿子，柿子甜似糖。
红柿子，树上长，
摘下柿子大家尝。

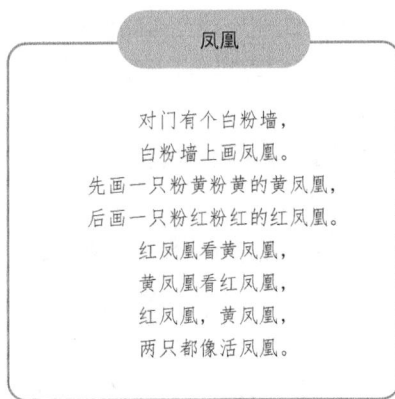

图2-6　"柿子"儿歌　　　　　图2-7　"凤凰"绕口令

4．教师示范与讲解正确、规范的发音

教师正确地示范是幼儿掌握语音的基本途径。在示范过程中，教师不仅要求幼儿能正确感知语音的细微差别，还要让他们掌握发音部位和发音方法，让幼儿知道音是怎么发出来的。教师的示范要照顾到幼儿"听"和"看"两个方面，便于他们模仿。

由于发音的部位不同，发音的难度也不同，许多音需要舌头参与活动，这些音的发音部位不易被幼儿观察到，而且动作比较精细、复杂，所以舌音是幼儿掌握较慢、不易发准的音。

对于这一类音，教师需要采用示范和讲解相结合的方法，使幼儿掌握其发音要领。例如，n是鼻音，l是边音，教师需要把发音原理具体化，形象地向幼儿讲解。发n的时候，舌尖翘起抵住上牙床，同时舌尖要向两旁展开，用力把气流堵住，使气流从鼻孔出来。讲解后，可让幼儿反复地拉长音练习，使其体验气流是否从鼻孔出来。对于其他难发的音，也可采取类似方法或创造其他方法，帮助幼儿较快地掌握发音的要领。

（四）各年龄班语音教育

1. 小班语音教育

小班是语音教育的关键期，培养幼儿正确发音是小班语音教育的重点任务。小班语音教育的重点应该放在听力和发音练习上。要做好这项工作，教师首先要了解本班幼儿的发音特点，了解每个幼儿语音掌握的基本情况，可以让幼儿叫出一些物体的名称，如鼻子、耳朵、积木、狮子、栗子等，以测查幼儿的发音情况，或在日常生活中注意了解幼儿的发音情况。然后针对幼儿的语音现状，制订相应的语音教育计划。计划中应包括对幼儿语言器官活动的训练，使唇、舌、肌肉的细小动作逐渐协调灵活；包括呼吸量的练习，以及个别幼儿的语音矫正工作等。

计划应有实施的措施，即哪些内容通过语言教育活动进行，哪些内容通过其他工作进行，都应有具体的安排。

2. 中、大班语音教育

中、大班幼儿的语言器官已发育成熟，正确发出全部音节的生理条件已经具备，特别是语音意识的发展，使幼儿已经能意识到自己和别人语音中出现的问题，并能随时调整和修补自己与别人语音中的"错误"。此时，幼儿已经产生了清楚、正确说话的愿望。

中、大班幼儿在发音方面存在的问题，主要是少数幼儿对个别容易混淆的音发不准。因此语音教育的重点是对个别幼儿发音的矫正。正音工作要渗透在幼儿教育活动和日常生活的各个环节中进行。

中、大班还应注重幼儿语音修养能力的培养，使中、大班幼儿掌握最初步的艺术发声方法。例如，清楚地吐字吐词，自如地调节声音的强弱，富有感染力的表达。

二、词汇的发展与教育

（一）幼儿词汇的发展规律与特点

幼儿时期是幼儿掌握词汇最迅速的时期。随着年龄的增长，其掌握的词汇量也会迅速增加。一般来说，3岁幼儿能掌握1000个左右的词汇，6岁幼儿的词汇量能增加到3000~4000个。

1. 3~4岁幼儿词汇发展的特点与规律

3~4岁幼儿所掌握的词汇，大多以名词、动词为主。代表具体事物的名词和具体动作的动词是幼儿生活中常常经历和感知到的，所以容易掌握。这时幼儿运用形容词的能力虽有了初步的发展，但只能掌握表明事物具体形态或性质的词，如大、小、多、少、高、低等，运用起来也不够准确。至于数词和量词就更难掌握了，他们常常用"个"来代替所有的量词，或把量词混用。

2. 5岁左右幼儿词汇发展的特点与规律

5岁左右是幼儿掌握词汇数量增加最快的时期。幼儿对词义的理解较以前深刻，对形容词的使用也能做到理解词义并较为准确、恰当地使用，但对量词的掌握仍感到困难，只有经常与具体事物相联系的量词才能熟练掌握，如"一辆汽车""一只鸡""一头牛"等。表示时间概念的词，幼儿运用起来还不够准确，经常混淆。

3. 6岁左右幼儿词汇发展的特点与规律

随着生活范围的扩大、知识经验的增加及幼儿抽象逻辑思维和概括能力的发展，6岁幼儿的词汇已经相当丰富，各类词汇都能掌握一些，对词义的理解也比较深刻，已经掌握了一些概括性的词汇和具有因果关系、条件关系的词汇。

（二）幼儿词汇教育的内容

对幼儿进行词汇教育的内容主要包括以下三个方面，如图2-8所示。

丰富幼儿的词汇　　　　　　　　　　　教幼儿正确理解词汇的意义

教幼儿正确地运用词汇

图2-8　幼儿词汇教育的内容

1. 丰富幼儿的词汇

幼儿学习新词一般需要通过两个途径。

（1）在日常生活中，幼儿通过与成人或同伴的交往自然获得，这类词大部分是比较浅显的，经常活跃在人们口头上的词。

（2）成人有意识地教给幼儿的词，这类词大部分是幼儿难以在自然状态下学会的生词。

幼儿园语言教育中所说的丰富词汇，大部分是指通过成人有意识教给幼儿的词。丰富幼儿的词汇应该有目的、有计划地进行。首先应教幼儿掌握代表具体概念的词。随着幼儿思维的发展，知识范围的扩大，再逐渐教他们掌握代表抽象概念的词。从词类上分，首先要教幼儿掌握关于对象和现象的名称的词——名词，说明对象和现象的动作和过程的词——动词，然后教幼儿掌握说明对象和现象的性质、特点、状态、程度的形容词和副词，最后再教幼儿学习并掌握介词、连词等虚词。

在丰富幼儿的词汇的过程中，对不同年龄的幼儿，在内容上应有不同的侧重和要求，如图2-9所示。

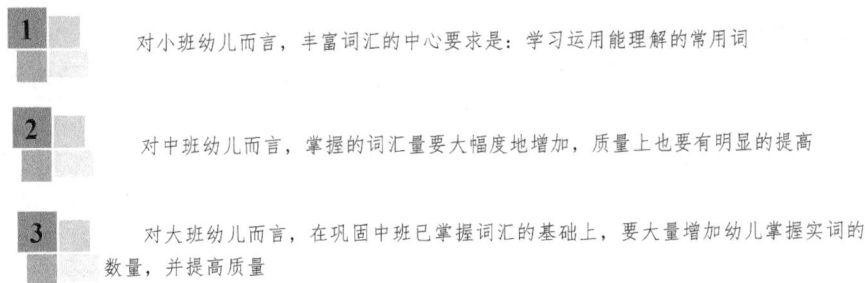

1 对小班幼儿而言，丰富词汇的中心要求是：学习运用能理解的常用词

2 对中班幼儿而言，掌握的词汇量要大幅度地增加，质量上也要有明显的提高

3 对大班幼儿而言，在巩固中班已掌握词汇的基础上，要大量增加幼儿掌握实词的数量，并提高质量

图2-9　不同年龄幼儿的侧重点

2. 教幼儿正确理解词汇的意义

词是概念体现者，它具有概括性、指物性特点，概括地标志着现实的某种物体及物体的特性、动作、关系等。由于词本身的特点，在给幼儿丰富新词时，教其正确地理解词汇的意义是非常重要的。因为只有理解了词汇的意义，才能算真正地掌握词，否则词只是一个空洞的声音，没有实际意义，幼儿也不可能将其运用到语言活动中。

教幼儿理解词汇的意义是在丰富词汇的同一过程中完成的。教给幼儿新词时，只有和事物的具体形象联系起来才能理解词的意义。小班幼儿需要在认识各种事物、形成观念和概念的过程中，掌握相应的词。中、大班幼儿的语言理解能力增强了，可结合已有的知识经验，用简单的语言解释新词所代表的概念。例如，用"好看的"解释"美丽的""漂亮的"等同义词；用

"这屋子真冷""今天天气真热"等句子解释"冷""热"一类比较抽象的词。

3. 教幼儿正确地运用词汇

幼儿积累的词汇有两类：一类是消极词汇，另一类是积极词汇。向幼儿进行词汇教育的最终目的是使幼儿将已理解的词正确运用到语言活动中。

在日常生活、各种教育活动、游戏、散步及其他自由活动时间内，教师应有意识地注意幼儿在语言表达中运用词汇的情况。幼儿如对哪些词义还不明确，哪些词使用不当，因缺乏哪些方面的词而影响表达。教师应针对这些情况，除了需要不断给幼儿补充新词外，还要善于启发幼儿把学过的词运用到语言活动中。

（三）幼儿词汇教育的途径

1. 在日常生活中丰富幼儿的词汇

日常生活是幼儿学习语言的基本环境，在这个环境中丰富幼儿的词汇有很多优势，如图2-10所示。

形象、自然

多次重复，易于加深幼儿的印象和理解

幼儿有学习语言的要求，日常生活中新鲜有趣的事物能引起他们的求知欲

图2-10 在日常生活中丰富幼儿词汇的优势

日常生活是丰富幼儿词汇的最主要途径，教师应善于抓住时机进行词汇教学。例如，在穿衣时，教会幼儿正确说出衣服和衣服各部分的名称；在吃饭时，教会幼儿说出餐具、主食、副食的名称等。

2. 通过观察丰富幼儿的词汇

直接观察是幼儿认识事物的重要途径，也是丰富幼儿词汇的重要来源。组织幼儿观察的方法包括观察实物和外出参观两个方面，如图2-11所示。

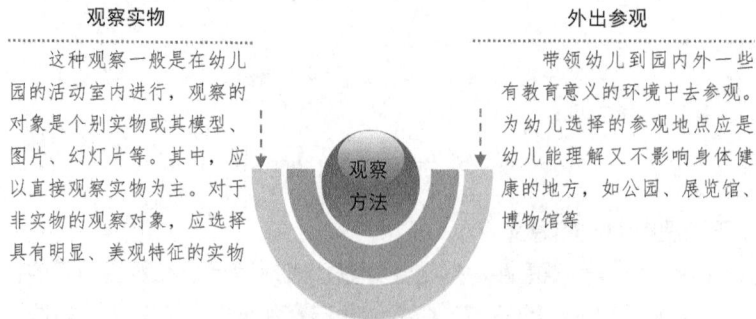

观察实物

这种观察一般是在幼儿园的活动室内进行，观察的对象是个别实物或其模型、图片、幻灯片等。其中，应以直接观察实物为主。对于非实物的观察对象，应选择具有明显、美观特征的实物

观察方法

外出参观

带领幼儿到园内外一些有教育意义的环境中去参观。为幼儿选择的参观地点应是幼儿能理解又不影响身体健康的地方，如公园、展览馆、博物馆等

图2-11 组织幼儿观察的方法

3. 运用教学游戏、智力游戏进行词语练习

教学游戏比较灵活，可以教幼儿新词，也可以练习正确运用词。游戏的活动性和广泛性的特点符合幼儿的兴趣，可以比较容易地把他们吸引到学习活动中。在游戏练习中，教学要求是在幼儿"玩"的过程中完成的，幼儿能产生兴趣。他们为了达到游戏的目的而克服困难，遵守规则，从而获得良好的练习效果。另外，游戏还可为胆怯和寡言的幼儿提供练习的

机会，减小学习的难度。

4. 运用儿童文学作品进行词汇教育

儿童文学作品中的语言是经过作家提炼加工的语言，具有生动、形象等特点，易于幼儿理解和接受。通过对儿童文学作品丰富词汇和形象的描述，幼儿能较快地理解这一类词的词义。

5. 通过各种类型的教育活动进行词汇教育

除了通过观察、参观、教学游戏、讲故事、朗诵儿童文学作品外，其他类型的语言教育活动，如各种谈话活动、讲述活动都可以丰富幼儿的新词，帮助幼儿练习正确运用词汇等。另外，在各种教育活动过程中也要丰富幼儿的词汇。例如，在美术活动中，教师要教幼儿说出"蜡笔""铅笔"，以及各种颜色、线条、形体的名称。

三、语法的发展与教育

（一）幼儿语法发展的特点与规律

幼儿掌握语句规则是在与成人交往中，通过从自然地模仿成人的语言习惯逐步过渡到掌握语法规则，再过渡到将词组成句子来表情达意而实现的。语法是组词成句的规则，幼儿要掌握语言，进行语言交际，还必须掌握语法体系。幼儿对语法结构的掌握表现在其语句的发展和对语句的理解。

1. 3岁左右的幼儿

3岁左右的幼儿已能用词组成简单的句子来表达自己的意思，但句子经常不完整，常出现没有主语的短语或用词颠倒的情况，如"妈妈，玩"（缺少主语"我"）。这时幼儿的语句非常简单，没有任何修饰成分，即使能说出"小白兔""大灰狼"等短语，实际上也是将这些短语作为一个词来学习、理解和运用的，并没有区别出修饰词和被修饰词。

2. 4~5岁的幼儿

4~5岁的幼儿已经能正确地运用简单句说明自己的意思或描述见闻。这时，他们的语言能力呈现出由单句向复合句发展的趋势，复合句比例有所增加，但由于他们对关联词语运用还不够自如，所以常常省略关联词语。随着句子中所含词汇量的增加，有修饰的语句开始占优势。同时，幼儿对某些词义不完全理解，对句子形式的掌握也不准确，所以常出现用词不当、逻辑混乱的现象。这时的幼儿对语法有明显的意识，能发现别人说话时的语法错误，也怕因自己表达错误而被别人笑话。

3. 6岁左右的幼儿

6岁左右的幼儿知识经验比较丰富，抽象思维也有了相应的发展，已经掌握了较为复杂的语言形式，学会了运用各种复合句。幼儿已掌握疑问句的所有形式，但对被动句的理解比较晚，这时只能初步了解，还不能灵活运用。

（二）幼儿语法教育的内容与要求

在日常幼儿语言教育活动中，语法教育的内容是不可或缺的，教师应掌握幼儿语法教育的内容与要求。

1. 在日常生活中培养幼儿清楚完整的表述能力

语法是语言的规则。人们在说话时，不仅要有丰富的词汇，还要把词汇按照一定的语法规则组织联结起来构成完整、连贯的语句，这样才能更好地表达自己的思想。幼儿主要是在运用语言的实际过程中，逐渐学习和掌握语法结构，并形成语言习惯的。因此，在日常生活中培养幼儿清楚完整的表述能力是幼儿语法教育的最主要途径。

2. 用口头造句的形式培养幼儿说完整的语句

实践证明，教师经常用一些幼儿易于理解、易于接受的词汇为扩散点来进行造句的训练，这样既可增加幼儿的知识，又能起到发展口语表达能力的作用。口头造句形式是口语练习最简单的形式，教师可由口头造句开始，逐步引导幼儿用一个完整的语句表达自己的思想。

3. 用游戏的形式提高幼儿说完整语句的积极性

游戏是幼儿最喜欢的活动形式，在游戏中发展幼儿语言，往往会起到事半功倍的效果，使幼儿在游戏过程中不知不觉地巩固了已学的语言内容，掌握一定的语言知识，并且说出完整语句的积极性也得到提高。

思考与实训

一、思考题

（一）名词解释

1. 专门教育
2. 渗透教育
3. 儿向语言
4. 语法

（二）简答题

1. 简述0～1岁婴儿语言发展的特点。
2. 0～3岁婴幼儿语言教育中应注意哪些问题？

（三）论述题

1. 阐述1～2岁婴幼儿语言发展与教育规律。
2. 简述3～6岁幼儿语法教育的内容与要求。

二、案例分析

夏夏刚上大班，由于她是湖北人，说话时总是带有浓重的口音，分不清n和l音，经常将"牛奶"说成"牛来"。夏夏家人的普通话也不是很标准，而且平时都用家乡话进行交流，夏夏也跟着家人说家乡话。随着年龄的增长，夏夏的口音越来越重了。如果你是夏夏的老师，你怎样帮助夏夏提高普通话水平？

三、拓展训练

简述3～6岁幼儿语言发展的特点，收集典型教育案例，结合实践提出具体化的教育建议。

第三章

学前儿童谈话活动

【学习目标】

➢ 了解学前儿童谈话活动与成人谈话的区别。

➢ 了解学前儿童谈话活动的特点和作用。

➢ 掌握学前儿童谈话活动的形式。

➢ 了解语言专题谈话活动的内容和形式。

➢ 学会设计并组织学前儿童谈话活动。

语言是一种交流工具，谈话则是交流中的一个重要类型。因此，谈话活动是帮助学前儿童学习运用语言与他人进行交流的重要活动，具有独特的促进学前儿童语言发展的功能。在指导学前儿童进行谈话活动时，幼儿教师一定要根据语言教育理论，在坚持语言教育目标的前提下实施此活动。

第一节　认识学前儿童谈话活动

引导案例

国庆节后，李妍老师以"我的快乐十一假"为主题组织了一次谈话活动，让幼儿提前准备好"十一"期间的各种照片和相关景点或场所的资料图片、宣传广告，或国庆节期间的纪念品。

活动开始，李妍老师说："今天，小朋友带来了很多国庆节旅游时带回的纪念品和照片。看一看，然后和你身边的小朋友说一说，这个'十一'假期你去了哪里，和谁去的，有什么好玩的，发生了什么开心的、难忘的事情。"之后李妍老师让幼儿们自由交流，李妍听到大家兴致勃勃地讨论着，非常开心，看来大家对这个话题很感兴趣。待大家都讨论得差不多时，李妍拍了拍手，示意大家停止并说道："刚才我听到很多小朋友说到了关于国庆节快乐的事情，我想请皮皮来说说你是怎么过'十一'的。你觉得最有趣的事情是什么，为什么？"……

最后，李妍拿出了自己"十一"度假的照片，谈了谈自己"快乐的十一"和自己在旅游时对保护环境的看法。在这次谈话活动中，幼儿不仅进一步提升自己的语言能力，也从李妍老师的讲述中学会要保护环境。

学前儿童谈话活动是在一定主题内容和目的范围内，以对话形式进行的语言活动。良好的谈话能力是学前儿童口头语言能力的重要表现，教师应合理地设计和实施学前儿童谈话活动，掌握学前儿童谈话活动的基本知识，使学前儿童谈话活动发挥应有的作用，提高学前儿童与他人交往、交流的能力。

一、学前儿童谈话与成人谈话的区别

因为大脑发育阶段的不同，学前儿童谈话与成人谈话有很大区别。由于学前儿童大脑处于发育阶段，因此他们对世界的认知还处于学习阶段；而成人因为大脑发育已经完成，对世界的认识也相对完善，可以充分地表达自己想要表达的内容，大脑的系统性构造也比较完善。学前儿童谈话与成人谈话是有区别的，如图3-1所示。

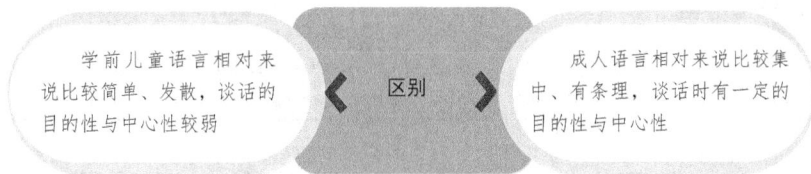

图3-1 学前儿童谈话与成人谈话的主要区别

二、学前儿童谈话活动的特点

（一）中心话题具有趣味性

在学前儿童谈话活动中，引导学前儿童集中关注并用语言进行交流时，一个全体参与讨论的中心话题限定了他们交流的范围，从客观上主导学前儿童交流的方向，使学前儿童的交流带有一定的讨论性质。

在学前儿童谈话活动中，有趣的中心话题往往包含三层意思，如图3-2所示。

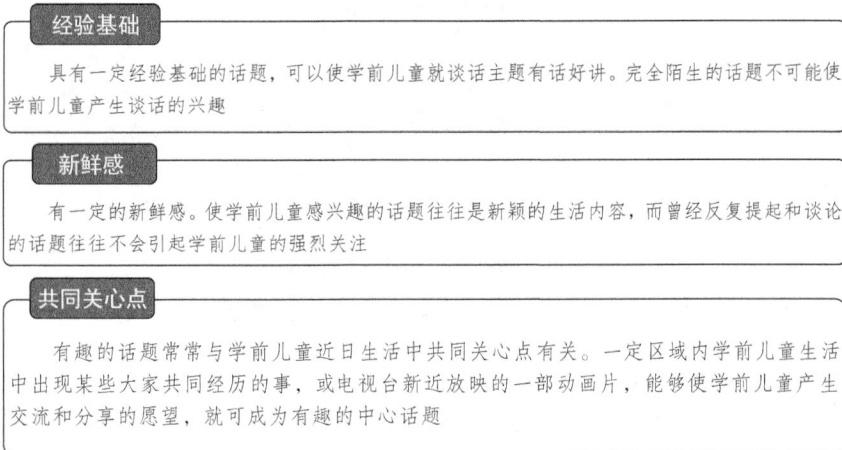

经验基础

具有一定经验基础的话题，可以使学前儿童就谈话主题有话好讲。完全陌生的话题不可能使学前儿童产生谈话的兴趣

新鲜感

有一定的新鲜感。使学前儿童感兴趣的话题往往是新颖的生活内容，而曾经反复提起和谈论的话题往往不会引起学前儿童的强烈关注

共同关心点

有趣的话题常常与学前儿童近日生活中共同关心点有关。一定区域内学前儿童生活中出现某些大家共同经历的事，或电视台新近放映的一部画片，能够使学前儿童产生交流和分享的愿望，就可成为有趣的中心话题

图3-2 有趣的中心话题

（二）谈话活动的多元性

谈话活动注重多方的信息交流，幼儿园的谈话活动应突出强调学前儿童运用语言与他人进行交流。在这方面，谈话活动的特点表现在以下方面，如图3-3所示。

因此，谈话活动是一种多方位的语言交流场合，它为学前儿童提供的学习运用语言的机会是其他活动不能提供的。

信息量

谈话活动的语言信息量较大。学前儿童围绕中心话题交谈时，思路相对开阔，他们的语言经验各不相同，因此涉及这些经验内容的语言形式丰富多样

对象范围

学前儿童交流的对象范围也相对较大。学前儿童有时在全班面前谈论个人见解，有时在小组里与几个学前儿童交谈，有时与邻座学前儿童或教师进行个别交谈

交流方式

谈话活动的语言交流方式较多。任何一个幼儿园的谈话活动都可能包括教师与学前儿童交谈、学前儿童与教师交谈、学前儿童与学前儿童交谈等交流方式

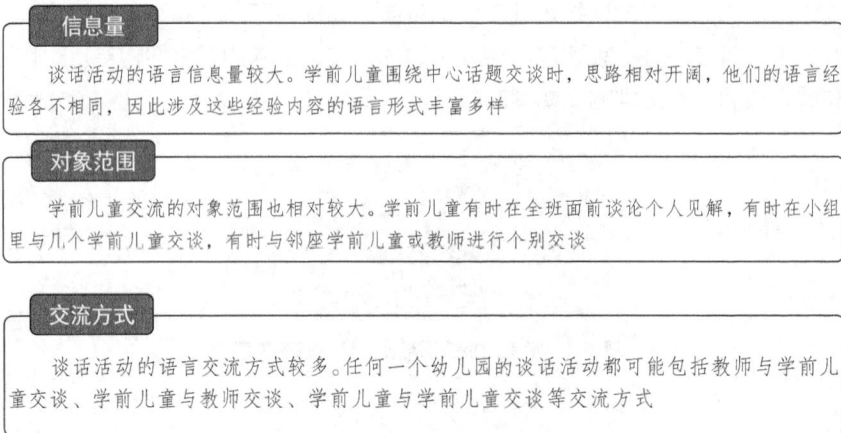

图3-3　谈话活动的多元性特点

（三）谈话氛围的自由性

在谈话活动中，学前儿童可以围绕自己感兴趣的中心话题，自由表达个人见解。无论学前儿童原有经验怎样，无论学前儿童用什么样的表达方式谈话，他们都可以在这个范围里将自己想说的话说出来。

谈话活动要创造宽松自由的气氛，应注意以下两个方面，如图3-4所示。

不要求学前儿童统一认识，允许学前儿童根据个人感受发表见解，针对谈论主题说自己想说的话，说自己独特的经验

谈话氛围的自由性

不特别强调规范化语言，鼓励学前儿童积极说话，但不要求他们一定使用准确无误的句式、完整连贯的语段

图3-4　谈话氛围特点

实际上，谈话活动重在给学前儿童提供说的机会，让学前儿童在语言交流的过程中操练自己的语言，并产生相互影响，通过提高自己对语言的敏感程度进而发展自己的语言。

（四）谈话素材的丰富性

学前儿童的谈话素材主要有两方面特点，如图3-5所示。

谈话涉及的素材必须是学前儿童知识经验范围以内的

谈话素材的丰富性

学前儿童的知识越丰富，谈话的素材积累得越多，谈话的内容便越丰富

图3-5　谈话素材特点

如果对某个地方或某种事物只观察了一次，所获得的印象只是初步的、粗浅的，学前儿童在谈话活动中便无话可说。只有当学前儿童对某种事物或某种现象进行了多次观察，从不同角度比较细致地了解后，学前儿童才会有话可谈，谈话素材才能较完整、丰富，才能触及

事物的本质特征。

（五）教师指导的间接性

教师是学前儿童谈话活动的设计组织者，但其在谈话活动中的指导作用则以间接引导的方式出现。教师往往以参与者的身份参加谈话，给学前儿童以平等的感觉，这也是创造谈话活动宽松气氛的一个重要构成因素。

在谈话活动中，教师的间接引导往往通过两种方式得以体现，如图3-6所示。

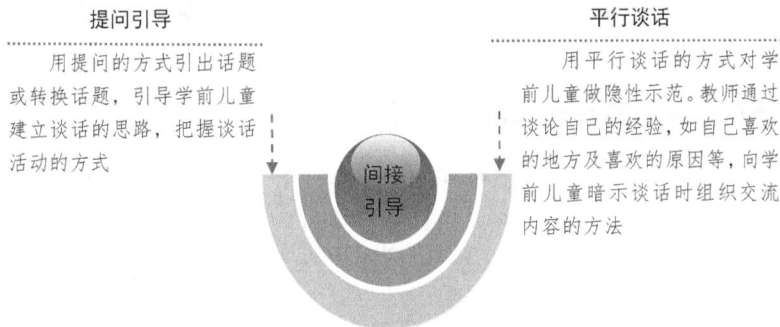

提问引导

用提问的方式引出话题或转换话题，引导学前儿童建立谈话的思路，把握谈话活动的方式

平行谈话

用平行谈话的方式对学前儿童做隐性示范。教师通过谈论自己的经验，如自己喜欢的地方及喜欢的原因等，向学前儿童暗示谈话时组织交流内容的方法

间接引导

图3-6 教师的间接引导

三、学前儿童谈话活动的作用与影响

在幼儿园，自由交谈有利于教师了解学前儿童的言语发展水平，并有针对性地进行个别指导，特别是对在集体活动中沉默寡言的学前儿童，更要帮助他们树立在集体中发言的信心。另外，学前儿童言语中的消极面最易在日常生活中显露出来，如果不及时进行纠正，他们就会继续犯错且难以改正。

具体来说，学前儿童谈话活动对学前儿童语言发展的作用表现在以下方面。

（一）激发学前儿童与他人交谈的兴趣

在学前儿童语言发展过程中，其学习语言的态度是否积极主动，讲话的愿望是否强烈，影响学前儿童对语言信息的获取，并影响其语言发展的速度与水平。通过专门的、有组织的、有计划的谈话活动，学前儿童能够集中注意力，激发谈话兴趣，培养谈话的积极性、主动性，逐渐养成谈话习惯，从而促进口语能力的发展。

（二）帮助学前儿童习得谈话的基本规则

语言的学习过程同时也是一个语言使用规则的习得过程，帮助学前儿童学习谈话，实际上是指导学前儿童按照社会交往过程中约定俗成的方式进行语言交流，使学前儿童在谈话活动中能够逐渐掌握谈话的基本规则。学前儿童学习谈话时，不仅需要掌握倾听、理解别人谈话等能力，而且还应该懂得人际交往中语言的基本规则。

（三）增强学前儿童通过交流获取信息的意识

在谈话活动中，学前儿童可以从谈话内容中获得许多他们原来不具备的知识。例如，谈话活动"我的新玩具"，学前儿童通过谈论自己所了解的身边的玩具，能够了解很多新型玩具的名称、特征及玩法。更重要的是，学前儿童在此过程中逐步建立起一种意识，即通过交流获得自己原先没有的信息，谈话活动可以帮助学前儿童树立通过交流获取信息的意识。

（四）引导学前儿童关注周围生活

通过气氛热烈的谈话，学前儿童能够对谈话活动的内容加深了解，从而关注周围生活，建立积极的生活态度和感情。例如，谈话活动"我的好看的图书"，学前儿童通过阅读教室里的图书和家里的图书，再一起谈论自己喜欢的图书，从而增加有关图书的知识，认识到图书的重要性和价值。

（五）促进学前儿童建立良好的同伴关系

近年来，国内外教育界兴起"同伴教学"的潮流，这一教育理念认为学前儿童更容易从同伴那里得到各种信息和学习知识的方法，因此大力提倡"同伴教学"的方式。谈话活动强调同伴之间的交流，这样不但能够提高学前儿童的交流水平，也加强了学前儿童之间的互动，促进同伴关系的发展。

第二节　学前儿童谈话活动的形式

引导案例

在讲完关于七色花的故事后，陈璐老师问幼儿："假如你也有一朵无所不能的七色花，你会用来做什么呢？"教室里一下子就热闹了起来，幼儿都忘记了举手，纷纷说起自己的愿望："我要摘一朵变一个游乐园，这样我就每天都能玩了。""我要摘一朵变一所大房子，给爸爸妈妈住！""我要一个飞机！""我要一个机器人！"……

面对幼儿无组织、无纪律的讨论，陈璐没有一丝生气，反而看到幼儿能积极地表达自己的想法，非常开心。但她还是打断了幼儿的讨论，说道："大家一个一个来讲，讲一下你会用七色花来做什么，还有为什么要这样做？"……

这本就是一个开放性的话题，所以陈璐没有限制幼儿的想象力和创造力，让他们尽情发挥。尽管有的幼儿说要变一个火箭，这样每天早上就可以早点到学校了，陈璐老师也没有进行纠正，只是让其他幼儿表达对变火箭的看法，增加幼儿之间的交流与互动。

讨论活动是谈话活动中重要的一部分，一般以开放性的话题为主，让学前儿童自由发挥，尽情想象，在讨论中不断提高自己的逻辑思维能力和口语表达能力。除讨论活动外，日常生活谈话和有计划的谈话活动也是谈话活动的重要形式，它们都有一个共同特点，即以对话的形式进行语言交往，通过提出问题与回答问题的方式来发展学前儿童的对话能力。

一、日常生活谈话

日常生活中的谈话是口语最简单的形式，是发展学前儿童口语的重要途径。谈话可以在任何情况下开始或结束，不受时间、空间和年龄对象的限制。教师可以与一个或几个学前儿童谈话，而学前儿童可以随意参加或退出谈话。由于日常生活中的谈话比较随便，所以它容易引导学前儿童参加谈话活动。

（一）日常个别谈话

日常谈话中的个别谈话，主要目的在于增强部分学前儿童的自信心，调动学前儿童参与活动的兴趣和积极性。在幼儿园一日生活的各个环节，如早晨来园、晨间活动、盥洗、游戏、活动过渡的间隙、离园等时间内，教师都可以与部分学前儿童就某个话题进行交谈。

日常生活中的谈话虽然在幼儿园各班都要举行，但方法要符合学前儿童的年龄特点。

1. 小班

刚入园的小班学前儿童，由于环境的变化，对周围的人和事，对群体生活都感到陌生，容易产生不安情绪，甚至变得"沉默寡言"，这时教师可以通过以下方式促进与小班学前儿童的日常谈话，如图3-7所示。

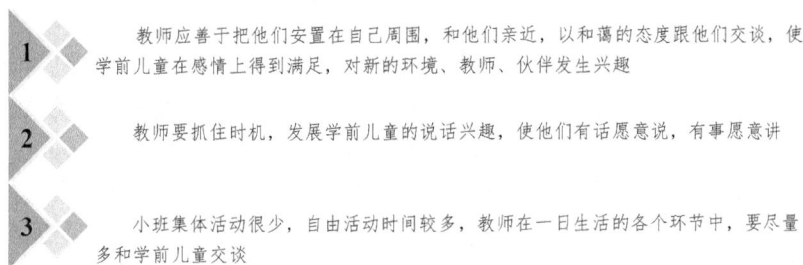

1 教师应善于把他们安置在自己周围，和他们亲近，以和蔼的态度跟他们交谈，使学前儿童在感情上得到满足，对新的环境、教师、伙伴发生兴趣

2 教师要抓住时机，发展学前儿童的说话兴趣，使他们有话愿意说，有事愿意讲

3 小班集体活动很少，自由活动时间较多，教师在一日生活的各个环节中，要尽量多和学前儿童交谈

图3-7　教师与小班学前儿童的日常个别谈话

2. 中、大班

中、大班学前儿童的谈话积极性已明显提高，谈话活动主要具有以下特点。

（1）他们不仅能主动与教师交谈，而且能主动与同伴交谈。

（2）谈话的内容也比小班广泛，但中班仍应以谈论他们直接经历过的事情为主，大班则可在谈论自己经历过的事情的基础上，谈论他们没有直接看到的事情或参加的活动。

为了更好地发挥日常生活中谈话的作用，教师要做到以下几点。

（1）多为学前儿童创造一些自由谈话的条件。在日常活动中，不要过多地限制学前儿童讲话，在除上课以外的时间，只要不是大声喧哗、吵闹，在不影响进餐和睡眠的情况下，允许学前儿童之间有更多的机会自由交谈。

（2）对谈话的内容要予以注意和引导。特别要注意和重视学前儿童之间的争论，因为争论对学前儿童的言语和思维有积极作用。学前儿童为了能让对方了解、认同或欣赏自己对某种事物的看法，他们都会想方设法以自己认为最清楚、最恰当的语言进行表述。如果引起共鸣，那么一定会围绕话题展开讨论。不同意也会在引起一番争论后或转移话题或转移谈话对象，而就在这一"提"一"辩"中，学前儿童要组织、连贯语句，从而发展他们的语言表达能力。因此，只有当争论变成争吵时，教师才应进行制止。

（3）对中、大班学前儿童谈话时的语言要求应逐步提高。教师不仅要启发学前儿童把学过的词用到自己的言语表达中，而且要注意学前儿童所使用的句子是否完整，运用复合句时，能否正确使用关联词或连接词。在谈话中还要提醒他们不应打断别人的谈话，有话要等别人讲完后再说。同时，还要要求学前儿童在与别人交谈时一定要把谈话进行到底，不能未说完就离开。

（二）日常集体谈话

日常集体谈话具有以下特点。

（1）话题自由，可以同时有多个话题。

（2）形式活泼，可以是师幼间的谈话，也可以是同伴间的谈话或师幼与同伴间的讨论。

（3）遵循"自由参加"的原则，学前儿童可以参加谈话活动，也可以从事其他活动。

通过这样的日常集体谈话，教师既可以为学前儿童提供机会锻炼他们的表达能力，又能培养学前儿童观察园内和周围环境变化的意识。

二、有计划的谈话活动

这类活动是教师制订一定的计划和方案，依据事先确定的话题，有目的地组织学前儿童进行谈话，一般在小班下学期开始开展。凡是学前儿童熟悉的，或与他们的生活紧密相关的，都可以作为谈话的话题。这些话题可由教师拟订，在大班也可以由学前儿童参与拟订。

这类活动是事先进行精心准备和计划的，教师在指导活动过程中还需注意以下两点。

（1）努力创设良好的语言环境，鼓励每个学前儿童都能积极地发表自己的看法和见解。

（2）增加学前儿童言语交往的机会。在活动过程中，教师不仅要让学前儿童自己说，还要让他们积极地与同伴交谈，与教师交谈，在交谈中学习他人有用的经验，不断提高语言运用能力。

三、讨论活动

讨论活动是一种特殊的谈话活动形式，在话题形式、言语交往和教师的指导上具有开放性的特点。

（一）讨论活动话题一般是开放性的问题

讨论活动的话题一般是开放性的问题，讨论涉及的事物应与学前儿童已有的知识经验相符合，但对学前儿童来说又有一定难度。例如，讨论话题可以是"假如你是大人，最想做的事是什么？""小鸟会飞，人为什么不会飞"等，这些话题可以让学前儿童随意发挥，而且没有固定的答案。

（二）讨论活动是一种开放性的语言交往活动

在讨论中，学前儿童可以就自己的观点与他人进行充分的语言交往。学前儿童既要清晰地向对方表达自己的看法，又要善于倾听他人的见解并进行分析、驳斥或接纳，从而使语言活动延续下去。这种语言交往对象可以是一对一，也可以是一对多，因为这种讨论活动对学前儿童语言能力、思维能力有着较高的要求，一般在中班以后开展。

（三）教师的指导态度开放

与讨论话题相对应，教师对学前儿童提出的看法也应采用开放的态度，对学前儿童的某些富有想象力和创造力的看法采取包容和接纳的态度，教师的指导重点应放在提高学前儿童的语言交往能力上。

引导案例

刘婷是幼儿园的一名教师，为了让幼儿更有兴趣地学习，拓展幼儿的一日活动内容，她按园长要求组织了一次语言专题活动。经过仔细研究，她在一次活动中确定了"测量身高"的主题。当她问出"小朋友们，谁来说说你是怎么知道自己身高的"时，幼儿开始回答问题，有的说"爸爸妈妈给我测量身高了"，有的说"做儿童保健时医生告诉我的"……

除了这个问题外，刘婷还问："在哪里量过身高？""我们能用什么来量身高？""身高测量尺上都有什么？"

对于每一个问题，幼儿的回答热情都非常高涨。尽管照顾他们很累，但看到幼儿的语言能力越来越强，她打心眼里高兴。

一、认识语言专题谈话活动

语言专题谈话活动是指定期组织围绕某个话题展开的语言活动，它是学前儿童语言教育的重要形式。

既然是围绕某个话题展开的语言活动，那么要想使活动成功进行下去，必须有一个有趣的中心话题，而且要营造出轻松愉悦的谈话氛围。此外，还要有相对固定的活动时间和多种多样的活动形式。

由于各年龄阶段的学前儿童语言发展各不相同，即使是同一年龄阶段的学前儿童，也会因为生活背景、兴趣爱好、人际交往特点不同而存在巨大差异。因此，幼儿教师要有组织、有针对性地对不同年龄阶段的学前儿童进行因势利导，使学前儿童更加规范化和规律化地进行语言活动。

可以说，语言专题谈话活动不是一个随机和偶然性的语言行为，而是幼儿教师有目的、有组织、灵活地进行语言教育的有效途径。这一活动不仅能够丰富学前儿童一日活动的内容，也为学前儿童拓宽了学习语言的空间。

二、语言专题谈话活动的形式

语言专题谈话活动的形式多种多样，一般有以下几种形式，如图3-8所示。

（一）周末评议

幼儿教师可固定选择周末的某一时间段，引导学前儿童围绕某一话题交流沟通，对某些事情

图3-8 语言专题谈话活动的形式

进行评论和议论。活动可以由教师与学前儿童共同参与，也可以引导学前儿童自主交流，使其在宽松自由的谈话氛围中发展他们的对话语言。

在周末评议时，幼儿教师可引导学前儿童夸一夸自己做得好的地方，夸一夸其他小朋友的优点或看到的美好事物。通过参加这种活动，学前儿童不仅能提高自己的口语表达能力，还能促进自身良好的社会性情感发展。

除了单纯地夸奖外，教师可引导学前儿童对自己一周以来的生活、学习和游戏等方面做出评价。为了使谈话主题不至于分散，教师可从本班的学习目标中选择一条来作为评议的重点，让学前儿童围绕这个学习目标进行有针对性的评议。在学前儿童进行评议时，教师要注意引发学前儿童的讨论兴趣，发挥其主动性，让某个学前儿童先说，然后由大家来点评。

幼儿教师在指导学前儿童进行周末评议的谈话活动时，应该遵循以下要求。

1. 根据不同年龄班的特点选择组织形式

一般来说，小班的评议活动由教师来引导，以谈话的方式进行，并且以集体评议为主。而到了中、大班，因为学前儿童参与活动的积极性提高，语言表达能力也显著提升，所以可以由学前儿童自己主持，以小组评议的方式来进行活动。当然，教师也要时刻注意观察，并在适当的时候参与进去，向有困难的学前儿童提供帮助，并注重引导整个活动进程，而且要在活动结束后做一个小结。

2. 逐步提高评议难度

随着学前儿童语言能力的发展，教师应该在组织评议活动时适当拓宽评议活动的范围，加深语言内容，增加表达句型和表达方式。如果教师不重视提高难度，学前儿童的语言学习可能一直原地踏步，久而久之会耽误学前儿童的语言发展。

（二）学做广告

大多数学前儿童对电视广告很感兴趣，不仅喜欢看、喜欢说，而且喜欢对广告中的动作进行模仿。组织"学做广告"活动，就是为了给学前儿童提供一个学、说、演的机会，这样不仅可以锻炼学前儿童说话的胆量，也可以锻炼其语言组织能力。

学做广告的主要活动内容包括学说广告词、模仿广告表演、谈论熟悉的广告、编广告词等。

幼儿教师在指导学前儿童进行学做广告活动时，应该遵循以下三点要求。

1. 鼓励学前儿童大胆模仿

广告语言的精练程度高，通俗易懂，且具有极佳的表演性。学前儿童在刚开始学说广告语言时会有一定的难度，但模仿学习很有必要。教师应该鼓励学前儿童积极学说广告语言，不用在意说得准不准确，甚至可以自由发挥，创编广告词。

2. 注重观察和积累

除了临时从电视、网络、图书或报刊上查找广告词外，教师还可以引导学前儿童在实际生活中注意观察，留心积累最新的广告语言。要想使这类活动开展得丰富有趣，关键是培养学前儿童多观察、多积累的好习惯。

3. 形式不拘一格

学做广告活动可以组织学前儿童集体谈话，也可以由学前儿童自由结伴分组讨论，或以广告接龙、即兴表演等形式开展活动。

（三）专题调查和访问

教师和学前儿童一起讨论，然后构思一些有趣的活动主题，并为此做足准备。学前儿童可以分成若干小组，以小记者的身份进行采访，最后相互交流。这样的活动可以使学前儿童获得大量实时信息，刺激他们的谈话欲望，同时促使他们分享经验、相互学习，使学前儿童的主动性和创造性得到充分发展。

图3-9所示为学前儿童进行专题调查和访问的活动。

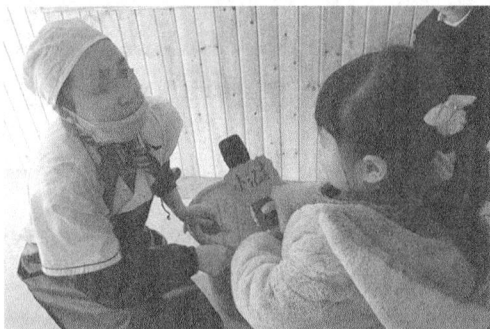

图3-9　学前儿童进行专题调查和访问的活动

教师在指导学前儿童进行专题调查访问时要注意以下三点。

1. 确定活动主题

教师在指导学前儿童确定活动主题时，要注意符合班级教育活动的内容，并且活动主题要贴近学前儿童生活，其访问对象必须是学前儿童很熟悉且容易看到和接近的人和事。另外，活动主题的范围不能太大，以避免不具备可操作性。

2. 拟好采访提纲

为了防止学前儿童在采访时脱离轨道，教师需要在学前儿童采访前使其明确采访的目的，强调其采访时需要关注的主要问题。

3. 协助学前儿童做好记录

由于学前儿童的书写能力有限，所以家长或教师需要在一旁协助做好采访记录，这样一来，学前儿童可以在家长或教师的协助下顺利完成整个采访活动，从而锻炼自己的口语表达能力，学会一些语言沟通技巧。

（四）讲幽默故事、笑话等活动

教师要时常引导学前儿童说一些笑话或幽默故事，这样不仅可以减轻学前儿童说话的压力，还可以培养其幽默感。在轻松幽默的氛围中，学前儿童能更好地理解语言的含义，体验语言的精髓，分享表演的快乐。

当然，小班学前儿童在说话能力方面还不太强，只是喜欢听。当他们生活经验越来越多、理解水平越来越高时，他们不仅可以听懂幽默故事，还能学说笑话，编新笑话。因此，教师应该根据本班学前儿童的实际情况定期开展专题活动。

活动内容丰富多样，包括借助现代媒体听相声，看小品，学说相声，讲笑话，进行滑稽表演，编打油诗、童谣、顺口溜等。图3-10所示为学前儿童滑稽表演。

图3-10　学前儿童滑稽表演

教师在指导学前儿童进行讲幽默故事、笑话等活动时要注意以下两点。

1. 教师平时要多听多看

教师要注意在平时生活中收集幼儿相声、幼儿小品、幼儿笑话等素材，并经常讲给学前儿童听，还可以借助现代媒体手段多让学前儿童观看健康的文娱节目。同时，教师还要注意收集生活中发生的有趣或滑稽片段，以此来丰富活动素材。

2. 鼓励学前儿童自由学说

讲幽默故事、笑话活动主要是由学前儿童一边表演一边学说，因此教师不能随便限制学前儿童的题材，更不能中途打岔。学前儿童说幽默故事、笑话的方式比较自主，气氛活跃，教师可在恰当的时候参与进来，与学前儿童同乐，这样更能提高学前儿童参与活动的积极性。

除了以上几种语言专题谈话活动以外，教师还可以在日常生活中组织以语言交流训练为主的综合式语言专题谈话活动。

表3-1为综合式语言专题谈话活动的类型与内容。

表3-1　综合式语言专题谈话活动的类型与内容

活动类型	活动内容
画一画，说一说	将学前儿童说话与绘画活动有效结合
玩一玩，说一说	将学前儿童说话与他们喜爱的玩具有效结合
看一看，说一说	将学前儿童说话与观察、读书、看动画片有效结合
演一演，说一说	设置表演角，让学前儿童主动扮演角色，边演边说

三、语言专题谈话活动案例

专题访问：男孩和女孩（大班）

活动目标：

1. 通过访问，使学前儿童能够大体了解男孩与女孩的爱好有何不同之处及相同之处。

2. 使学前儿童学会使用恰当的语言提问别人，并体会到访问的乐趣。

活动过程：

1. 教师引导学前儿童对男孩与女孩的不同爱好产生访问的兴趣。

2. 通过教师引导，学前儿童拟订被采访对象和采访内容。采访内容包括被采访对象的姓名、性别、喜欢吃的东西、喜欢做的事情、喜欢看的动画片、喜欢玩的玩具等，由于学前儿童对图画更有好感，所以采访内容可以添加图画来表示，如表3-2所示。

表3-2 专题访问的采访内容

采访人	小颖	采访时间	2018年9月10日
采访内容 \ 被采访对象		小倩（女孩）	小飞（男孩）
最喜欢吃的东西			
最喜欢做的事情			
最喜欢看的动画片			
最喜欢玩的玩具			
……			
相同之处			
不同之处			

3. 教师或家长陪同，协助学前儿童一起完成采访活动。

4. 采访结束，学前儿童相互交流采访结果，比较采访对象中男孩与女孩的相同点和不同点。

第四节 学前儿童谈话活动的设计与组织

引导案例

为了提高幼儿的谈话技能，罗微特意组织了一次谈话活动——我爱吃的水果，要求每个幼儿带一个自己喜欢吃的水果，上课前放在幼儿椅子下面。罗微也准备了自己爱吃的水果，并切成小块，上面插上牙签。

课堂上，罗微将切好的水果请幼儿品尝，每人一小块，并问幼儿："水果好吃吗？你们喜欢吃什么水果？"幼儿回答后，罗微让幼儿将自己的水果拿出来，然后与身边的幼儿自由讨论"你带来的水果是什么颜色的？什么形状的？有什么味道？口感怎么样？"在谈话过程中，罗微也参与了谈话，提醒幼儿认真倾听别人讲话，等别人说完再讲，对讲得好的幼儿给予表扬。

待幼儿们都交谈完毕后，罗微又特意点了几个语言水平较差的幼儿的名字，让他们在集体面前讲话，以帮助他们提高语言表述能力。

最后，罗微给幼儿们提出了新的话题："你还吃过哪些水果，吃水果有什么好处？"

在活动结束前，罗微对这次谈话活动进行了总结，使幼儿懂得吃水果对身体好的道理。

学前儿童谈话活动的设计与组织有其特有的规律，谈话活动的目标、对象，活动方式的独特性，在活动设计与实施的过程中得到充分的反映，并且只有依据一定的结构序列去组织设计谈话活动，才能取得良好的语言教育效果。

一、确定学前儿童谈话活动的目标

确定语言教育活动目标，是语言教育活动设计中最重要的一环，目标恰当与否将对整个活动设计有着决定性的影响。

在某一具体的语言教育活动中，要达到的目标一般由教师自己制定，具体活动目标与终期目标、年龄阶段目标应是一致的。

（一）终期目标

学前儿童谈话活动的终期目标可以从以下方面进行关注，如图3-11所示。

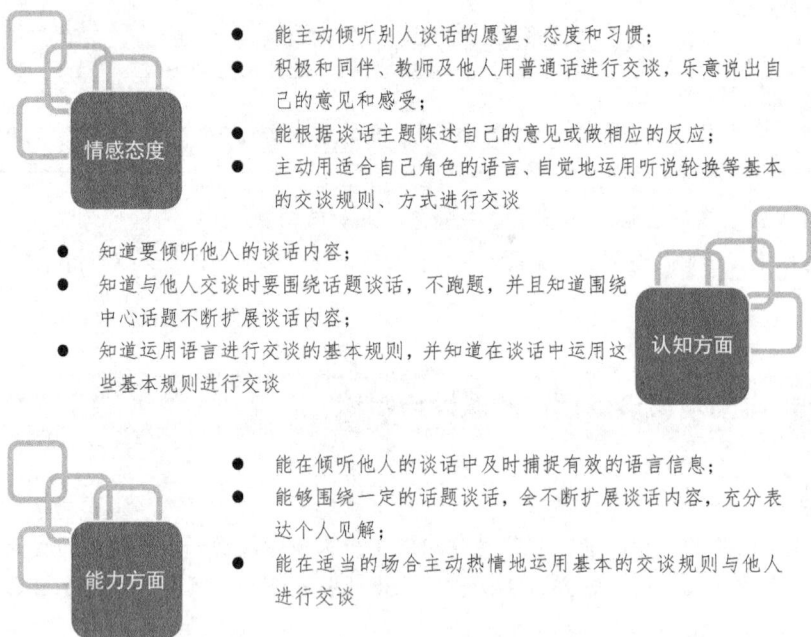

情感态度
- 能主动倾听别人谈话的愿望、态度和习惯；
- 积极和同伴、教师及他人用普通话进行交谈，乐意说出自己的意见和感受；
- 能根据谈话主题陈述自己的意见或做相应的反应；
- 主动用适合自己角色的语言、自觉地运用听说轮换等基本的交谈规则、方式进行交谈

- 知道要倾听他人的谈话内容；
- 知道与他人交谈时要围绕话题谈话，不跑题，并且知道围绕中心话题不断扩展谈话内容；
- 知道运用语言进行交谈的基本规则，并知道在谈话中运用这些基本规则进行交谈

认知方面

能力方面
- 能在倾听他人的谈话中及时捕捉有效的语言信息；
- 能够围绕一定的话题谈话，会不断扩展谈话内容，充分表达个人见解；
- 能在适当的场合主动热情地运用基本的交谈规则与他人进行交谈

图3-11 谈话活动的终期目标

（二）年龄阶段目标

年龄阶段目标对学前儿童语言发展提出了具体的要求和发展方向，与语言学科知识相融合，对学前儿童掌握知识、获得能力提出了一定的要求。学前儿童语言谈话教育的年龄阶段目标就是期望通过这个阶段的学前儿童的整合学习使他们在谈话方面达到一定的水平。下面为不同年龄阶段谈话学习目标的具体内容。

1. 认真听并能听懂常用语言

（1）3～4岁：他人对自己说话时能注意听并做出回应；能听懂日常会话。

（2）4～5岁：在群体中能有意识地听与自己有关的信息；能结合情境感受到不同语气、语

调所表达的不同意思；方言地区和少数民族学前儿童能基本听懂普通话。

（3）5～6岁：在集体中能注意听教师或他人讲话；听不懂或有疑问时能主动提问；能结合情境理解一些表示因果、假设等相对复杂的句子。

2. 愿意讲话并能清楚地表达

（1）3～4岁：愿意在熟悉的人面前说话，能大方地与他人打招呼；基本会说本民族或本地区的语言；愿意表达自己的需要和想法，必要时能配以手势动作。

（2）4～5岁：愿意与他人交谈，喜欢谈论自己感兴趣的话题；会说本民族或本地区的语言，基本会说普通话；能基本完整地讲述自己的所见所闻和经历的事情。

（3）5～6岁：愿意与他人讨论问题，敢在众人面前说话；会说本民族或本地区的语言和普通话，发音正确、清晰。

3. 具有文明的语言习惯

（1）3～4岁：与他人讲话时知道眼睛要看着对方；表情自然，吐字清晰，声音大小适中；能在成人的提醒下使用恰当的礼貌用语。

（2）4～5岁：他人与自己讲话时能回应；能根据场合调节自己说话声音的大小；能主动使用礼貌用语，不说脏话、粗话。

（3）5～6岁：他人讲话时能积极主动地回应；能根据谈话对象和需要，调整说话的语气；懂得按次序轮流讲话，不随意打断他人；能依据所处情境使用恰当的语言。

（三）了解本班学前儿童交流实际水平

教师在制定具体教育活动之前，必须先用简洁的文字写出针对学前儿童的情况分析。

情况分析必须是建立在对学前儿童语言发展水平全面系统观察基础上的客观分析，避免不负责任的主观臆断。

教师既要全面把握自己所面对的学前儿童在语言发展方面所需年龄阶段的一般特点和规律，又要清楚地知道本班学前儿童在语言发展方面的整体水平和兴趣、需要、特点，特别是能明确地了解他们之间的个别差异，把握住每个学前儿童在语言发展方面的优势和不足。

在分析学前儿童语言谈话发展水平的同时，还要根据不同类型语言教育活动的特点分析所选择的教育内容对于本班学前儿童语言发展的价值和作用，找到教育内容与学前儿童语言发展需要之间的"契合点"，以便阐明教育活动设计的意图。

（四）目标的确定

知道了语言教育的终期目标和年龄阶段目标，再结合本班学前儿童在语言谈话中存在的问题，就可以考虑如何使这个班的学前儿童具有"听说轮换的意识"，在自己同他人的谈话中使用适中的声音，和大家一起谈论感兴趣的话题。

通过这样的分析，学前儿童交谈活动目标即可确定了，然后再确定一个学前儿童感兴趣的话题，谈话活动的内容也就有了。将学前儿童语言谈话教育目标落实到每个学前儿童身上，有三个关键问题必须注意，如图3-12所示。

在以往的学前儿童语言教育工作中，曾经有不同层次教育目标相脱节的问题存在，也曾经有忽略教育目标而随意选择教育内容、方法的弊端出现，这些问题必须引起教育者的重视，加深教育者对教育目标的理解，从根本上解决存在的问题。

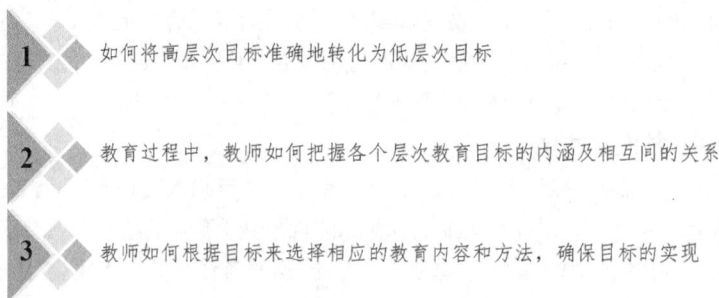

图3-12　需要注意的关键问题

二、选择学前儿童谈话活动的内容

谈话活动内容的选择是实现教育目标的重要组成部分，是将目标转化为学前儿童发展的中间环节，也是活动设计和活动组织的主要依据。因此，谈话活动内容的选择是一个完美的语言教育活动设计的核心。活动内容既包含有形的教材，又包含无形的各种内容。

在幼儿园的谈话活动中，谈话活动的内容选择从以下三个方面来考虑。

（一）内容要与学前儿童感兴趣的、熟悉的生活紧密相关

学前儿童谈话的内容应是学前儿童生活经验范围内的，是根据他们在参观、观察、游戏中获得的知识经验进行的。因此，知识经验越多，谈话的内容越丰富。相反，如果对某个地方或某种事物只观察了一次，所获得的印象只是初步的，学前儿童就谈不出什么。只有当学前儿童对某种事物或某种现象进行了多次观察，从不同的角度进行比较细致的了解后，再组织谈话，他们才有条件谈得完整、丰富。

（二）能运用创造性语言组织的话题

应选择与某些领域相互联系的、有一定的新鲜感和能运用创造性语言组织的话题。新颖的并能使用较丰富的语言去架构的生活内容，如"沙尘暴""奇特的汽车"等，也可以让学前儿童产生交流的愿望。

（三）以前交谈过的，学前儿童仍有极大兴趣的话题

应选择以前交谈过的，学前儿童仍有极大兴趣的话题。有一些话题，学前儿童是百谈不厌的，因为这些话题可以不断满足学前儿童的想象和创造，选择这样的谈话内容可以让学前儿童获得更多不同的交谈经验。

三、学前儿童谈话活动的组织流程

在学前儿童教学中，学前儿童活动的组织有其固定的特点与规律，谈话活动同样具有自己的固定结构，掌握整个谈话流程的设计与组织是幼儿教师的基本职业技能之一。

（一）创设谈话情境，引出谈话话题

这是谈话活动的第一步，其目的在于引出谈话和讨论话题，使学前儿童在活动之初就能被

吸引到活动中，从而做好谈话的准备。要创设适当的、良好的谈话情境，打开谈话的思路，教师要做到以下两点。

1. 营造一个宽松自由的谈话氛围

这是针对开展谈话活动的精神环境而提出的。若教师在活动开始时非常严肃或大声地斥责学前儿童，那么整个活动室里都会弥漫着紧张不安的气氛，这时话题再有趣，也调动不了学前儿童的积极性。因此，在活动开始时，教师一定要调动好周围的气氛，可以让学前儿童唱唱歌、做做游戏等，以使学前儿童的情绪稳定，将注意力迅速集中到教师的身上。

2. 围绕主题创设生动、有趣的谈话情境

常见的谈话情境的创设方式主要有以下三种。

（1）用实物教具创设谈话情境。通过挂图、幻灯、墙饰布置、玩具、录像等各种不同的实物，向学前儿童提供与话题有关的可视现象，启迪学前儿童谈话的兴趣和思路。例如，小班谈话活动"美丽的服装"，教师在活动角挂上各种衣服，让学前儿童在观赏中激发说话与交谈的欲望。

（2）用语言创设谈话情境。教师通过自己说一段话、提一些问题来唤起学前儿童的回忆，调动他们说出自己的经验，以便适时地切入话题。例如，中班可以讨论"怎样过马路"，教师可以先说一段简短的开场白，并提出一些简单的问题，如"过马路时要注意什么""为什么要走人行横道线"等，以帮助学前儿童进入谈话情境，积极地进行思考。

（3）用游戏或表演的形式创设谈话情境。通过开展一些游戏或表演活动来提供一些与谈话内容有关的情境，引起学前儿童表述的愿望。运用这些形式创设谈话情境，很容易调动学前儿童的积极性和兴趣，引起他们对所谈内容的回忆，为下一步骤的进行奠定良好的基础。

教师要注意第三种方式只是将谈话话题引出，以便学前儿童自然地进入谈话活动，因此，不应该喧宾夺主，时间上分配3～5分钟即可。

（二）运用已有经验自由交谈

提出话题后，教师要向学前儿童提供围绕话题自由交谈的机会，目的在于调动学前儿童个人对谈话话题的已有经验，相互交流个人的见解。

1. 给学前儿童充分地自由讲述内心真实感受的机会

一个谈话活动开展得如何，取决于教师对这个过程的把握程度。教师在指导中应尽量做到"一个围绕""两个自由"。

（1）一个围绕：教师指导学前儿童围绕中心话题大胆地与同伴交谈。

（2）两个自由：交谈的内容自由，交谈的对象自由。

在进行自由交谈时，教师要注意以下三点，如图3-13所示。

1	学前儿童只要围绕话题进行交谈即可，教师不必过多地干涉学前儿童交谈的内容，相反地要让他们想说、多说
2	学前儿童交谈的对象也是自由的，可以两两交谈，也可以分组交谈，或与教师交谈
3	教师不要干涉学前儿童转换交谈的对象，只要他们积极地参与到交谈中，就达到了教学的要求

图3-13　自由交谈注意事项

2. 注意自由交谈中的个别差异

自由交谈虽给学前儿童提供了开口说话的良好机会，但有些语言能力较差的学前儿童恰恰在这个环节中得不到很好的锻炼，他们常常表现为光听不说，所以在自由交谈时，教师应注意以下两点。

（1）教师在坚持"交谈对象自由选择"的原则时，要有意识地将语言能力较差和语言能力较强的学前儿童安排在一起，让他们互相促进，互相作用。

（2）教师要重点倾听语言能力较弱的学前儿童的谈话，提醒其他学前儿童在说完自己的感受后，注意倾听这些学前儿童的话语，要经常给予他们充分的鼓励，以增强他们的自信心。

（三）围绕中心话题拓展交谈内容

在学前儿童运用已有的知识经验充分地交谈后，教师要适时地将学前儿童集中起来，以提问或启发的方式帮助学前儿童学习新的谈话技能和谈话规则，掌握正确的谈话思路和方法。在拓展交谈内容时，教师应考虑以下两点。

1. 中心话题的拓展是逐步进行的

一般来说，中心话题是沿着这样的顺序拓展的：对话题对象的描述和基本态度，为什么会有这种态度，对话题对象的独特感受。

用这样的方式设计话题的拓展，可以帮助学前儿童开拓思路或唤起更多的回忆和内心体验，教师可以在此基础上帮助学前儿童学习新的交谈经验。对中、大班学前儿童来说，这种话题拓展模式也给他们提供了一种谈话的思路，这种思路的习得无论是对他们有条理地讲述还是今后读写能力的提高，都是非常有意义的。

2. 正确地看待谈话技能、态度和规则的学习

谈话技能、态度和规则是需要经过一定的阶段才能培养起来的。教师在引导学前儿童学习新的谈话技能时，不要有急于求成、立竿见影的思想。因此，如果教师在谈话活动中，让学前儿童机械地反复练习某一交往技能，甚至让学前儿童将某些交往词语背诵下来，这种做法本身就违背了"谈话活动话题不断拓展，活动氛围宽松自由"的要求，即使学前儿童在活动中"掌握"了许多交往词语或技能，从实质上来讲也是失败的。

（四）教师隐形示范新的谈话经验

在通过逐层深入拓展学前儿童谈话内容的基础上，教师可以通过隐形示范向学前儿童提供谈话范例，帮助学前儿童掌握新的谈话经验，使学前儿童的谈话水平进一步提高。教师的示范可以给学前儿童提供模仿的样板。

四、学前儿童谈话活动的教学策略

学前儿童的语言能力是在交流和运用的过程中发展起来的。想要促进学前儿童谈话能力的发展，就要为学前儿童提供交流和运用的平台，让学前儿童在谈话中表现已有的谈话核心经验的水平，同时在与教师、同伴的互动中获得谈话核心经验的发展。在幼儿园教育实践中，教师可采用以下教学策略促进学前儿童谈话核心经验的发展。

（一）创设积极的语言交往环境

学前儿童的谈话经验是在谈话过程中得到发展的，所以教师首先要注意创设积极的语言交往环境，激发学前儿童谈话的兴趣，让学前儿童想说、敢说和喜欢说。

1. 积累学前儿童经验，丰富学前儿童谈话内容

教师要注意通过家园联系了解学前儿童的兴趣和交流能力发展的特点，鼓励家长多创设机会让学前儿童参与到各种类型的活动中，鼓励学前儿童接触大自然，了解新科技，阅读图画书，丰富学前儿童的所见所闻，并在这个过程中积极与学前儿童互动。

2. 选择恰当的谈话主题

要让学前儿童想谈、对谈话的主题感兴趣，教师可以根据某一生活事件与不同的学前儿童进行谈话。例如，学前儿童出现争论时，教师可以让争论双方进行表述，并让一方对另一方的说法进行回应，并鼓励目击的学前儿童参与到谈话中，让事实在谈话过程中逐渐明晰起来，让学前儿童通过谈话自主解决问题，发展他们的谈话能力。在谈话中，教师可根据教学内容、时令节气、突发事件或新闻轶事，选择学前儿童熟悉且有一定相关经验的谈话内容作为主题。

3. 创造积极、安全的谈话氛围

要让学前儿童敢谈并有机会谈，需要教师营造一种安全积极的谈话氛围。在营造安全的谈话氛围时，教师需要做到以下三点，如图3-14所示。

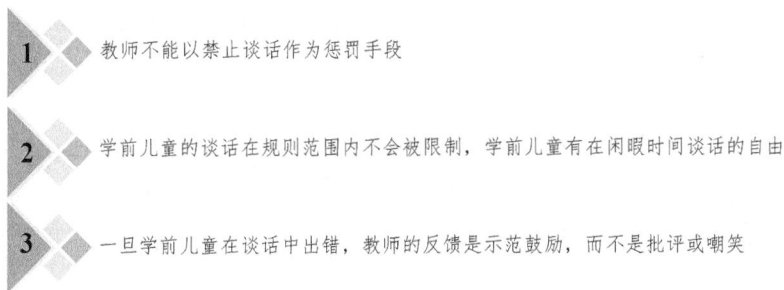

1 教师不能以禁止谈话作为惩罚手段

2 学前儿童的谈话在规则范围内不会被限制，学前儿童有在闲暇时间谈话的自由

3 一旦学前儿童在谈话中出错，教师的反馈是示范鼓励，而不是批评或嘲笑

图3-14　营造安全的谈话氛围

在营造积极的谈话氛围时，教师要做到以下三点，如图3-15所示。

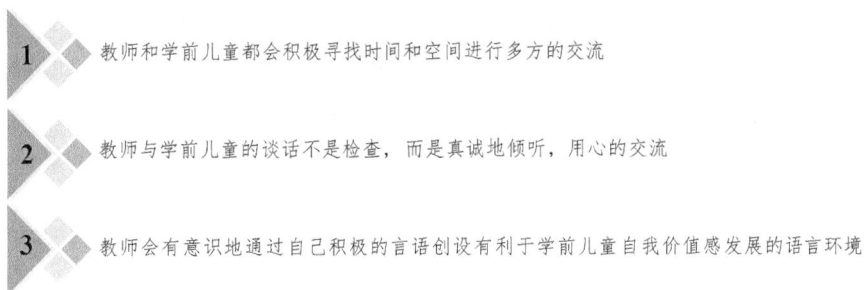

1 教师和学前儿童都会积极寻找时间和空间进行多方的交流

2 教师与学前儿童的谈话不是检查，而是真诚地倾听，用心的交流

3 教师会有意识地通过自己积极的言语创设有利于学前儿童自我价值感发展的语言环境

图3-15　营造积极的谈话氛围

（二）在一日生活中提高学前儿童谈话能力

教师要善于在一日生活中设置相关的谈话环节来集中学前儿童的谈话内容，并在一日生活

的各个环节中寻找机会引导学前儿童进行谈话，以促进学前儿童谈话能力的发展。

1. 一日生活中要有必要的谈话环节

在以往的一日生活中，教师往往会设置晨间谈话、餐前谈话、离园谈话等环节，时间往往在10～15分钟，具有时间短、主题明确的特点。但近年来，有的教师感到在一日生活的谈话环节"无话可谈"，因此忽视甚至取消了谈话环节。这种做法是不可取的，一日生活中还是应保留1～2个谈话环节。

2. 一日生活中的谈话要注意处理好四对关系

一日生活中的谈话要处理以下四对关系。

（1）在谈话主题的预设与生成之间的关系上，既要根据学前儿童已有的共同经验预设谈话主题，又要重视学前儿童自发生成的谈话主题。

（2）在谈话形式的随机与集中之间的关系上，要以随机谈话为主，确保集中谈话有效率。

（3）在谈话内容的广度与深度之间的关系上，要围绕主题拓展谈话内容，不强求学前儿童开展深度讨论。

（4）在教师主导谈话与学前儿童主导谈话之间的关系上，应强调学前儿童是主导者，教师是助推者。

3. 关注一日生活中的师幼谈话

一日生活中，学前儿童有着较为充分的机会与同伴交谈，通过与同伴交谈，学前儿童能展示和锻炼自己的谈话能力。但是有的学前儿童可能因为性格、社会影响等方面的原因未能充分参与到同伴的谈话中，而教师能给学前儿童谈话经验的发展提供示范和指导作用。因此，教师应尽可能在一日生活，如入园、离园、整理等环节中与学前儿童开展单独的师幼谈话。

（三）以师幼互动发展学前儿童谈话核心经验

在谈话中，教师是学前儿童谈话核心经验发展的促进者。教师要有意识地根据学前儿童谈话核心经验的发展水平和谈话核心经验的发展目标，通过师幼互动促进学前儿童谈话核心经验的发展。

1. 通过提问促进学前儿童谈话核心经验的发展

教师的提问要能引导学前儿童"说"并有意识地学会"怎么说"，从而推动学前儿童谈话核心经验的发展。例如，在入园环节中，谈到学前儿童假期经历时，教师可以通过"你们去了哪里""你和谁去的""发生了什么有趣的事情吗"等问题，不断引导学前儿童围绕主题进行谈话，从而促进学前儿童"掌握并运用交流和表达的规则"这一谈话核心经验的发展。

2. 重点关注学前儿童谈话核心经验发展的薄弱环节

在实践中，教师在与学前儿童谈话的过程中普遍存在"三重三轻"的现象，如图3-16所示。

重说轻听

许多教师重视每个学前儿童是否都有机会表达，但忽视了学前儿童首先应学会倾听他人，听懂他人讲话，忽视了培养学前儿童倾听的习惯和倾听能力的发展

图3-16　"三重三轻"现象

许多教师认为一个会大胆表达的学前儿童就是语言能力发展好的学前儿童，而忽视了去引导学前儿童学会怎么说

重敢说
轻会说

重机会
轻引导

有的教师重视让学前儿童有说的机会，如在小组里说、在集体面前说等，但对学前儿童的表达往往是宽泛的表扬"说得真好"，或"还有谁想说"，根本没有对学前儿童的表达进行引导

图3-16 "三重三轻"现象（续）

这些教师所忽视的方面往往是学前儿童谈话核心经验发展的薄弱环节，需要教师在师幼互动中有意识地根据学前儿童经验发展的已有水平重点培养和加强。

思考与实训

一、思考题

（一）名词解释

1. 日常生活谈话
2. 讨论活动
3. 语言专题谈话活动
4. 专题调查

（二）简答题

1. 简述学前儿童谈话与成人谈话的区别。
2. 简述组织与指导学前儿童谈话活动的技巧。
3. 学前儿童谈话活动有哪些形式？

（三）论述题

1. 阐述学前儿童谈话活动的作用与影响。
2. 如何确定学前儿童谈话活动的目标？

二、案例分析

幼儿园的李老师在大班组织了一次活动，她请幼儿们说一说"什么是宝贝"，下面是一些幼儿发言的记录。

幼儿1：我觉得宝贝就是很漂亮、很漂亮！

幼儿2：我觉得宝贝就是不让人家碰，碰了就要打他的东西！

幼儿3：宝贝就是整天挂在身上，也不能离开它的东西！

幼儿4：宝贝就是藏在一个地方的东西！

幼儿5：宝贝就是金银财宝！

幼儿6：宝贝就是很有价值的东西！

幼儿7：宝贝就是你有钱也买不到的！

看完这些幼儿天真的发言，你觉得他们的语言能力怎么样？如果你是组织这次教学活动的教师，你会在这个谈话活动中培养幼儿的哪些能力呢？另外，如果你是这位李老师，你接下来会组织什么样的活动环节来实现你所设计的活动目标呢？

三、拓展训练

1. 从"我最喜欢的玩具""我的假期""幼儿园的游戏"等主题中选择一个主题，设计一次谈话活动，在活动结束后分析这次活动的流程，并总结经验。

2. 在幼儿园观摩一场谈话活动，观察并记录学前儿童谈话活动的过程，简要分析其谈话特点及教师指导的技巧。

第四章

学前儿童讲述活动

【学习目标】

➢ 了解学前儿童讲述活动的特点与作用。

➢ 掌握学前儿童讲述活动设计与组织的四个环节。

➢ 掌握看图讲述活动与情境讲述活动的设计与组织方法。

➢ 掌握生活经验讲述活动与实物讲述活动的设计与组织方法。

学前儿童讲述活动是学前儿童语言教育的一种重要组织形式，在幼儿园语言教育中占据重要位置，能够培养学前儿童独立构思和表述一定内容的语言能力，帮助学前儿童学习认识事物的方法，对学前儿童的思维、记忆、想象等方面的能力要求比谈话活动更高。目前，在讲述活动的设计与组织中存在多种问题，主要是由于教师对讲述活动的基本认识不足造成的，所以教师应重点掌握讲述活动的基本规律与基本知识，提高讲述活动的质量。

第一节　认识学前儿童讲述活动

引导案例

　　菲菲老师组织大班幼儿讲述活动——《放风筝》，为了让小朋友们在讲述时有明确的语言指向，菲菲老师为其准备了四张图片，并按顺序贴在黑板上，让小朋友们结合对风筝的认识，了解风筝的外形、玩法、制作风筝的材料等，然后让其分组交流：风筝是什么样子的，怎么能让风筝飞起来。小朋友们通过相互交流，进一步丰富了对讲述对象的认识，增强了感知、理解讲述对象的能力，最后都能完整地讲述放风筝的故事。

从谈话到讲述，对学前儿童语言能力要求逐步升级。在讲述时，学前儿童由于知识经验积累不足，需要感知、理解一定的凭借物，借助对这个事物的认识和已有的生活经验，组织自己的独白语言。教师在进行活动设计和组织之前，需要了解讲述活动的基本知识，包括讲述活动的特点和作用。

一、学前儿童讲述活动的特点

学前儿童的讲述活动是一种有目的、有计划的语言教育活动，要求学前儿童凭借一定的讲述对象，在相对正式的语言环境中独自完成的语言表达活动。

（一）要有特定的凭借物

这里所说的凭借物是指讲述活动中教师为学前儿童准备的或学前儿童自己准备的图片、实物、场景等。教师通过提供讲述活动的凭借物，给学前儿童划定讲述的中心内容，使他们的讲述语言具有明显的指向性。

讲述需要有一定的凭借物，主要基于以下两方面的考虑。

1. 符合学前儿童讲述学习的需要

学前儿童的经验和表象积累不足，不能完全凭借记忆进行讲述，如果没有一定的凭借物来引导学前儿童进行讲述，则有可能出现以下两种情况。

（1）因记忆中材料不足而无法达到讲述要求。

（2）因集中注意搜索记忆中的经验，而忽视讲述内容的组织与表达。

因此，学前儿童在讲述活动中需要有凭借物。

2. 符合集体参与活动的需要

讲述活动应根据凭借物，为学前儿童指出讲述的中心内容。学前儿童可以从个人具体的认识角度去讲述相同或相似的内容，并且产生相互交流和相互影响的作用。

小班学前儿童主要进行实物讲述或简单的图片讲述；中、大班学前儿童要在小班学前儿童的基础上，学习如何利用凭借物进行创造性的讲述。

（二）讲述活动的语言是独白语言

讲述活动可培养与提高学前儿童独白语言能力。独白就是需要说话人独自构思和表达对某一方面内容的完整认识。独白语言是比对话语言更为复杂、周密的一种口头语言的表达形式。它的特点是要用比较完整、连贯的语言表达自己的想法，讲述自己经历的事情，讲述凭想象创编出来的故事或事件，使听讲人能明白自己讲述的内容。

（三）具有相对正式的语言情境

与宽松自由的交谈不同，讲述活动为学前儿童提供了一种相对正式、规范的语言运用场合。它不仅要求学前儿童能在小组中发表自己的见解和观点，还要求学前儿童能在集体面前用规范语言大胆地表达自己的认识。这种正式主要表现在两个方面，如图4-1所示。

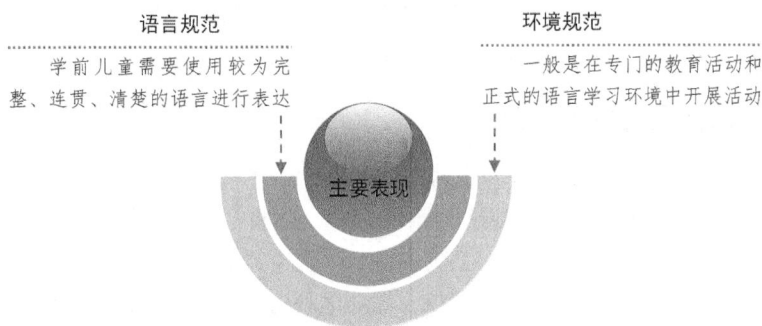

语言规范	环境规范
学前儿童需要使用较为完整、连贯、清楚的语言进行表达	一般是在专门的教育活动和正式的语言学习环境中开展活动

主要表现

图4-1 正式、规范的语言情境具体表现

讲述活动正是通过这种经过精心设计和准备的语言环境，鼓励学前儿童运用已有的经验，使用较为规范的语言来表达个人对某人某事的认识，从而培养起学前儿童在不同语言环境中清楚连贯地表达自己见解的能力。

（四）需要调动学前儿童的多种能力

讲述时，学前儿童需要感知、理解一定的凭借物，借助对这一凭借物的认识和已有的生活经验，组织自己的独白语言，从独立完整地"编码"到独立完整地"发码"。而且，不同讲述内容有不同的思维方式，也有不同的逻辑顺序，这对学前儿童的观察力、记忆力、想象力和思维能力的要求都是极高的。只有多种综合能力的配合，才能保证讲述活动顺利、有效地开展。

二、学前儿童讲述活动的作用

学前儿童讲述活动对学前儿童的要求更高，同时也培养了学前儿童的多种能力。学前儿童讲述活动具有重要作用。

（一）培养学前儿童的讲述能力

学前儿童语言教育的目标之一就是培养学前儿童的讲述能力。在讲述活动中，学前儿童需要独立思考讲述的内容、顺序、重点，考虑如何让听者明白。在教师的引导下，学前儿童能逐渐掌握讲述的基本方法，并提高讲述的清晰性、完整性与连贯性。

（二）锻炼学前儿童独白语言能力

讲述活动能够发展学前儿童的独白语言能力。在讲述活动中，学前儿童不仅要在头脑中快速组织语言，还要尝试在集体面前将自己的想法独立、大胆地表述出来，学会如何运用自己的音量、适当的手势、表情进行表达，在提高言语表达的清晰度、完整性、连贯性的同时，学前儿童的自信心也得以增强，身体语言的丰富性得以提高。

（三）培养学前儿童认识事物的方法

学前儿童在讲述之前要认识所讲的事物，通过讲述活动，学前儿童能逐渐学会认识事物的顺序与方法。例如，在看图讲述《风筝飞啦》的过程中，教师要引导学前儿童按照这样的思路讲述：小明和谁在哪里放风筝，小刚怎么放风筝的，风筝不小心飞到树上后小朋友是怎样想办法帮助小刚取风筝的，风筝取下来后大家是什么心情。在这样的引导下，学前儿童充分理解了故事情节的变化，并建立了对故事发生、发展和结果的有序认识。

（四）发展学前儿童的多种能力

在讲述活动中，教师需要调动学前儿童的多种能力。不同的讲述内容有不同的思维方式，也有不同的顺序，这对学前儿童的观察力、记忆力、想象力和思维能力的要求都是极高的。如果学前儿童缺乏这些能力的支撑，那么其讲述水平也不会提高。

以看图讲述为例，学前儿童首先要完整、仔细地观察图片，了解图片中的人物与事件，这就需要充分运用观察能力；然后要理解画面上的内容，能够描述人物的动作和事件的主要内容，这就需要学前儿童凭借记忆力加以联想，并做出判断；最后要思考人物的内心世界，对画面进行推想，分析画面中人物、背景和事件等诸多因素之间的联系，这充分调动了学前儿童的想象力与思维能力。

第二节　　学前儿童讲述活动的设计与组织

引导案例

在讲述活动"捉迷藏"中，待小朋友们感知、理解讲述对象并运用已有经验讲述后，刘老师开始示范新的讲述经验，帮助幼儿厘清讲述的思路，让整个讲述更加有条理。

刘老师按照"小兔来草地上做了什么，后来谁来了，他们一起做什么，在捉迷藏的过程中发生了什么事情，后来怎么样了"的思路为小朋友们讲述了一个新奇、有趣的故事，并针对漏掉的重要事件进行了补充。

教师引进新的讲述经验是讲述活动中的重要环节和步骤，教师对事件或事物做简明、生动地描述，给学前儿童提供模仿的范例，可以帮助学前儿童学习新的讲述经验。

讲述活动的类型虽然多种多样，但由于它们都具有共同的特点，所以在组织和设计时存在一定的结构和规律，这就是讲述活动设计和实施的基本步骤。

一、感知、理解讲述对象

学前儿童讲述活动的特点之一是具有相对固定的讲述对象，即凭借物，因而在设计组织讲述活动时，首先要帮助学前儿童感知、理解讲述对象。

感知、理解讲述对象主要通过观察的途径进行。这里所说的观察，大部分是通过视觉汲取信息，但不排斥从其他感觉通道去获得认识，常见的看图讲述、实物讲述、情境表演讲述、听录音讲述、画画编故事等都可以激发学前儿童讲述的兴趣。

教师在指导学前儿童感知、理解讲述对象时，应把握以下三点。

（一）依据讲述类型的特点感知、理解讲述对象

叙事性讲述应重点感知、理解事件发生的过程顺序及人物在其中的作用；描述性讲述的观察重点则是物体的形态或人物的状态、动作、特征及像什么等，只有从这样的角度把握住讲述对象，才能为讲述做好准备。

（二）依据凭借物的特点感知、理解讲述对象

讲述活动中的凭借物是多种多样的，有的是几幅平面的、相互有关系的图片，有的是立体的、固定的实物，有的是活动的、连续动作的情境，还有的是听觉信息组成的活动情境等。教师在指导学前儿童感知、理解讲述对象时，应抓住这类讲述对象的特点去组织观察活动。

（三）依据具体活动要求的特点感知、理解讲述对象

每一次活动的目标要求是不一样的，有时要求学前儿童学习有中心、有重点地讲，有时要求学前儿童有顺序地讲。教师的任务是根据活动的具体要求，指导学前儿童观察，以便为讲述打好认识上的基础。

二、运用学前儿童已有经验进行讲述

在学前儿童感知、理解讲述对象的前提下，教师引导学前儿童运用已有的经验进行讲述。这一步骤的活动组织，要求教师尽量让学前儿童自由地讲述，给他们充分的机会和时间，运用已有的经验进行讲述。组织学前儿童运用已有经验讲述的方式很多，基本上可以归纳为下述三种。

（一）学前儿童集体讲述

这种方式虽然保持了集体活动的状态，但是为每个学前儿童提供了围绕感知对象、充分自由发表个人见解的机会。例如，中班学前儿童讲述活动"我带来的玩具"，教师在活动设计组织时，可让学前儿童根据个人经验，向同伴介绍自己带来的玩具，教师不做规定和提示。

（二）学前儿童分小组讲述

分小组讲述一般情况下每组四人，学前儿童可有更多的机会围绕同种感知对象，轮流进行讲述。这种形式具有一定的直接交流的性质，能保证每个学前儿童均有讲述的机会。

（三）学前儿童个别交流讲述

个别交流讲述常常是学前儿童一对一地讲述。教师可让学前儿童就近与邻座的同伴结成"对子"，轮流讲述，也可让学前儿童对着假想角色讲述。例如，在讲述"我们班的小朋友"这一主题时，学前儿童对着假想角色讲述自己班不同的小朋友。这样的讲述方式对学前儿童具有相当大的吸引力。

教师在指导学前儿童运用已有经验进行讲述时，要注意以下三点，如图4-2所示。

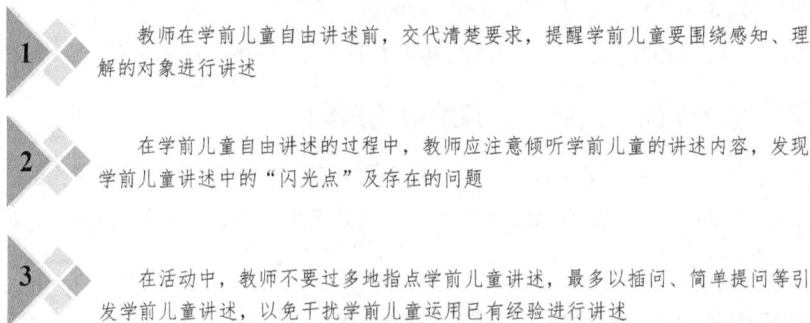

1 教师在学前儿童自由讲述前，交代清楚要求，提醒学前儿童要围绕感知、理解的对象进行讲述

2 在学前儿童自由讲述的过程中，教师应注意倾听学前儿童的讲述内容，发现学前儿童讲述中的"闪光点"及存在的问题

3 在活动中，教师不要过多地指点学前儿童讲述，最多以插问、简单提问等引发学前儿童讲述，以免干扰学前儿童运用已有经验进行讲述

图4-2　指导学前儿童运用已有经验讲述注意事项

运用已有经验讲述是一种放手让学前儿童讲述的活动程序，这一开放的步骤对于下一步骤活动十分必要。经实践证明，如果缺乏这一步骤的活动，讲述活动的效果会受到很大的影响。

三、教师引进新的讲述经验

新的讲述经验是每次讲述活动的学习重点。在制定活动目标时，教师应总结上次活动中的重点、解决的问题和最终的效果，以便在此基础上向学前儿童提供新的讲述经验。新的讲述经验的内容主要是讲述的思路和讲述的方式。

引进新的讲述经验的方式主要有以下三种。

（一）教师示范新的讲述经验

教师在学前儿童自己讲的基础上，提出一种新的讲述思路，就同一讲述对象发表个人的见解。例如，大班学前儿童拼图讲述"城市里的交通工具"，学前儿童自己拼图讲述之后，教师重新拼图，构成一个合理的画面，并添画街道、花园、楼房等事物，然后按照这一完整画面，组成现代城市有情节的内容并讲述出来。

教师的这种示范讲述提供讲述思路中的一种，绝不是学前儿童复述的模本。如果教师误解了示范的作用，要求学前儿童按照教师讲述的内容一字不漏地模仿，学前儿童便毫无趣味可言，会极大地影响其讲述的积极性和创造性。

（二）教师通过提示引进新的讲述经验

在有些活动中，教师可以用提问、插话的方法引导学前儿童的讲述思路，为他们导入新的讲述经验。在运用这类方法时，教师表面上顺着学前儿童的讲述内容，实际上却通过提问、插问不断改变其讲述思路。例如，在学前儿童拼图讲述中，当学前儿童自由讲述后，教师可以提问："小朋友，你还可以用拼图拼出什么故事，给我们讲一讲，好吗？"

（三）教师与学前儿童一起讨论新的讲述思路

教师可从分析某个学前儿童的讲述内容入手，与学前儿童一起归纳新的讲述思路。例如，在讲述"各种各样的玩具"这一主题时，教师说："刚才他讲述玩具时，先讲了什么？玩具是什么颜色的？是什么形状的？用什么做的？"教师讲这段话时，边问边答，和学前儿童一起分析讨论，帮助学前儿童厘清讲述的顺序，也引进了新的讲述经验。

四、巩固和迁移新的讲述经验

在讲述活动中，仅引进新的讲述经验是不够的，还需要为学前儿童提供实际操练新经验的机会，便于他们更好地获得这些经验。因此，讲述活动的最后一个步骤是巩固、迁移新的讲述经验。

教师在这一环节给学前儿童提供实际操练新思路和方法的机会，让学前儿童尝试用新的思路和方法讲述，以帮助学前儿童更好地巩固和运用新的讲述经验。其中，迁移主要有以下三种方式，如图4-3所示。

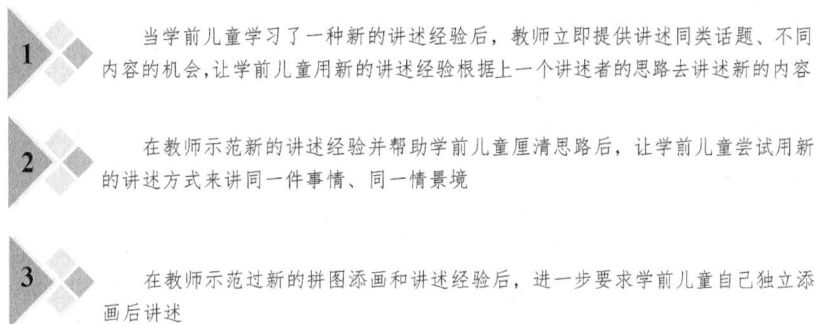

1　当学前儿童学习了一种新的讲述经验后，教师立即提供讲述同类话题、不同内容的机会，让学前儿童用新的讲述经验根据上一个讲述者的思路去讲述新的内容

2　在教师示范新的讲述经验并帮助学前儿童厘清思路后，让学前儿童尝试用新的讲述方式来讲同一件事情、同一情景境

3　在教师示范过新的拼图添画和讲述经验后，进一步要求学前儿童自己独立添画后讲述

图4-3　迁移的方式

上述这些方法都不能单一使用，只有互相整合、完美组合，才能让学前儿童对讲述活动保持浓厚的兴趣，最终达到讲述目标。

第三节　看图讲述活动

引导案例

　　周老师在看图讲述活动"美丽的小河"中，为幼儿准备了立体图片，如小熊、小鸭、大白鹅等动物的图片，还有各种花草树木，幼儿可以选择自己喜爱的动物作为主人公，在地点"小河"旁边摆上自己喜爱的植物，并挑选一个特定的天气状况，如"晴天"来创造场面。

　　在创造完某一场面后，幼儿可以根据自己创造的场景，按照自己的思路进行讲述，编出属于自己的故事。有个幼儿是这样讲的："今天天气特别好，小鸭和大白鹅出来玩耍，看到了一条小河，特别清澈，两个人一起跳到河里，比一比谁游得更快……"还有一个幼儿这样讲述："下雨了，河水上涨了，淹没了小桥，大白鹅帮助小熊过河……"

　　幼儿通过自己的爱好和想象讲述了一个个不同的故事，这种灵活的形式带来了极大的创造空间，充分发挥了幼儿的主动性，在不知不觉中提高了他们的讲述能力。

　　学前儿童语言教育与生活密不可分，而图片能直观地呈现生活，色彩和线条能够帮助学前儿童建立语言与生活之间的联系，所以看图讲述活动在学前儿童讲述活动中是一个重要部分。

　　看图讲述活动是指教师启发学前儿童在观察图片、理解图意的基础上，根据图片提供的线索，运用恰当的词句和完整、连贯、有条理的语言表达图意的一种教学活动。

一、看图讲述活动的内容选择

　　看图讲述活动所使用的材料主要是图片，教师选择怎样的图片内容让学前儿童讲述，对学前儿童讲述能力的发展和讲述水平的提高有着直接的影响。具体来说，教师在选择图片时应注意以下要求。

（一）内容上的要求

　　（1）内容是否具有教育意义：图片的内容对学前儿童的情感、能力、知识、健康等方面应具有教育意义。

　　（2）主题是否健康：主题应符合时代要求，有利于促进学前儿童健康成长。

（二）艺术上的要求

　　应考虑表现形式是否具有艺术性，图片中的角色形象是否鲜明，特征是否明显突出，背景是否简单，结构布局是否匀称，情节是否一目了然，色彩是否鲜艳而协调，篇幅大小是否合适（一般单幅图为全开或对开纸，多幅图为四开纸，也可使用一幅固定的背景图，其余角色采用立体形式插入或贴绒教具）。

（三）年龄上的要求

1. 小班

主题明确，线索单一，角色不宜太多；画面大，画面中角色的动作、神态、表情明显，背景简单，色彩鲜艳，主要突出角色特征；图片的篇幅不应过多，一般为1～2幅，如图4-4所示。

2. 中班

主题明确，线索较复杂，前后图片之间存在一定的联系，角色略为增多，形象突出，有一定的动作和表情，能从图片中了解角色的心理活动。可选用多幅图，但不宜超过4幅，前后图片之间存在一定的联系，如图4-5所示。

图4-4　小班学前儿童看图讲述活动

图4-5　中班学前儿童看图讲述活动

3. 大班

主题鲜明生动，图片与图片之间有一定的衔接，画面内容能为学前儿童提供想象的空间，角色的心理活动能从画面中反映出来，图片中的内容能提供激发学前儿童联想画面以外的线索，使学前儿童通过观察分析讲述画面上各个事物之间的相互关系。大班学前儿童看图讲述活动可用多幅图，但不宜超过6幅，也可使用立体（活动）教具讲述，还可进行排图讲述。

二、分析图片内容

选择图片后，教师要仔细观察和熟悉图片内容，并进行认真分析。分析图片内容时，教师应考虑以下几点。

（一）理解图片的内容，分析主题

首先，教师要仔细观察图片上的时间、地点、情节（人与人、人与事、人和环境间的关系）。其次，根据人物和角色之间的动态，构想角色会说些什么，想些什么。最后，在理解图片内容的基础上，找出主题思想。

（二）分析讲述图片的重点、难点

在确定主题和讲述范围的基础上，教师要分析哪些图片表现主题，哪些图片在情节发展中起关键作用，对这样的重点图片应引导学前儿童讲深、讲透一些。

分析哪些图片是一般图片，一般图片应分析确定要讲清什么。哪些图片可以一笔带过，然后根据主次分配好每幅图片讲述的时间。

分析讲述图片时应重难点明确，详略分明，讲述的难度相应降低，并且避免讲述时平均用力或出现前松后紧的现象，这样更有利于提高教学活动的效果。

（三）分析讲述中需要掌握的词句

在分析图片内容的同时，教师还要考虑在引导学前儿童观察和讲述图片时，对学前儿童语言培养上应提出哪些新的要求。例如，应使用哪些学前儿童已掌握的词汇和句式，应引进哪些新词和句式，在促进学前儿童表达方面有何新的要求等，这样才能通过每次的看图讲述活动不断提高学前儿童使用语言的能力。

三、设计提问

教师的启发提问是看图讲述教学的重要部分，提问的目的是引导学前儿童仔细观察图片，并用恰当的语言表达图片的内容。问题提得恰当与否关乎学前儿童的讲述质量，所以教师应在分析图片内容的基础上做好充分的提问准备。

教师在设计提问时，必须注意以下四点。

（一）提问要围绕主题，突出重点

提问要紧扣主题，不应存在与主题无关的提问。有的图片内容需要讲清时间、地点、天气等客观因素，所以"这是什么时候？在什么地方？天气怎么样？"这一类提问就十分必要。有的图片内容应直接提出与图片主题中的环境、人物相关的问题，有的图片内容则应针对人物的动态、语言进行提问。

（二）提问要有顺序

教师应根据一定的线索，如画面景物的远近、人物出现的先后、事件发生的前后来确定提问的顺序，引导学前儿童有目的、有顺序地观察图片。例如，可以按照从上到下、从左到右、从远到近的空间顺序，也可按照事件发生的时间顺序来观察图片。

一般来说，提问的顺序是从整体到局部，从主要情节到次要情节，从具体（人物形象、动作等）到抽象（人物的内心活动）。

一个问题与另一个问题之间是相互联系的，下一个问题往往是上一个问题的发展，许多问题具有承上启下的作用。

（三）提问要有启发性

学前儿童观察图片一般比较粗略，容易看到外部明显的动作、表情，而对相关内容的内在联系不够注意，这将影响学前儿童对图片内容的表达。所以，教师提出的问题必须有启发性，以调动学前儿童的积极思维，加深学前儿童对图片的理解。

教师可以在图片出示前提出启发性问题，让学前儿童能根据图片中提供的线索和自己的生活经验积极开动脑筋，并开展讨论，充分表达自己的见解。

教师应避免提出包含答案在内的选择性问题。这样的暗示性提问，学前儿童只是机械地回答"是"或"不是"，而不用动脑，对思维和语言发展没有明显的促进作用。

（四）不同年龄班，提问的要求应不同

小班看图讲述活动的提问应具体明确（如图上有什么、是什么等），学前儿童看了图能够

回答。教师通过一个个具体的小问题，启发学前儿童讲述图中人和事物的名称及角色的主要特征，以动态和简短的对话为主。

中班看图讲述活动中，教师应逐渐增加要求学前儿童对图片内容进行简单描述的提问（如是什么样、怎样做等），帮助学前儿童讲清图中人及事物之间的关系，鼓励学前儿童用不同的词语描述图中同样的人或事物。

大班看图讲述活动中，教师可提几个连续性的问题，也可设计一些较概括的问题（如为什么、说明了什么等），还可提出一些与图片内容有必然联系但在图片上没表现出来的事物，让学前儿童思考和回答。

四、组织看图讲述活动

（一）感知、理解讲述对象

观察是学前儿童看图讲述的前提和依据，只有通过充分且仔细地观察，感知并理解讲述对象，他们才能讲清图片的主要内容。

看图讲述活动开始时，教师要出示图片，以引起学前儿童看图的兴趣，同时要引导他们观察，并告诉他们今天需要看什么图，应该怎样看，有什么要求等。在观察图片时，教师可以用简短的语句集中学前儿童的注意力，用自己对图片的兴趣去感染学前儿童，调动学前儿童对看图讲述的积极性。

1. 引出图片

以不同的方式引出图片，可以激发学前儿童观察图片的兴趣，引出图片的方式主要有直接出示图片和间接出示图片两种方式。

（1）直接出示图片。教师根据图片的内容和要求提出问题，将学前儿童的注意力集中到图片上。直接出示图片的方式有以下三种，如图4-6所示。

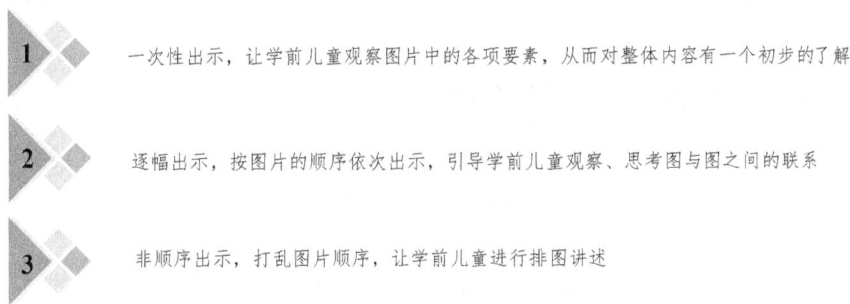

1 一次性出示，让学前儿童观察图片中的各项要素，从而对整体内容有一个初步的了解

2 逐幅出示，按图片的顺序依次出示，引导学前儿童观察、思考图与图之间的联系

3 非顺序出示，打乱图片顺序，让学前儿童进行排图讲述

图4-6 直接出示图片的方式

（2）间接出示图片。教师习惯使用现成的图片作为看图讲述的凭借物，这种方式会限制学前儿童学习和创造的积极性。所以，增加凭借物的可变性，间接地为学前儿童提供图片，同样能收到意想不到的效果。间接出示图片的方式有以下四种，如图4-7所示。

2. 启发提问

教师通过启发提问引导学前儿童观察图片，循序渐进，逐渐挖掘图片的含义，可以取得良好的效果。启发提问的顺序如图4-8所示。

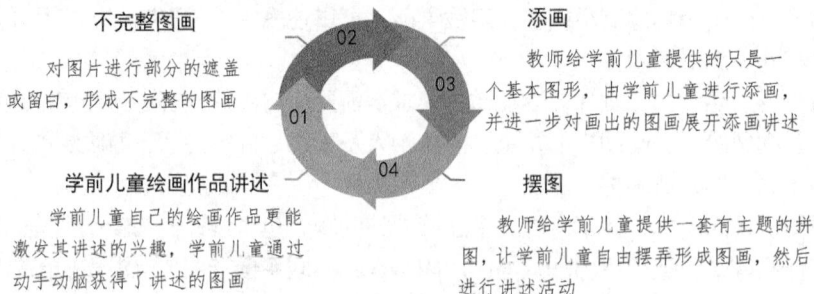

不完整图画

对图片进行部分的遮盖或留白，形成不完整的图画

添画

教师给学前儿童提供的只是一个基本图形，由学前儿童进行添画，并进一步对画出的图画展开添画讲述

学前儿童绘画作品讲述

学前儿童自己的绘画作品更能激发其讲述的兴趣，学前儿童通过动手动脑获得了讲述的图画

摆图

教师给学前儿童提供一套有主题的拼图，让学前儿童自由摆弄形成图画，然后进行讲述活动

图4-7　间接出示图片的方式

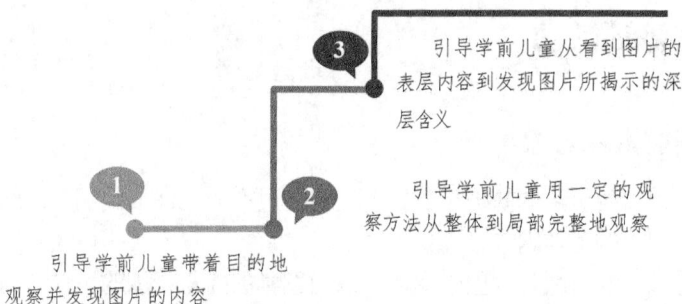

引导学前儿童从看到图片的表层内容到发现图片所揭示的深层含义

引导学前儿童用一定的观察方法从整体到局部完整地观察

引导学前儿童带着目的地观察并发现图片的内容

图4-8　启发提问的顺序

教师应根据教学活动目标、学前儿童实际水平及图片的含义进行提问，引导他们观察、分析、想象。教师提出的问题要符合图意，常问的问题有图上有什么？在什么地方？他们在干什么？做得怎么样？启发提问的方式如下。

（1）当学前儿童将注意力集中到图片后，教师应根据图片的大意，设计几个启发性的问题，让学前儿童带着问题去感知图片、寻求答案，进行独立构思，用连贯的语言完整地表述出来。

（2）当学前儿童语言发展达到一定水平时，教师也可选择内容较复杂的图片在课前挂出，并让学前儿童充分观察，然后在集体教学活动时提出一组问题，让学前儿童连续观察与思考，并进行讲述。

（二）引导学前儿童运用已有经验进行讲述

在学前儿童感知、理解图片后，在指导讲述的教学中，教师应让学前儿童自由讲述，给他们充分的空间，引导学前儿童运用已有的经验进行讲述。运用已有经验进行讲述的方式主要有集体讲述、分组结伴讲述与个别讲述。

学前儿童在讲述时，教师可以通过以下四种方式进行指导，如图4-9所示。

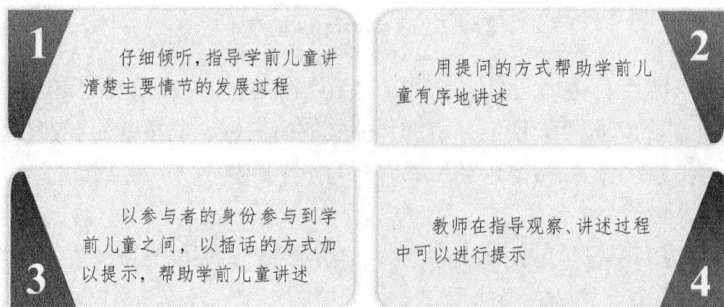

1 仔细倾听，指导学前儿童讲清楚主要情节的发展过程

2 用提问的方式帮助学前儿童有序地讲述

3 以参与者的身份参与到学前儿童之间，以插话的方式加以提示，帮助学前儿童讲述

4 教师在指导观察、讲述过程中可以进行提示

图4-9　指导方式

其中，提示是指学前儿童在观察和讲述时，有时难免看不清或表达不出图意，这时教师应提出一些具体的、较接近答案的辅助性问题进行提醒和暗示，给学前儿童提供线索，起到搭桥引路的作用。

（三）教师引进新的讲述经验

引进新的讲述经验可以是教师在学前儿童讲述图片的基础上，提出一种新的讲述思路；也可以运用提问、插问的方法引导学前儿童的讲述思路；还可以与学前儿童一起讨论新的讲述思路。在引进新的讲述经验时，教师应指导学前儿童展开丰富的想象，完整地讲述图片内容。

在引进新的讲述经验指导讲述时，教师应注意以下四点。

1. 教师要面向全班，具体指导

为了使多数学前儿童得到讲述的机会，教师应面向全班加强指导，根据不同对象分别提出不同的要求。

（1）对语言发展好的学前儿童提问要有适当的难度，使他们经过一番积极思考后才能讲述，或请他们做总结性讲述。

（2）对于胆小的、语言发展较差的学前儿童可提简单的问题，或让他们重复回答同一问题，以鼓励他们讲述。这样使不同水平的学前儿童通过讲述实践，都能在原来的基础上得到语言发展。

2. 指导学前儿童说话要有根据

通过看图讲述来训练学前儿童思维的逻辑性和语言的准确性，教师应指导学前儿童依据图片所提供的条件或线索进行思考、讲述。例如，当画面背景是公园时，引导学前儿童描述"这是在公园里"，教师应启发学前儿童看图，并让他们思考"公园里有什么？怎么讲才能和图片画得一样"。经常这样训练学前儿童，能使他们在运用语言时注意表达的准确性，不仅能说，还能说得正确。

3. 帮助学前儿童用词组句，训练学前儿童连贯地说话

看图讲述除了能让学前儿童掌握更多的新词外，还应帮助他们用词组句。看图讲述时，教师可先引导学前儿童看一部分讲述一部分，逐步把句子扩充完整，再让学前儿童思考教师设计的一组具有系统性的问题，要求学前儿童按问题的顺序，把一个个问题的答案用语言表达出来，逐步做到连贯地讲述。

4. 根据表达的需要，帮助学前儿童理解、运用新词

在教学中，新词的出现要自然。一般是当学前儿童看到图片中具体的形象、表情、动态时，让他们用自己掌握的词语表达。如果学前儿童不能用确切的词来表达，教师就应当引出相应的新词。

在学前儿童掌握新词后，教师还要引导学前儿童及时运用。在学前儿童理解词意的同时，教师要创设条件，如设计游戏、情境表演等，让学前儿童有多次练习的机会。在学前儿童学用新词表达思想时，并不是单纯地重复，教师还应鼓励学前儿童使用同义词或相近的词，使他们能在不同的场合灵活运用所学的词，将消极词汇转化为积极词汇。

（四）巩固和迁移新的讲述经验

《纲要》明确指出："发展儿童语言的重要途径是通过互相渗透的各领域教育。"当学前儿童在运用新的经验对图片的大意进行讲述后，教师还应拓展学前儿童的思维，让他们展开联

想，进行创造性讲述，扩展学前儿童的讲述经验。

教师可以通过两种方式让学前儿童迁移新的讲述经验：一是示范与小结，二是看图讲述与多种教学形式或游戏相结合。其中，对教师示范的要求主要有以下五点。

（1）为了让学前儿童全面、正确地理解内容，加深印象，有时可由教师或能力较强的学前儿童进行完整的示范讲述。

（2）一般小班或讲述水平较差的中班，以教师示范小结为主。从中班起，教师应培养学前儿童自己进行小结讲述，从一张图的小结逐步过渡到几幅图的连贯小结讲述。

（3）在大班，则应要求学前儿童能独立且连贯地表达图意，要求学前儿童学习概括图意，用简单明了的句子讲清图的大意，还可组织他们互相补充、评议同伴的讲述。

（4）看图讲述结束时，还可启发中、大班的学前儿童给图片取名，以培养学前儿童语言的概括能力。

（5）学前儿童为图片取名字时，要求不能太高，只要点题即可；对取得不确切的名字，教师应启发学前儿童知道为什么不合适；最后还可以在学前儿童取的名字中挑选一个最适合的。

看图讲述活动的指导要求，要按照循序渐进的原则，不断给学前儿童提出新的要求，使学前儿童在原有的水平上，语言表达能力和思维能力都有一定程度的提高，从而在看图讲述活动中帮助学前儿童扩展语言经验，获得成长。

五、对看图讲述活动的思考

（一）图片的使用

教师可以灵活运用多种图片，大图和小图结合。

随着时代的发展，看图讲述的图片选择逐渐多元化。最近几年，绘本成为国内外学前教育界关注的热点，选择适宜的绘本作为看图讲述的凭借物，已逐渐成为一种趋势。随着电子产品的迅猛发展，很多影像资料可以用多媒体的方式进行呈现，为看图讲述提供了更多的选择。

随着看图讲述的图片不断丰富，教师可以将大图和小图结合起来，灵活使用。大图的优点是便于教师面向全体学前儿童出示，集中指导。不足之处是当少数学前儿童讲述后，其余学前儿童的注意力容易分散。而小图的优点是有利于集中学前儿童的注意力，便于教师开展讲述的相关活动，使每个学前儿童都能参与其中，调动了活动的积极性。

（二）看图讲述活动与多种活动的整合

教师可根据图片的特点，将看图讲述活动与多种活动整合，一般适合以下情况，如图4-10所示。

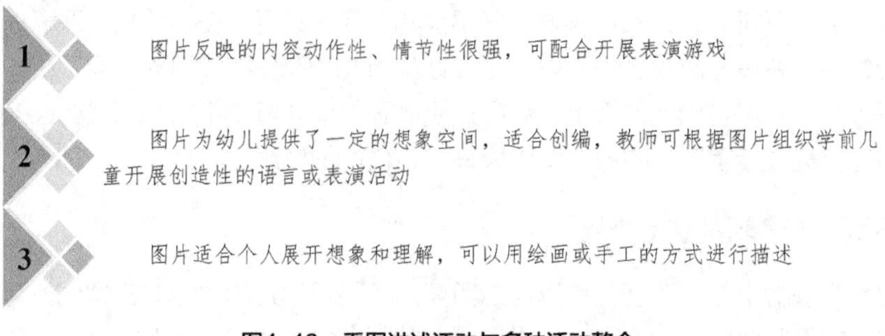

1　图片反映的内容动作性、情节性很强，可配合开展表演游戏

2　图片为幼儿提供了一定的想象空间，适合创编，教师可根据图片组织学前儿童开展创造性的语言或表演活动

3　图片适合个人展开想象和理解，可以用绘画或手工的方式进行描述

图4-10　看图讲述活动与多种活动整合

（三）看图讲述活动发展学前儿童的创造性思维

看图讲述是以图片为依据的，学前儿童讲述的内容极易相同。要想培养学前儿童的创造性思维，应从以下几个方面进行。

1. 讲述从实到虚

教师可引导学前儿童从讲述事物或现象的外在情形，到讲述人物的内部心理活动或现象的内在原因。

2. 从已知到未知

学前儿童在讲述已有画面的前提下，可以大胆发挥想象，讲述画面上没有的内容。教师可配合运用遮盖图片的方法，帮助学前儿童展开多种可能的讲述，进一步丰富图片的内容。

3. 从有序到无序

看图讲述应遵循一定的时间顺序和空间顺序，教师可适当通过图片顺序的调整或学前儿童讲述顺序的调整，给学前儿童提出新的挑战，促进学前儿童按照新的顺序，开展具有逻辑性的讲述活动，发展学前儿童的创造性思维。

第四节　情境讲述活动

引导案例

在小班情境讲述活动"熊先生生病了"中，赵老师为小朋友们准备了道具：熊先生头饰、小兔子头饰、护士帽、白大褂、针筒、药瓶、药、号码牌、医生用具（听诊器、压舌板、手电筒）等，然后请两个小朋友分别扮演兔医生和护士，赵老师扮演生病的熊先生。熊先生不停地咳嗽和流鼻涕，便来到了一家医院挂号，接着他来到了兔医生的办公室，一番询问和检查后，兔医生说："你感冒了，要按时吃药。多休息，很快就会好的。"熊先生说："谢谢医生。"然后去药房，在护士那里拿了药，向护士表示了感谢。

在表演后，赵老师向小朋友们提了几个问题："熊先生怎么了，应该找谁帮忙？熊先生到医院的第一件事是什么？兔医生是怎样检查的？"通过提问，引导幼儿完整地讲述故事。

情境讲述活动是根据学前儿童经验设计情境，由教师或学前儿童扮演角色进行表演或操作木偶进行表演，在引导学前儿童观看表演的同时，要求学前儿童凭借对情境表演的理解进行讲述的一种活动。

情境讲述活动要求学前儿童用自己的语言讲述表演内容，要求他们必须努力回忆通过观察获得的印象，想象、思考表演动作所表达的意思，并按动作表演的顺序组织语言。因此，情境讲述活动对培养学前儿童的有意注意、认真观察、记忆、想象、思考的能力和连贯表达的能力都有积极的作用。

一、情境讲述活动的准备

情境表演有场景、角色、情节，表演过程中有动作、表情，有时还有对话，富有强烈的直观性，有利于学前儿童对情节的理解，能诱发学前儿童观察的兴趣和讲述的愿望，深受学前儿童的喜爱。

在组织学前儿童情境讲述活动时，教师应做好以下准备。

（一）选择内容

作为情境讲述的内容，除了与其他形式的讲述内容有共同之处外，还要符合下列要求，如图4-11所示。

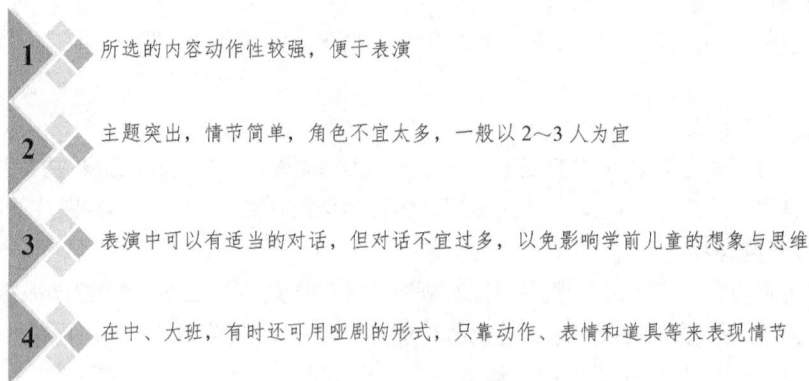

1 ◆◆ 所选的内容动作性较强，便于表演

2 ◆◆ 主题突出，情节简单，角色不宜太多，一般以2~3人为宜

3 ◆◆ 表演中可以有适当的对话，但对话不宜过多，以免影响学前儿童的想象与思维

4 ◆◆ 在中、大班，有时还可用哑剧的形式，只靠动作、表情和道具等来表现情节

图4-11　情境讲述的内容

（二）组织排练

内容选好后应物色人选来扮演角色，可以由教师表演、学前儿童表演或师幼合演，也可以由教师操作木偶进行表演。

情境表演成功与否，直接影响学前儿童讲述的积极性和讲述的质量，因此事先必须认真排练。在排练时，教师应指导学前儿童，使其动作准确、熟练且略有夸张，不仅可以自始至终完整地表演，而且能分段表演。

（三）准备道具，布置场景

排练完成后，要考虑表演场景和道具的设计。场景、道具应力求生动形象，有助于学前儿童对表演建立深刻的印象。化妆也要简单，只要突出人物身份的主要特点，能使学前儿童看懂即可。

（四）设计活动计划及提问

情境讲述活动计划及提问的设计要求与看图讲述活动的设计要求大致相同。计划应包括以下内容，如图4-12所示。

活动过程中的提问要紧扣主题；应按人物的出场和情节发展的顺序提问；提问应富于启发性，能引导学前儿童通过观察表演产生相关的情绪记忆和运动记忆。

活动名称　活动目标　活动准备　活动过程

图4-12　情境讲述活动计划内容

二、情境讲述活动的组织

（一）感知与理解讲述对象

情境表演讲述的凭借物是观看表演，并引导学前儿童讲述表演。教师在引导学前儿童感知与理解讲述对象时，可以从以下两个方面进行。

1. 介绍角色、场景，引起学前儿童兴趣

情境讲述开始时，教师用富有表情和吸引力的语言揭示内容，介绍场景、角色和表演者，以引起学前儿童观察表演的兴趣，并提醒学前儿童仔细观看表演者的表情、动作，记住表演内容，以便在观看后进行讲述。

2. 观看表演

为了使全体学前儿童看清楚表演，表演者要面向全体，速度适中。可以完整表演，也可以分段表演。为了让学前儿童有一个初步的总体印象，一般在表演过程中，教师先组织学前儿童观看完整的表演，但因情境表演有一瞬即逝的特点，还需要分段表演，便于学前儿童观察、记忆，然后完整地表演，以巩固印象。有时也可以先分段表演，再完整表演。如何安排表演，应根据教材内容、活动目标和班级实际水平而定。

（二）学前儿童运用已有的经验讲述表演内容

教师应在学前儿童看完表演后，引导学前儿童采用自由地组合或个别方式，运用已有的经验进行讲述。教师应借助提问提醒学前儿童要围绕对表演的感知与理解进行讲述。对教师提问的要求主要有以下两点。

1. 第一次完整表演后的提问

第一次完整表演后的提问可以概括些，以启发学前儿童主要讲述初次观察的印象，不强求有顺序地回答。

2. 第二次分段表演后的提问

第二次分段表演后的提问，是为了让学前儿童逐段细致地描述细节、人物对话及心理活动。因此，应针对情境表演的具体情节提出问题，不仅要引导学前儿童回忆、观察所获得的印象，还要求学前儿童运用新词恰当地描述表演情节。

学前儿童观看表演后，根据教师提问的思路，其头脑中就会产生联想，回忆表演的内容，并能用完整、连贯的语言讲述出来。在讲述时，教师可以让学前儿童分组结伴讲述，也可以请个别学前儿童在集体面前讲述，让他们互相倾听，开展自评和互评。

（三）引进新的讲述经验

学前儿童自由讲述表演内容后，教师可根据主要情节的线索进行提问，让学前儿童产生联想，然后再次观看表演；也可进行示范讲述，由教师或学前儿童按表演顺序连贯地示范讲述整个表演内容，让学前儿童了解新的讲述思路。

由于表演是一瞬即逝的活动过程，不像图片可以长时间不变地呈现在学前儿童眼前，学前儿童观看表演后的讲述，带有回忆性质。因此，教师可用提问、插话的方法引导学前儿童的讲述思路。讲述中碰到重点与难点，或因为没有记住某些细节而遗漏时，教师可以重复表演这一小段，让学前儿童仔细观察后再进行讲述。

（四）巩固并迁移新的讲述经验

让学前儿童根据教师的要求更换角色、场景或事件，用上述类似的讲述经验进行迁移讲述。情境讲述活动的形式主要有以下三种，如图4-13所示。教师可以通过这些形式巩固并迁移新的讲述经验。

1 由教师设计动作，指导学前儿童表演

情境表演的内容适合全体学前儿童表演的，可将全体学前儿童每2～3人编为一组，使其分别扮演角色，做情境表演游戏，也可由教师解说，全体学前儿童按角色的动作进行表演

2 学前儿童自编自演

一般来说，学前儿童经历多次情境讲述后，产生了模仿和表演的兴趣，并且有一定的表演能力，教师应该给学前儿童创设一定的情境，让学前儿童在情境中自己设想角色的对话、行动，通过自编表演动作来发展情节，完善表演内容

3 即兴表演

教师引导学前儿童把日常生活中或在电视、电影里看到的感兴趣的事情，通过眼神、表情和形体动作，进行自编自演。这种形式不受条件限制，不需要事先排练，学前儿童会感到格外亲切，便于提高学前儿童的表演和讲述能力

图4-13　情境讲述活动的形式

第五节　生活经验讲述活动

引导案例

晓楠老师组织了一次生活经验讲述活动——"我最喜欢的玩具"，要求幼儿讲一讲自己最喜欢的玩具是什么，有什么特点，是什么材质做的，为什么会喜欢这个玩具。小朋友们可以将自己的玩具带到课堂上，一边展示一边讲述。

小朋友们都跃跃欲试，每个人都有自己喜欢的玩具，有的带了变形金刚，有的带来了遥控汽车，有的带来了芭比娃娃……在活动中，晓楠老师认真听着每个小朋友的讲述，提出一些辅助性的小问题，并引导其说得具体些，帮助其把话讲清楚、讲完整。在活动结束后，大家都更加喜爱自己的玩具了。

生活经验讲述要求学前儿童把自己经历过的、印象最深且最感兴趣的事情有条理地讲述出来，可以训练学前儿童围绕一个中心独立、连贯地说话的能力。同时，学前儿童所经历的事情和社会生活密切联系，可以促使其关心周围事物，正确地理解社会生活，培养从小热爱生活的思想情感。

一、生成话题

生活经验讲述活动的话题主要来自于两方面，如图4-14所示。

教师在了解学前儿童生活经验的基础上，为学前儿童预先准备好的话题

在生活中学前儿童随机产生的兴趣话题，即教师根据学前儿童对某事物的关注和兴趣点，帮助学前儿童生成中心话题

图4-14　生活经验讲述活动的话题

在生活经验讲述活动中，教师要想得到合适的话题，需要达到以下要求。

（1）教师要对本班学前儿童的发展水平有充分的了解，对学前儿童喜欢的话题具有一定的敏感度，能随时捕捉到学前儿童感兴趣和关注的话题。

（2）教师应根据学前儿童的兴趣点，提前为生活经验讲述活动做好计划和提供各种适宜条件，并遵循其需要和发展过程，给学前儿童的讲述以直接的帮助。

二、确定讲述主题

学前儿童生活经验讲述活动的内容来自于他们生活经验范围内的认识，因此丰富学前儿童的生活经验是进行生活经验讲述活动的重要前提。参观游览、日常生活中的观察、教育活动、游戏、电影、电视等皆可为学前儿童讲述积累丰富的生活素材。生活素材越丰富，学前儿童的讲述就越生动、形象。

确定讲述主题主要有以下要求，如图4-15所示。

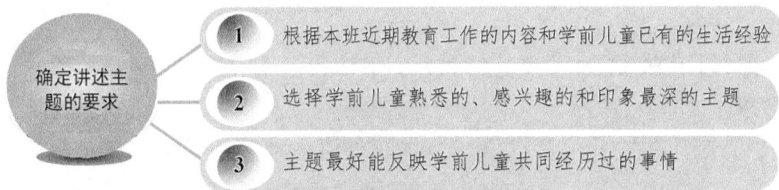

确定讲述主题的要求	1	根据本班近期教育工作的内容和学前儿童已有的生活经验
	2	选择学前儿童熟悉的、感兴趣的和印象最深的主题
	3	主题最好能反映学前儿童共同经历过的事情

图4-15　确定讲述主题的要求

确定主题后，教师可以在讲述活动前几天将要讲的题目告诉学前儿童，让学前儿童做好思想准备，有意识地整理自己的生活经验，以提高讲述质量。

三、摸底预约

由于学前儿童生活经验有限，不能像成人那样完全凭记忆讲述，为了使学前儿童能够顺利表达讲述的内容，进行摸底预约是极为必要的。教师可以通过以下方式进行摸底预约，如图4-16所示。

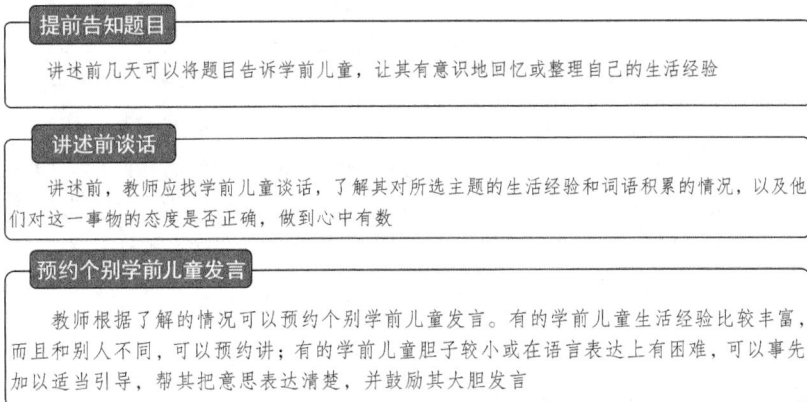

提前告知题目
讲述前几天可以将题目告诉学前儿童，让其有意识地回忆或整理自己的生活经验

讲述前谈话
讲述前，教师应找学前儿童谈话，了解其对所选主题的生活经验和词语积累的情况，以及他们对这一事物的态度是否正确，做到心中有数

预约个别学前儿童发言
教师根据了解的情况可以预约个别学前儿童发言。有的学前儿童生活经验比较丰富，而且和别人不同，可以预约讲；有的学前儿童胆子较小或在语言表达上有困难，可以事先加以适当引导，帮其把意思表达清楚，并鼓励其大胆发言

图4-16　摸底预约方式

四、组织生活经验讲述活动

（一）感知与理解讲述的题目及内容

1. 导入

为了激发学前儿童对讲述的兴趣和愿望，教师可创设生动有趣的情境，引起学前儿童对已有生活经验的回忆，并引出讲述的主题。

2. 引导

引出讲述的主题后，教师可以出示一定的凭借物，通过提问启发学前儿童从多个角度依据凭借物的特点感知与理解讲述的对象。教师的提问要具体、明确，提问的内容要完整，可以按事物发生发展的过程引导学前儿童对凭借物进行充分且细致的观察。

（二）运用已有经验自由讲述

在感知与理解讲述的基础上，引导学前儿童围绕主题讲述自己的生活经验，这是活动的重点环节。

教师可以通过以下方式指导学前儿童讲述。

1. 交代要求

在讲述前，教师可先交代讲述的要求。如果是讲一件事，要求讲清楚事情发生的经过；如果是描述事物，就要具体、生动、有细节，还要说清楚自己的态度和情感。

2. 及时帮助

教师应注意倾听每个学前儿童的讲述，着重对学前儿童讲述的完整性、连贯性和逻辑性进行指导。有的学前儿童讲述的逻辑性差，教师应帮助学前儿童选择讲述的内容和安排讲述的顺序。

3. 针对性指导

教师应进行针对性指导、纠正。有的学前儿童只会用一两句话带过一件事，不会完整、连贯地具体描述，教师要引导他们说得具体些，把一件事说清楚。

（三）引进新的讲述经验

对未接触过生活经验讲述且语言基础较差的学前儿童，教师示范讲述的目的在于引起学前儿童的兴趣，并为学前儿童树立榜样；对参加过生活经验讲述活动的学前儿童，示范讲述的目的在于提高学前儿童的表达能力。

由于讲述活动要求学前儿童对已有的生活经验独自构思并表达出对某一内容的完整认识，这对初次参加讲述的班级来说有一定的难度，因此教师的示范对学前儿童具有很大的帮助。

教师的示范性讲述可以放在学前儿童讲述前，便于引导并激发学前儿童发言的积极性；也可以放在学前儿童讲述后，通过提问引导学前儿童理解教师是怎样组织讲述内容的。

对已经掌握讲述方法的班级，教师可以不必提供讲述范本，以免学前儿童的讲述受教师示范的影响，限制其发挥。

（四）巩固和迁移新的讲述经验

为了使学前儿童对生活经验的讲述发生兴趣，教师也可考虑以其他生动活泼的形式来激发学前儿童讲述自己体验的愿望。特别是对于中班学前儿童来讲，由于他们的生活范围有限，知识经验较少，表达能力较差，教师可以在学前儿童已有生活经验的基础上创造条件，让学前儿童通过直接的感知与接触来讲述自己的体验。

讲述活动结束时，教师可以进行小结或组织评议活动。教师引导学前儿童一起分析讲述者哪些地方讲得好，好在哪里，并对表现突出的学前儿童给予肯定和鼓励，对其不足之处进行纠正。

生活经验讲述：有趣的线条（大班）

活动目标：

1. 引导幼儿根据线条图进行简单的情节讲述，发展完整表达的语言能力。
2. 引导幼儿对简单的线条进行多方位、多角度的观察，并进行大胆丰富的想象。
3. 激发幼儿积极、主动参与活动的兴趣。

活动准备：

实物绳若干。

活动过程：

一、感知并理解讲述对象

教师介绍户外活动——"绳子的玩法"，在地上扔出一根绳子，让幼儿根据扔出的绳子图形共同想象像什么。

二、运用已有经验讲述

1. 幼儿自由操作绳子，进行初步的想象，教师重点指导幼儿从不同的方位、不同的角度去发现绳子的变化。

提问：请小朋友甩出一个图形，看看能说出多少种东西，看谁说得多。

2. 教师操作绳子，将幼儿的已有发现进行提炼。

提问：我的绳子会变成什么？你是从哪里看出来的？

教师小结：我们每个小朋友眼里看到的同一根绳子可以被想象成许许多多和他人不一样的东西，每一个人在不同地方看到的东西和他人也不一样。

三、引进新的讲述经验

1. 教师和幼儿共同玩绳子，引导幼儿将三根绳子组成的形象编成一个小故事。

2. 请两名小朋友各持一根绳子，各组成一个形象，启发幼儿进行想象，并编出有简单情节的故事。

四、巩固和迁移新的讲述经验

1. 幼儿分组合作玩绳子，并将几个形象进行创编，教师记录幼儿创编的成果，提炼有价值的讲述并进行展示。

重点指导：幼儿能用完整、优美的语言进行讲述。

2. 延伸活动：绳子还有什么玩法？

活动评析：

教师在此活动课前对物质环境进行了精心的准备和设计，把很多教育契机蕴涵在环境中，使幼儿能充分感知并理解讲述对象。活动中教师还设计了幼儿用各种方式操作绳子的环节，使幼儿在探索活动中有所发现，为进一步讲述打下基础。在巩固和迁移新的讲述经验的环节，此活动通过小组合作的方式进一步为幼儿讲述创造更丰富的情境，幼儿可以将几个形象进行创编，使幼儿有更多的表达机会，并学会在不同的情境下使用不同的表达方式。

（本案例由成都市青羊区天府幼儿园提供）

引导案例

刘慧老师组织了一次实物讲述活动——"我喜欢的小饼干"，刘慧老师为小朋友们准备了许多形状、大小、味道不一样的小饼干，放在盘子中，并用布盖上。

活动开始时，刘慧老师先让小朋友们"闻一闻"，请个别小朋友上来一一体验，然后让其说出对此凭借物的感受，并引导其说出"香香的"等类似词语，然后解开谜题。

刘慧老师说："你们有没有发现自己喜欢的饼干啊？我将你们喜欢的饼干送给你们，好不好呀？但是，你们要说出你的饼干是什么形状、什么颜色、什么味道的才行。这样我才能把你们想要的饼干送给你们。"

小朋友们拿到自己想要的饼干后，刘慧老师让其相互交流，"你的饼干是什么样的，我的饼干是什么样子的"，让他们相互尝一尝，看一看。和同伴讲述后，进行自由讲述和个别讲述。

最后，刘慧老师将小朋友们喜欢的饼干特点加以总结。例如，有的小朋友喜欢的饼干是甜甜的、圆圆的、扁扁的，刘慧老师告诉他们："不是只有饼干才能用这些词来形容，还有你们喜欢的其他东西。那就请回家后找一找，还有什么喜欢的东西可以用这些词语来形容。"

实物讲述侧重于实现描述、倾听等语言方面的目标。实物讲述活动应在学前儿童已经熟悉这种实物的基础上进行，各年龄段学前儿童均可进行。教师在指导学前儿童进行实物讲述时，最重要的是帮助学前儿童感知和理解实物，准确把握实物的特征。

一、认识实物讲述活动

实物讲述是以实物作为凭借物来帮助学前儿童讲述的一种活动，具有真实、可信的特点。实物包含真实的物品、玩具、教具、动植物、日常生活用品和外在的自然景物等。教师在指导学前儿童感知、理解实物并进行讲述时，最重要的是帮助学前儿童把握实物的特征。在观察中或观察后，教师应要求学前儿童将实物的基本特征、用途、使用方法等多方面的内容清楚地描述出来。

需要注意的是，实物讲述活动一定要与科学教育活动区分开。与科学教育活动相比，实物讲述更侧重于描述、倾听实物的有关特性、用途等语言方面的目标，而不是着重于认识这种实物。也就是说，实物讲述应在学前儿童已经熟悉这种实物的基础上进行，如大班"小型家用电器用处大"讲述活动，就应该在学前儿童对小型家用电器具有一定了解的基础上进行，否则学前儿童讲述中会由于缺乏生活经验而使内容空洞，教师则不得不花费大量的时间让学前儿童认识小型家用电器，这将冲淡语言方面的教育目标要求，出现"本末倒置"的现象。

二、实物讲述活动案例

实物讲述：我猜我猜我猜猜猜（中班）

活动目标：

1. 能听清指令，根据同伴的描述判断物品的名称及样式。

2. 尝试用简笔画画出物品的明显特征。

3. 能专注地倾听同伴的讲述。

活动准备：

1. 彩色笔、物品若干个，绘画纸。

2. 半封闭纸箱若干个。

3. 小白兔头饰一个。

活动过程：

一、感知并理解讲述对象

1. 教师："自从小熊生日那天发生了一些不愉快的事以后，小白兔决心再也不做没长耳朵的小白兔了，你们瞧，它来了。"

2. 教师戴上头饰扮演小白兔说："小朋友们，我是小白兔，你们别以为我还是以前那个没长耳朵的小白兔，现在我的耳朵可灵了，不信你们试试。"

3. 请幼儿轮流站在纸箱的后面，把手伸进纸箱，抽出某一物品并描述该物品的主要特征，但不说出名称，"小白兔"根据幼儿的描述画出这一物品（例如，幼儿说："圆圆的，绿绿的，切开里面是红红的，夏天吃了又甜又清凉。""小白兔"就在纸上画出一个西瓜，画好后，由这个幼儿判断是否猜对了）。

二、幼儿运用已有经验讲述

1. 教师："你们说我现在是不是长耳朵的小白兔了？接下来轮到我来考验你们的耳朵灵不灵了。"

2. 教师描述2～3件物品，要求幼儿按描述的顺序依次画出。

3. 幼儿可以自由选择同伴，合作进行游戏，即一人描述，一人仔细倾听并作画，互相猜猜对方画的是否正确（在合适的时候可以互换角色继续游戏）。

重点指导：讲得清楚、听得明白、画得正确。

三、引进新的讲述经验

请几名幼儿在集体面前示范，教师与幼儿一起分析他们描述的差异，共同讨论应该怎样描述，才能让小白兔更好地猜出物品。

四、巩固、迁移讲述经验

活动延伸：将更多的物品贴在墙上，让幼儿尝试描述它们的特征。

（本案例由成都市青羊区天府幼儿园提供）

思考与实训

一、思考题

（一）名词解释

1. 讲述活动

2. 添画

3. 摆图

4. 情境讲述

5. 生活经验讲述

（二）简答题

1. 简述学前儿童讲述活动的特点。

2. 学前儿童讲述活动的设计与组织有哪些环节？

3. 简述在生活经验讲述活动中如何进行摸底预约。

（三）论述题

1. 阐述学前儿童讲述活动的作用。

2. 怎样组织看图讲述活动？

3. 怎样确定生活经验讲述活动的主题？

二、案例分析

大象伯伯开了一家水果店，店里有很多水果，如草莓、梨、桃子、香蕉、葡萄、苹果等。

小动物们都爱吃水果，常到大象伯伯的店里来买。小白兔向大象伯伯买了梨；小猴喜欢吃桃子，就买了四只大桃；小刺猬买了一堆香甜的苹果和梨；小花猫买了一大串的紫葡萄。小白兔用篮子拎着梨回家；小猴子用双手捧着桃子回家；小刺猬用背上的刺串着苹果和梨背回家；小花猫用一只手托着葡萄回家。

以此故事为背景，组织设计一个看图讲述活动。

三、拓展训练

制定看图讲述、情境讲述、生活经验讲述活动设计各一份，并进行试讲。

第五章

学前儿童听说活动

【学习目标】

➢ 了解学前儿童听说活动的基本特征和主要类型。

➢ 明确学前儿童听说活动的主要目标。

➢ 掌握听说活动的设计与组织方法。

在人类语言的主要交际方式——"听、说、读、写"中，听和说最为直接和有效。在进入幼儿园前，学前儿童就已经在与家人的相处与交流中获得了听力和口语方面最基础的启蒙教育。在幼儿园教育阶段，教师要对学前儿童听力和口语的训练活动进行有效的组织与指导，巩固他们的听说能力，为他们在新阶段中进行更全面、更复杂的语言学习打下坚实的基础。

第一节　认识学前儿童听说活动

引导案例

在中班的听说活动中，张虹老师选用了一个游戏——"小白兔吃青草"。在这个游戏中，张虹老师扮演"兔妈妈"，一个小朋友扮演"大灰狼"，其他小朋友扮演"小白兔"。"兔妈妈"带着"小白兔"到处吃青草，"小白兔"们边跳边唱儿歌："小白兔，跳跳跳，一跳跳到草地上。吃吃吃，吃青草，吃吃吃，吃个饱。"

正在"小白兔"们反复唱这首儿歌时，扮演大灰狼的小朋友大喊一声："大灰狼来啦！"扮演小白兔的小朋友们马上跑到"兔妈妈"身边蹲下，代表着他们已经回家，脱离了危险；而没有及时跑到"兔妈妈"身边蹲下的"小白兔"就代表着被"大灰狼"吃掉了。

这首儿歌虽然简单，但小朋友们知道在唱完儿歌后，"大灰狼"会跳出来大喊，这代表着危险已经来临，需要到"兔妈妈"这里寻求保护。这种非竞赛性质的活动激励了幼儿积极地投入到活动中，从而达到提高幼儿听说能力的效果。

在学前儿童启蒙教育时期，为学前儿童设计策划、组织开展丰富多彩的听说活动，对他们进行有效的语言听说能力培养，是每一个幼儿教师的重要职责，也是学前儿童教育发展中一个较为关键的环节。

为了使学前儿童在语言的听说能力方面得到科学的引导和有效的培养，教师需要清楚地了解听说活动的基本特征和主要类型，对学前儿童听说活动有一个最基本的认识。

一、学前儿童听说活动的基本特征

（一）内含语言教育目标

每一个听说活动都应该包含对学前儿童语言学习进行教育的目标，否则无异于将学前儿童进行"赶鸭"式的"自然放养"，失去了实际的教育意义。教师在组织操作听说活动前，都要经过一个系统、严密的备课过程。在自己的教案中，教育目标是一个统领课堂教学全局的重要方向标,教师要清楚地考虑到什么样的活动涉及什么样的教育目标,包括具体的语言知识、技能目标,也包括情感方面的素质教育目标。

活动包含的具体教育目标不是纯粹由教师主观认定的,它必须以学前儿童实际的能力和水平、近期的学习内容和效果为基础,同时结合教育大纲中的总体学习需求和任务等方面的情况来确定与落实。

(二)规则与语言重点紧密相连

教师组织学前儿童参加的语言学习活动都是围绕着既定的教育目标展开的,有具体的规则和明确的要求。教师把握了语言教育的目标,才能根据目标的指引来决定语言的练习重点,选择语言内容和确定活动规则;同时,也要通过直观的示范、清楚的讲解使学前儿童理解活动的做法,知道怎么听、怎么说。

听说活动的规则制定可以分为两种类别,如图5-1所示。

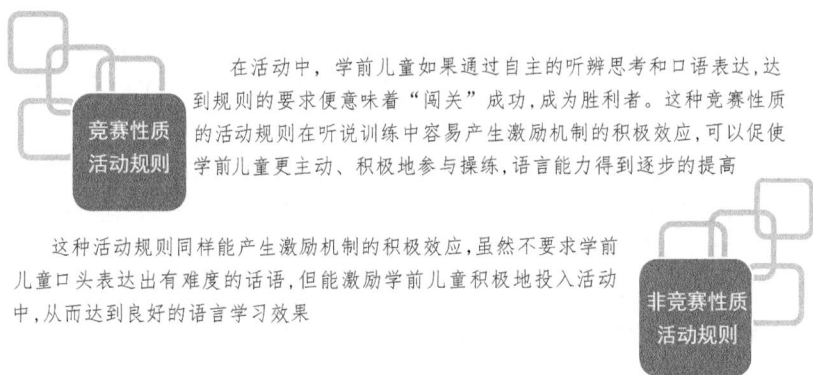

竞赛性质活动规则：在活动中,学前儿童如果通过自主的听辨思考和口语表达,达到规则的要求便意味着"闯关"成功,成为胜利者。这种竞赛性质的活动规则在听说训练中容易产生激励机制的积极效应,可以促使学前儿童更主动、积极地参与操练,语言能力得到逐步的提高

非竞赛性质活动规则：这种活动规则同样能产生激励机制的积极效应,虽然不要求学前儿童口头表达出有难度的话语,但能激励学前儿童积极地投入活动中,从而达到良好的语言学习效果

图5-1 听说活动的规则制定的类别

(三)逐渐扩大游戏成分

学前儿童大多喜欢游戏,这是学前儿童的天性使然。因此,针对学前儿童设计和操作的各种语言活动,借助于游戏这种富有趣味性的活动形式,可以帮助教师实现"寓教于乐"的教育理念,达到语言教育目标。

听说活动当然也不例外。从活动组织形式上看,这类活动具有"从活动入手,逐步扩大游戏成分"的特征,如图5-2所示。

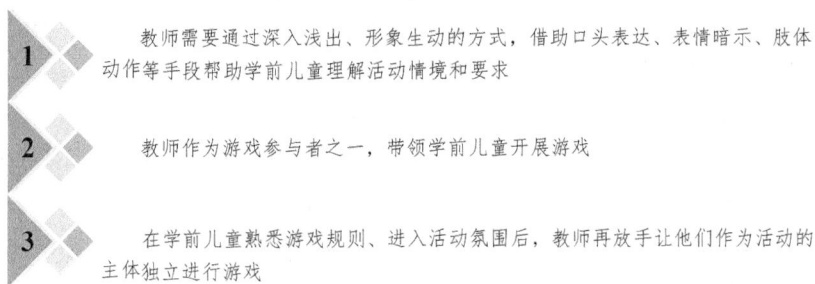

1 教师需要通过深入浅出、形象生动的方式,借助口头表达、表情暗示、肢体动作等手段帮助学前儿童理解活动情境和要求

2 教师作为游戏参与者之一,带领学前儿童开展游戏

3 在学前儿童熟悉游戏规则、进入活动氛围后,教师再放手让他们作为活动的主体独立进行游戏

图5-2 从形式上扩大游戏成分

在听说活动过程中，教师的主导地位由强变弱，将活动主体转变为热衷游戏的学前儿童，让他们更多地感受到游戏的快乐氛围，在游戏的形式中积极参与。这是将游戏作为语言教育的活动载体并逐步扩大其成分、体现其作用的过程，它使学前儿童听说方面的语言能力得到了巩固和发展。

关于教师在听说活动中"逐步扩大游戏成分，将学前儿童转换为游戏主体"的过程，有以下三种转换方式。

1. 由活动目标转换为游戏规则

听说活动不是纯粹的玩乐，必须包含语言教育目标。语言教育目标可以以具体文字书写于教师活动方案中，但需要通过有规则的活动过程来实际体现。教师无须向学前儿童说明活动是为了什么目的，只需要通过规则说明来让他们理解该根据什么提示做出什么反应，即"听什么、说什么"，在活动中进行听说练习。在这个过程中，游戏规则是控制活动进程中的方向标，语言教育目标是活动的最终目的地。

2. 由教师控制转换为学前儿童控制

在听说游戏开始时，由教师主导创设游戏情境，说明游戏规则、示范游戏做法。学前儿童只是被动地听讲与思考，当他们对游戏产生兴趣时，就开始有了主动参与的欲望，就会自然而然地进入游戏角色。

游戏规则在学前儿童大脑中成为无形的行为导向后，学前儿童就会成为游戏主角和活动主体，自主进行听说能力的训练，直至教师发出游戏结束的指令。这一过程实际上是由教师的外部指令控制转换为学前儿童内部思维控制的过程。

3. 由真实情境转换为假想情境

听说游戏开始前，教师对学前儿童说明活动规则，示范游戏玩法，学前儿童作为接受者进行听辨、观察，师幼都处于教室或操场这一真实环境中。随着游戏的展开，学前儿童不知不觉地进入由教师语言渲染、道具布置或口令提示等创设的游戏情境中，他们逐渐成为游戏预先设定的特殊角色，并在脑海中以新的思维方向和模式来指挥自己的行动，按规则要求说出相应的话语。在这一过程中，学前儿童进行语言知识的运用及听说能力的锻炼。

二、学前儿童听说活动的主要类型

（一）语音练习活动

这类活动的目的是为学前儿童提供适量的发音机会，指导学前儿童练习正确的发音，提高语音辨析能力。它的形式、结构对学前儿童来说都较为简单。在组织活动时，教师可以根据学前儿童语音学习的需要进行以下练习。

1. 困难发音的练习

对于较难发出的语音要素，借助特别的听说活动对学前儿童进行有针对性的训练，结合实际，有的放矢。例如，小班学前儿童普通话发音的难点主要有zh、ch、sh和r等辅音，教师可以根据学前儿童的实际接受能力，选取这些声母与某些韵母相结合的音节来帮助学前儿童进行练习。

2. 方言干扰音的练习

由于学前儿童出生及生活所处的区域不同，存在着地方方言对普通话学习产生干扰的问题。在听说活动中，学前儿童可以在教师的指导下多次练习普通话的标准发音，逐步增强语感，掌握发音方式。

3．声调的练习

声调是决定普通话发音是否标准的一个重要因素，是学前儿童语音学习的一个重要组成部分。教师应在某些听说活动中以声调为训练目标，让学前儿童熟悉声调，从而准确地掌握声调的运用方法。

4．用气及节奏的练习

初学语言的学前儿童普遍存在用气不均匀、节奏步调混乱的现象。例如，吐字的急促，停顿的随意，尤其在表述复杂句子时困难尤为明显。教师需要在学前儿童的练习中对其进行用气方法的指导和说话节奏的调整，使其语言表达流利自如。

（二）词汇练习活动

学前阶段的学前儿童语言学习方面一个重要的目标，就是在听说活动中循序渐进地积累大量的日常词汇，同时丰富口语表达的信息，从而培养听力和语感，实现对语言的熟练使用。

将与学前儿童生活息息相关的基础词汇作为集中学习和训练的素材，多向他们提供运用词汇的机会是教师的重要任务。

这类听说活动应该着重引导学前儿童积累以下两个方面的词汇学习经验。

1．同类词组词的经验

同类词组词经验是指将某种意义范畴的同一类词汇作为具体语言目标，提高学前儿童对这类词汇的熟悉程度与口头表达能力。教师应多设置旨在扩大词汇量的语言情境，鼓励学前儿童在活动规则的指引下尝试将相关语言信息进行灵活的组织和表达。

例如，"怎样走"的听说游戏要求学前儿童用一定的词汇描述走的动作，学前儿童可以说"快快地走""慢慢地走""悄悄地走""大步地走""小跑步地走""一蹦一跳地走"，甚至"哭着走""笑嘻嘻地走"。为了活动的直观性、趣味性，加深学前儿童对词汇意义的理解，教师还可以要求他们带着肢体动作进行表演，一边说一边做。这就是以描述"走"的动作为语言情境，让学前儿童把有关的同类词汇进行主观而灵活的选择与运用。

2．不同类词汇搭配的经验

词汇之间的关系很丰富，学前儿童除了要学会将同类词汇集中起来运用外，还要学会将不同类的词汇进行搭配，以表达符合某种情境的语义，这也是很有必要的听说训练内容。例如，量词与名词的搭配，让学前儿童用"一个"或"一篮"和"苹果"组合，用"一架"和"飞机"或"钢琴"组合，形成合理的词组，使学前儿童懂得搭配的规律，熟悉说话的习惯，对其语言要素进行扩展。

（三）句型练习活动

学前儿童在语言学习过程中，对语言单位的接触是由简单到复杂的。听说活动除了可以帮助学前儿童实现语音的规范、词汇的积累外，还可以促使学前儿童对句型进行正确运用。

一般来说，学前儿童先懂得使用简单句，再慢慢接触和使用语言结构较为复杂的合成句，后期还要过渡到更为复杂的嵌入句。要使学前儿童做到对不同类型句式进行正确理解与熟练运用，需要经过教师耐心、细致的主观引导和反复训练，而听说游戏活动是这种训练的有效形式之一。

第二节 学前儿童听说活动的语言教育目标

引导案例

今天，王艳老师为小（一）班的听说活动确定了教育目标，即帮助幼儿发准三个卷舌音：zh、ch、sh。首先，王艳老师出示图片并进行提问，引导幼儿自己将新拼音引出来："小朋友们，妈妈在干什么啊？（织毛衣——引出zh）姐姐在做什么啊？（吃苹果——引出ch）这是两头什么啊？（石狮子——引出sh）"

通过提问引出zh、ch、sh后，王艳老师接着进行了阅读示范，要求幼儿仔细观察老师的口型，进行跟读。待其掌握了基本发音后，王艳老师又进行挨个读，对发音不准确的小朋友进行纠正。最后，为了巩固幼儿的发音，王艳老师自编儿歌"妈妈织毛衣zh、zh、zh""姐姐吃苹果，ch、ch、ch""两头石狮子，sh、sh、sh"，带领小朋友们一起读儿歌。为了启发幼儿的创造力，王艳老师还让幼儿自己组带有zh、ch、sh发音的词语，激起了幼儿浓厚的学习兴趣。

这次听说活动的目标虽然很小，但非常具体、细致，目的明确，符合幼儿现阶段的学习特点，不仅能够使幼儿透彻地掌握知识点，也锻炼了幼儿的语言能力、创造力和理解力。

目标是行动的指南、前进的导向，如果不制定科学、合理的教育目标，学前儿童的语言学习和教育就很难在正确的轨道上进行。教师在教学准备的过程中，要系统、深入地了解学前儿童语言教育的目标，并将其作为自己教育行为的导向，这是促进教师教育效果和学前儿童语言能力发展的关键。

一、听说活动语言教育目标的结构分类

很多目标都有总体目标的统领及分级目标的划分与建构。学前儿童语言教育的目标也包含许多从学前儿童语言能力的构成、语言教育的作用及语言技能分类角度来划分的若干分级目标。就听说活动而言，其语言教育目标可以分为以下方面的内容。

（一）听的行为培养

此处提到的"听"，是对他人口头语言有意识、有分析的"倾听"。倾听是学前儿童感知世界和理解思想的一种主要的语言行为表现。在3～6岁这个学前儿童语言教育的重要启蒙阶段，对学前儿童进行倾听行为的培养、指导的过程，也就是使学前儿童了解语言内容、掌握语言运用技巧及交际能力的教育过程。

经研究发现，不同年龄阶段的学前儿童，其听力发展的表现不同，如图5-3所示。

3～4 岁

　　3～4 岁的学前儿童由于神经系统发育还不够完善,发音器官和听觉器官的调节控制能力较差,他们只能听懂一些简单的句子,掌握一些常用词

　　4～5 岁的学前儿童基本上能够听清全部语音,能够听懂日常一般句子和一段话的意思, 掌握的词汇数量及种类迅速增加,语言逐渐连贯起来

4～5 岁

5～6 岁

　　5～6 岁的学前儿童能够听懂一些比较复杂的句子,理解一段话的意思。随着年龄的增长,学前儿童的倾听能力也得到一定的发展,具体表现在:从无意识到有意识倾听转变;对倾听内容的逻辑分析能力逐渐提高;对所听内容的理解有所深入,可以连接上下文意思进行倾听

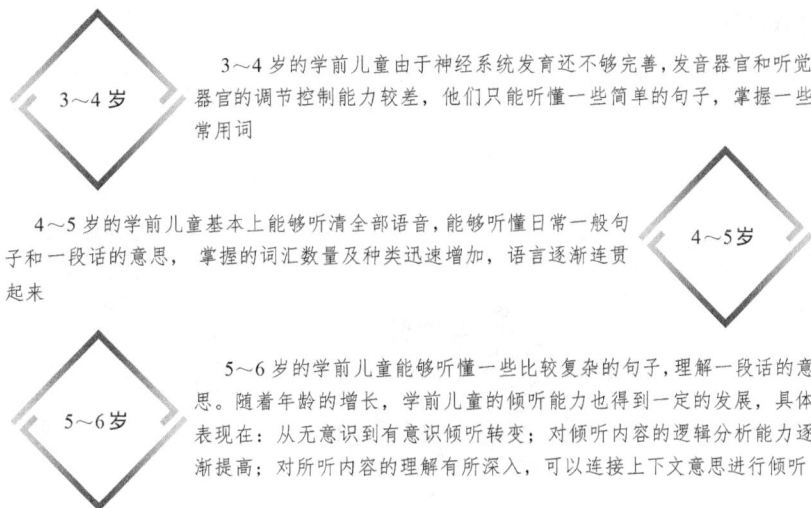

图5-3　学前儿童听力发展的表现

　　上述学前儿童听力发展的表现,决定了对学前儿童倾听行为的培养应着重于汉语语音、语调及语义的基本理解层面。教师应在学前儿童学前启蒙教育阶段帮助其逐步获得以下倾听技能。

　　（1）意识性倾听：运用语言思维,集中注意的倾听。

　　（2）目标性倾听：根据语言目标,探寻结果的倾听。

　　（3）辨析性倾听：分析语言内容,具有逻辑的倾听。

　　（4）理解性倾听：把握语言信息,联系语境的倾听。

（二）说的行为培养

　　学前儿童养成了倾听的良好习惯,在倾听的过程中理解了语言内容,熟悉了语言的表达方式,说的能力也应当得到发展。

　　学前儿童有意识、有目的、有方法地说,可以称为"表述"。具体而言,表述是包含特定语言内容、语言形式及方法进行表达和交流的行为,是学前儿童语言知识学习和语言能力发展的主要表现之一,表述行为培养也是学前儿童语言教育目标的重要组成部分。

　　学前儿童语言阶段是学前儿童语言能力形成的重要时期。在这一特定时期,学前儿童表述行为能力发展的重点为学习正确恰当的口语表达,即从语音、语法、语义及语用四个方面掌握母语的表达能力。表述能力的发展过程如图5-4所示。

从口头到书面、随意到规范（礼貌）

从个人到集体、独白到交谈

表述能力的发展过程

从语音到语义、模仿到理解

从词语到句型、零碎到完整

图5-4　表述能力的发展过程

（三）听与说的结合

在教育过程中，听与说两项技能的培养其实是同步进行、互相影响、密不可分的，如图5-5所示。

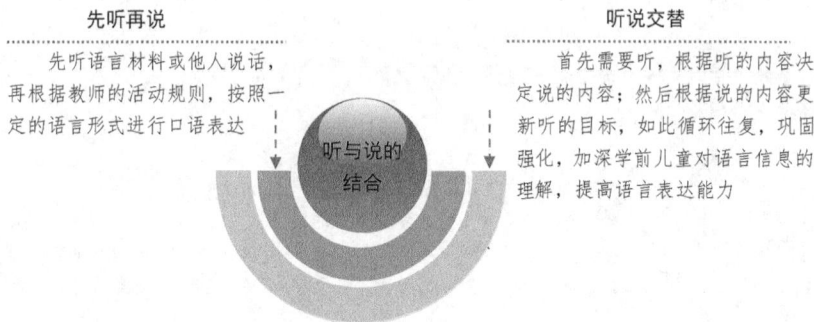

先听再说
先听语言材料或他人说话，再根据教师的活动规则，按照一定的语言形式进行口语表达

听说交替
首先需要听，根据听的内容决定说的内容；然后根据说的内容更新听的目标，如此循环往复，巩固强化，加深学前儿童对语言信息的理解，提高语言表达能力

听与说的结合

图5-5　听和说的结合

二、听说活动语言教育目标的主要特点

作为一种特殊形式的语言教育活动，听说活动的语言教育目标通常具有以下特点。

（一）目标要具体

在一项听说活动中，制定的目标一定要避免笼统、空洞，而要细致、具体，这样才能使其具有可操作性，也能让人一目了然地明白学前儿童在这一活动中学习哪部分知识和技能。

具体目标虽然小，但"麻雀虽小，五脏俱全"，这样的具体目标在具体的教学过程中同样能够体现出对学前儿童多方面语言学习的要求和指导。听说活动中每个具体的语言教育目标都是组成总体语言教育目标的重要分支，具有不可忽视的教育价值。

（二）目标要含蓄

语言训练的各种活动中，听说活动最为"含蓄"和"内敛"。肢体游戏需要亲身示范讲解，明确动作要领；绘画练习需要说明用几种色彩完成哪个图案或区域的填充；而听说活动所包含的活动任务不会直接、清楚地呈现在学前儿童面前，或表现在教师的教学操作中，而是让学前儿童在具有特定活动规则约束、交际情境设置和语言信息提供的前提下，在听辨、理解、表达与玩乐的过程中自然而然地实现语言知识的输入和输出，从而达到预期的语言教育目标。

（三）目标要可行

学前儿童正处于语言启蒙教育的关键时期，可塑性强，发展潜力大。但是，他们毕竟是幼小的、柔弱的，他们需要从力所能及的小事做起，教师要给予积极、正面的鼓励和引导，激发他们的积极性，使其不断进步。所以，教师在确立某个语言教育目标时，必须考虑到它的实际可行性。

此外，教师在设计听说活动时，应尽量不要对学前儿童提出新的语言学习任务，而是更多地根据近阶段学前儿童语言学习的重点需求来考虑分析，让他们在简单可行的游戏活动中复习巩固已学的语言内容，增加适当的语言知识，获得基本的语言运用能力，这样才能真正做到让学前儿童"听得懂""说得出"，学有余力，学有所得。

三、听说活动语言教育目标的具体内容

要使针对学前儿童设计和开展的语言教育活动有章可循、确有成效，还需明确各项活动语言教育目标的具体内容。就听说活动的语言教育目标来说，其具体内容的确定可以从两个角度来进行，如图5-6所示。

图5-6　具体内容的确定

（一）学前儿童语言教育的终期总体目标

1. 能力技能目标

（1）倾听：能集中注意力、有礼貌、安静地倾听；能听懂普通话，分辨不同的声音和语调；能理解并执行他人的口头指令。

（2）表述：会说普通话，发音及语调清楚、准确；能运用恰当的语句和语调表述意见和回答问题；能用完整、连贯的语句描述图片和事件。

2. 情感态度目标

（1）倾听：喜欢听，并感兴趣、有礼貌地倾听他人对自己说话。

（2）表述：喜欢和他人交谈，在适宜的场合积极、主动、有礼貌地与人交谈。

（二）学前儿童语言教育的年龄阶段目标

1. 倾听

（1）小班（3～4岁）：乐意倾听他人说话；能听懂普通话；听他人说话时，能保持安静，不打断他人说话。

（2）中班（4～5岁）：能有礼貌地、集中注意力地倾听他人说话；能区分普通话和方言的发音；能理解多重指令。

（3）大班（5～6岁）：无论是在集体场合还是在个别交谈时，均能认真、耐心地倾听他人的谈话；能辨别普通话声调、语调和语气的不同变化；能理解并执行复杂的多重指令。

2. 表述

（1）小班（3～4岁）：愿意学说普通话，喜欢与他人交谈；知道在集体面前要大声发言，在个别交谈时音量要适当；会用简单的语句回答问题，表达自己的愿望、感情与需要等，能讲述图片和自己感兴趣的事。

（2）中班（4～5岁）：能积极学说普通话，发音清楚，积极且有礼貌地参与交谈，不随便打断他人的谈话；说话声音的音量和语速适当；能用完整句较连贯地讲述个人经历及图片内容；能大胆、清楚地表达自己的请求、愿望、情感和需要等。

（3）大班（5～6岁）：坚持说普通话，发音清楚、准确，能主动、热情、有礼貌地用正确的交流方式与人交谈；在不同的场合，会用恰当的音量、语速说话；能连贯地讲述事件及对图片和物品的认识；能主动、大胆地使用适当的词、句、语段来表达，乐于参加讨论和辩论，敢于发表不同的意见。

第三节　听说活动的设计与组织

引导案例

　　萧萧老师组织了一堂听说游戏活动——"可爱的小动物"，目的是教会幼儿正确地发出各种动物的叫声，并用简短的句子进行表达。首先，萧萧老师给小朋友们讲了一个小故事，创设出一个活动情境：森林里来了一个大魔王，它想把所有的小动物都抓起来。小动物们只有进入山洞才能保证安全，但在进入山洞前要说对口令，否则只能被大魔王吃掉。口令就是将自己设定成一个小动物，并正确地模拟出小动物发出的声音，如"我是小羊，小羊咩咩叫，进入山洞快快逃""我是小牛，小牛哞哞叫，进入山洞快快逃"……每个进入山洞的小动物不能重复他人的话。

　　萧萧老师讲述完活动规则后，让一个小朋友扮演大魔王，自己扮演森林的领导者。在游戏活动中，萧萧老师作为森林的领导者，会对发不出或发不对声音的"小动物"进行适当的提醒，以保证所有小动物的安全。

　　教师在掌握听说活动的概念、特点、目标、结构等基本理论后，要掌握听说活动的实施方法。在教学过程中，教师应以科学合理的设计和操作对学前儿童进行听说能力的培养，遵循听说活动设计与组织的规律。只有按照正确的步骤来进行，才能保证教育目标的实现。

一、创设活动情境，引发学习兴趣

　　引起学前儿童对活动的兴趣，调动学前儿童的情绪，这是活动开展的必要入手点。教师需要首先在教学计划中创设适合的游戏情境，为活动能吸引学前儿童的注意力做好准备。情境的设置不能是单一空洞的，在实际教学中可以借助下述几种有效的媒介来引入活动。

（一）实物

　　可使用一些与听说活动有关的物品，如用学前儿童喜欢的玩具、熟悉的日用品等来布置活动环境，制造轻松的氛围，引发其参与的兴趣。不过要注意物品的安全性，以避免学前儿童受到伤害。

（二）动作

　　教师灵活而多变的手势动作能使自己的表情达意更为直观、形象，易于学前儿童理解活动要求，增加活动的乐趣，可以作为必要的辅助表达形式经常性地运用。

（三）语言

教师的教学语言（也称课堂用语）是表达最基本的手段，它需要具有利于学前儿童理解、引发其积极参与的感染力。这类语言的特点可以简单地描述为深入浅出、语义简洁、生动风趣、可爱、活泼等，能给学前儿童带来亲切、好奇、激动、快乐等丰富的感受。

二、制定活动规则，说明操作方法

让学前儿童掌握活动规则是顺利开展活动、达到教学目标的关键。要使刚处于语言学习初级阶段的学前儿童听懂规则要求，需要通过以"语言表述为主、肢体动作辅助"的方式来实现。为了使规则表达得清楚、明白，教师在讲解中要注意以下几点。

（一）语言简洁、生动

教师使用的课堂教学用语要具有简洁性和生动性，尽量多使用简短的句子甚至省略句，少用较为书面、专业或超过学前儿童接受范围的复杂词汇。课堂教学用语应注重生动、风趣，避免学前儿童因理解困难而产生畏惧、厌倦等心理，缺乏参与活动的兴趣和动力。

（二）活动步骤清楚

学前儿童的活动再简单，也要按照一定的步骤循序渐进地完成。每一步需要说什么、听什么、怎么说、怎么听，教师应耐心说明、分步演示，让学前儿童了解活动的进程，使活动有条不紊地顺利进行。

（三）把握语速和音量

在说明活动规则时，教师应使用较慢的语速进行讲解，特别是规则的重点环节。不可急于求成、自说自话、滔滔不绝，忽视了学前儿童的反应速度，对学前儿童的听力估计过高。较为复杂的地方，教师还要在放慢语速的同时提高声调和音量表示强调，以便学前儿童加深印象。

（四）多种方式辅助

教师引入听说活动的语言表述需要借助多种媒介来实现，在说明活动规则、示范操作方法时，可以借助实物展示、表情暗示、动作提示等其他多种辅助手段，以取得更好的语言表达效果，增强语言说明的感染力，促进学前儿童对规则语义的理解。

三、指导学前儿童活动，熟悉活动要求

由于学前儿童处于启蒙教育初期阶段，教师在听说活动的开端部分要承担起指导、示范的重要任务。

在这个阶段，教师要详细、耐心地说明活动规则，亲身示范活动的每个步骤的具体做法，还要邀请少数学前儿童尝试参加合作演示，使其他学前儿童有观察和熟悉的机会，做好顺利开展活动的充分准备。

四、学前儿童自主活动，教师观察监督

在自主活动阶段，教师应充当旁观者和监督者的角色，让学前儿童投入其中，同时也要做好以下三项工作，如图5-7所示。

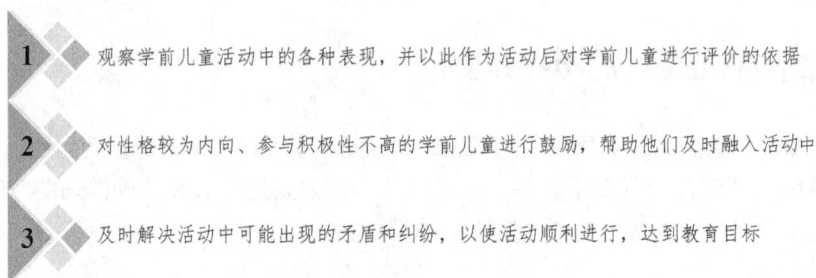

1 观察学前儿童活动中的各种表现，并以此作为活动后对学前儿童进行评价的依据

2 对性格较为内向、参与积极性不高的学前儿童进行鼓励，帮助他们及时融入活动中

3 及时解决活动中可能出现的矛盾和纠纷，以使活动顺利进行，达到教育目标

图5-7 自主活动中教师的任务

思考与实训

一、思考题

（一）名词解释

1. 语音练习活动
2. 意识性倾听
3. 目标性倾听
4. 辨析性倾听
5. 理解性倾听

（二）简答题

1. 简述学前儿童听说活动的基本特征。
2. 简述学前儿童听说活动的主要类型。

（三）论述题

1. 阐述学前儿童听说活动的语言教育目标。
2. 在听说活动的设计与组织中，如何创设合适的活动情境？

二、案例分析

1. 游戏名称：击鼓传卡片（中班）。
2. 游戏目的：练习使用"有……有……还有……"的句式。

3. 游戏准备：若干张卡片（每张卡片上都画有3～4种幼儿熟悉的东西，如皮球、娃娃、积木、汽车、电车、卡车、自行车等），一个放卡片的布袋，一个鼓。

4. 游戏规则：全班幼儿坐成半圆或圆形，卡片放在布袋里，幼儿按鼓点的节奏依次递布袋，鼓声停止，布袋传到谁手里，谁就摸出一张卡片，讲出卡片上的内容，如"卡片上有皮球，有娃娃，还有积木"，说对了就把卡片贴在磁铁板上，请其来击鼓，重新开始游戏。

结合此案例，谈谈学前儿童句型练习活动的特点及句型练习对提高学前儿童语言能力的重要性。

三、拓展训练

1. 设计一个与语言教育相关的学前儿童听说活动。
2. 结合实例谈谈学前儿童听说活动的现实意义。

第六章

学前儿童阅读活动

【学习目标】

➢ 了解学前儿童阅读活动的特点与目标。

➢ 了解学前儿童阅读活动的内容与形式。

➢ 掌握学前儿童阅读的关键经验。

➢ 掌握阅读环境的创设和分享阅读

➢ 掌握学前儿童阅读活动的组织与设计方法。

阅读活动主要是为学前儿童提供阅读图书的经验，包括早期识字经验。从人类的生存和发展上讲，阅读是人一生中重要的学习能力，也是学前儿童学习的必要内容。学前儿童阅读活动是学前儿童从口头语言向书面语言过渡的前期阅读准备和前期书写准备，教师应以看、听、说的有机结合为主要手段，从兴趣入手，引发学前儿童热爱图书的情感，丰富学前儿童的阅读经验，提高学前儿童的阅读能力。

第一节　认识学前儿童阅读活动

引导案例

夏玲老师为了培养幼儿们的早期阅读能力，组织了"符号阅读"活动，要求幼儿们在日常生活中将衣服上的各种标志、标签、小卡片等收集到一起，并熟悉每个标志符号的具体意义。

课堂上，夏玲老师让每个幼儿将自己收集到的标志、标签、小卡片等展示出来与其他幼儿进行交流，通过交流大家都能"读出"哪些符号表示"干洗"，哪些符号表示"水洗"，哪些符号是"不能使用熨斗"，还能"读出"产品的生产日期、保质期，计算出产品的有效使用期等。

这次"符号阅读"活动为幼儿们提供了一种新的阅读方式，扩展了幼儿们的阅读资料，取得了良好的效果。其他班级的老师也开始模仿夏玲老师的做法，积极寻找生活中具体、形象的阅读材料来增加幼儿的阅读兴趣。

学前儿童阅读活动不是单纯的看书、识字活动，而是一种结构相对完整、体系相对独立，能促进学前儿童全面和谐发展的活动，是通过对文字、符号、标记、图片、影像等材料进行认读、理解和运用，对学前儿童施加的一种有目的、有组织、有计划的影响活动。对于学前儿童而言，早期阅读习惯和技能的培养对他们终身学习和阅读本领的增强具有特别重要的意义。通过阅读，不仅可以获得丰富的知识，还可以启迪智慧，活跃思维，诱发创造灵感。

一、学前儿童阅读活动的特点

（一）符号性与多维感知

符号是社会全体成员共同约定的用来表示特定意义的记号或标记。早期阅读活动中的符号是指丰富多彩的阅读素材。

多维感知是指利用感官获得的对多种因素影响下的物体有意义的印象，即通过视、听、触、嗅、味、第六感官等获得的对不同因素影响下的符号有意义的印象。

学前儿童阅读行为中的感知是一种特殊的"看"，特别是他们的"发现"与"辨别"层次的心理活动需要动用多种感官的加入。学前儿童阅读的方式是以视觉为主的阅读，同时动用多种感官并采用动手和动脑相结合的阅读方式，并逐步发展起多维感知。它强调对学前儿童观察能力、搜索和选择信息等能力的培养。

（二）理解性和情感体验

学前儿童阅读活动是一种伴随着特有的情感体验的理解活动。学前儿童阅读活动中的理解活动是多种多样的，其思维基础包括逆向思维、顺向思维、聚敛思维、发散思维等。因此，学前儿童阅读活动可以培养学前儿童以理解为核心的良好思维品质。

教育心理学的研究表明，阅读过程是智力因素和非智力因素共同参与的过程，阅读过程中伴有动机、兴趣、情感、意志等活动。学前儿童可以借助具有客观意义的阅读材料来了解他人的思想感情，也可以借助自己创作的阅读材料表达自己的兴趣与情感。

（三）活动性和创造实践

学前儿童阅读活动实际上是学前儿童与人、物、事之间的交际活动，这种交际的过程具有很强的活动性。同时，这种活动性还体现在通过阅读活动帮助和促使学前儿童感知、感受其周围世界。

我国学者朱作仁认为："阅读活动是从看到的言语向说出的言语的过渡。"因此，可以这样理解：学前儿童阅读行为的特性之一是不能停留于表面单纯的"看"，而要强调活动形式的多样性，以及活动过程中学前儿童的创造性与实践性。

二、学前儿童阅读活动的目标

苏霍姆林斯基认为："幼儿的智力发展取决于良好的阅读能力。"发展智力是当前各国教育改革的趋势之一，学前儿童阅读教育的主要目标之一是使学前儿童的智力得到发展，特别是帮助学前儿童初步认识书面语言和口头语言之间的对应关系。

早期阅读教育活动的目标之一是为以后高级的阅读活动做准备。因此，人们确定的早期阅读教育的总目标通常是从情感和态度上培养幼儿的阅读兴趣，从能力和技能上培养其阅读理解能力，并使学前儿童对口头语言和书面语言的对应与转换关系有所认识，使其懂得书面语言学习的重要性。

阅读教育的整体目标应是以阅读能力目标为核心的多项目标的综合，它可以有多种构成形式。本节主要从认知、情感、态度和技能四个方面来阐述早期阅读教育目标体系。

（一）早期阅读态度目标

浓厚的阅读兴趣、良好的阅读习惯和自觉的阅读态度是学前儿童阅读教育的重点培养目标。兴趣、习惯、态度在学前儿童阅读教育中属于非智力因素，却是影响学前儿童阅读教育成败的重要因素。

在早期培养学前儿童对书面语言的学习兴趣时，教师要着重帮助学前儿童获得下述两种基本的阅读态度，如图6-1所示。

图6-1　基本的阅读态度

在具体的培养过程中，应有较为具体的早期阅读目标。早期阅读态度目标举例如下。

（1）喜欢与父母一起阅读图书，感受阅读的乐趣。

（2）能专注地看图书，对图书中的文字符号感兴趣。

（3）能爱护图书，知道看一本书取一本书，看完后能将书放回原处。

（4）喜欢观察周围生活中各类事物、现象，对情境中的标识、文字符号感兴趣，并知道其表达一定的意义。

（5）喜欢跟诵韵律感强的儿歌和童谣，能够感受语言节奏的快乐和语言游戏的滑稽等。

（6）喜欢用自己的方式关注常用词的声母或韵母。

（7）愿意将听过的故事讲述出来。

（8）乐意将涂涂写写当成一种有趣的活动。

（9）能集中注意力看阅读材料。

（二）早期阅读技能目标

学前儿童阅读教育的最基本目标就是使学前儿童掌握阅读的方法，具备阅读能力。学前儿童阅读教育中应着重培养学前儿童观察事物和认识事物（生活）的能力。对学前儿童来说，从阅读中学习、观察是开发其智力的重要途径。

在学前儿童阅读教育中，应让学前儿童掌握的学习方法有很多，包括拿书、翻书、指读、浏览及查阅资料、使用工具书和阅读时的思考、分析、归纳、总结等。学前儿童的阅读能力正是在掌握阅读方法的基础上形成的。早期阅读技能目标举例如下。

（1）能一页一页地翻书，说出一本书的组成部分及其不同功能。

（2）能有顺序地观察图书，逐一指认书本上的物体。

（3）尝试"读出"熟悉的书面语言内容，能够辨认周围环境中的一些印刷文字。

（4）能仔细观察到画面细微的变化，描述出作品的主要内容，并对书中的角色做出一些评论。

（5）懂得不同形式的印刷品可以用来表现不同功能的书面语言信息。

（6）能讲述听过的故事、诗歌、散文，描述日常生活的情境，理解一些图案、文字、标志等符号的意义。

（7）能从封面图文了解该书的内容，通过目录较快地查找自己需要的内容、书页。

（三）早期阅读认知目标

这一目标是使学前儿童获得较丰富的语言知识、其他社会科学知识和自然科学知识，为提高学前儿童的语言水平和文化素养起到启蒙作用。

凡是有效的阅读教育，知识的传递必然贯穿于全过程。要让学前儿童学会阅读，培养其阅读能力和发展其智力，都离不开知识。在学前儿童阅读教育中，认知教学的目标应是有重点的，应强调与学前儿童的生活紧密结合的知识。

早期阅读认知目标举例如下。

（1）能够通过封面认识不同的图书。

（2）能够读出一些书的书名或作者的名字。

（3）聆听故事时，能够将故事里的人和事与自己的真实生活经验联系起来。

（4）能理解阅读材料的主题。

（5）能领会阅读材料的情节与简单寓意。

（6）熟悉一些不同的文体，听完一个故事后，能够正确地回答有关问题。

（7）能分辨书面语言和口语的不同表达方式。

（8）能够发现简单句的句式表达错误。

（9）能够根据故事的插图或部分情节预期故事的发展或结局。

（10）能够复述、扮演或表演完整或部分故事情节。

（四）早期阅读教育情感目标

在学前儿童阅读教育中，还有一个不容忽视的目标，即培养学前儿童高尚的道德情操，帮助学前儿童树立情感目标。图6-2所示为树立情感目标的主要原因。

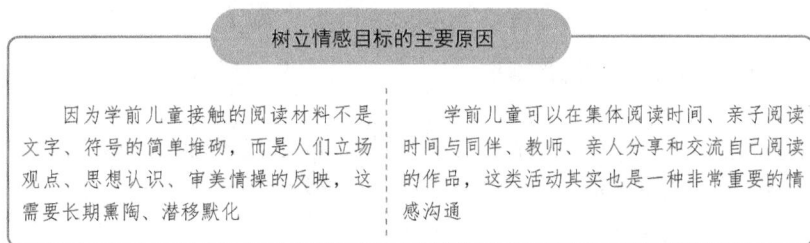

图6-2　树立情感目标的主要原因

树立情感目标举例如下。

（1）注意倾听教师给全班学前儿童念的故事。

（2）喜欢阅读浅显的童话（寓言、故事），向往童话中美好的情境。

（3）喜欢诵读儿歌（童谣、浅显的古诗），获得初步的情感体验，感受儿歌中语言的优美。

（4）能与同伴分享自己制作的阅读材料，从中获得成功的愉悦。

（5）能运用阅读知识主动与同伴交往。

（6）能用文字符号表现出自己所感知的生活经验、愿望。

（7）能想象阅读材料中没有表现的情节、对话与内心活动。

上述四类目标构成了学前儿童阅读教育的整体目标。这些目标之间是紧密相关、相辅相成的，它们都统一在学前儿童阅读教育活动的过程中，根据学前儿童发展需要和活动特点来整合。

三、学前儿童阅读活动的内容

当前早期阅读教育不仅局限于以阅读图书和识字为目的，也不仅局限于成人发起的阅读识字活动，还包括学前儿童发起的对周围的人、事、物的观察和阅读行为，学前儿童和成人共同发起、共同参与的多种类型的早期阅读活动。因此，早期阅读的内容应包括一切与书面语言学习有关的内容。早期阅读内容来源于以下方面，如图6-3所示。

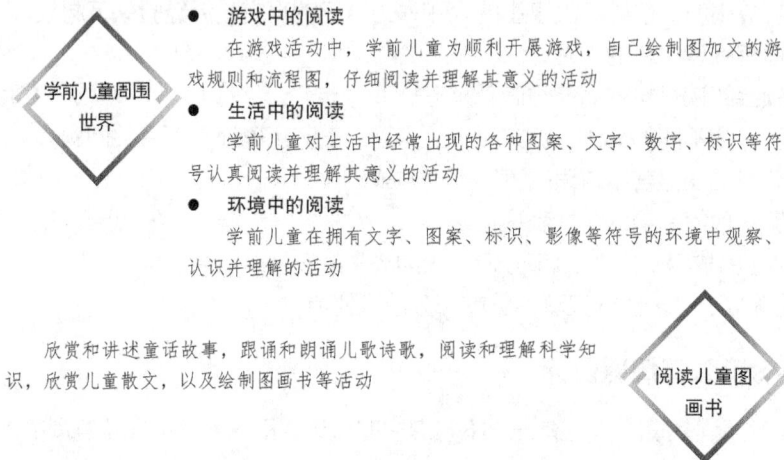

学前儿童周围世界

- **游戏中的阅读**
  在游戏活动中，学前儿童为顺利开展游戏，自己绘制图加文的游戏规则和流程图，仔细阅读并理解其意义的活动
- **生活中的阅读**
  学前儿童对生活中经常出现的各种图案、文字、数字、标识等符号认真阅读并理解其意义的活动
- **环境中的阅读**
  学前儿童在拥有文字、图案、标识、影像等符号的环境中观察、认识并理解的活动

欣赏和讲述童话故事，跟诵和朗诵儿歌诗歌，阅读和理解科学知识，欣赏儿童散文，以及绘制图画书等活动

阅读儿童图画书

图6-3　早期阅读内容来源

四、学前儿童阅读活动的形式

早期阅读教育活动有多种形式，教师在组织阅读活动时应根据学前儿童的具体情况选择合适的内容和形式。常见的阅读活动形式主要有三种，如图6-4所示。

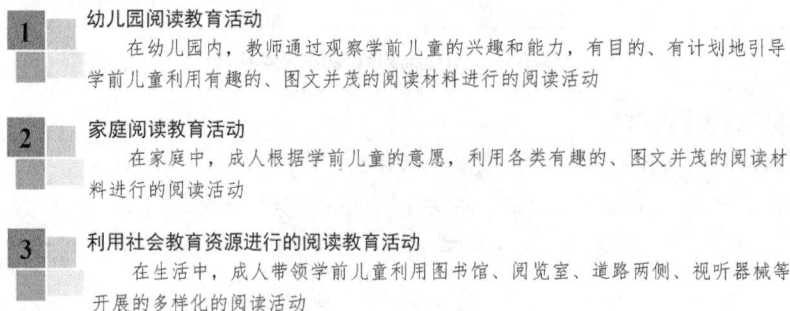

1 幼儿园阅读教育活动
在幼儿园内，教师通过观察学前儿童的兴趣和能力，有目的、有计划地引导学前儿童利用有趣的、图文并茂的阅读材料进行的阅读活动

2 家庭阅读教育活动
在家庭中，成人根据学前儿童的意愿，利用各类有趣的、图文并茂的阅读材料进行的阅读活动

3 利用社会教育资源进行的阅读教育活动
在生活中，成人带领学前儿童利用图书馆、阅览室、道路两侧、视听器械等开展的多样化的阅读活动

图6-4　常见的阅读活动形式

第二节　学前儿童早期阅读的关键经验

引导案例

李雪老师专门为大班的幼儿们设计了一个识字游戏，她有意识地选择了一些常见的有意义的偏旁，如草字头、木字旁、三点水等，并将这些偏旁部首写在卡片上，贴到班级的

展示栏，然后让幼儿将他们从报纸、杂志、宣传单上找到的带这些偏旁部首的字剪下来并贴到相应的位置，以此来增加幼儿的识字兴趣，增加他们的阅读经验。

　　每天中午，李雪老师都会教幼儿认识这些字，并要求幼儿认真动脑，寻找文字的构成规律。例如，汉字中含"木"字旁的字大多与木有关，如"森林""松树"等；带有"氵"的字大都与水有关，如"江河""湖泊"等。幼儿们在李雪老师的带领下，逐渐掌握了这种内在规律，并学会了自己去探索认识一些常见的字。

　　早期阅读是学前儿童认知的一种重要形式，而早期阅读的关键经验对于学前儿童的发展来说是必不可少的，而且应是学前儿童主动获取且别人无法替代的。学前儿童认知的发展都是从主动获取一系列的阅读关键经验开始，并逐步走向更高的发展阶段。教师要帮助学前儿童积累早期阅读的关键经验，引导他们发现阅读的规律，为学前儿童创造经验积累的良好环境。

一、前图书阅读经验

　　前图书阅读经验主要有以下四种。

　　（1）翻阅图书的经验：学习并掌握一般的翻阅图书的方式和规则。

　　（2）读懂图书内容的经验：学会观察画面中人物的表情、动作、背景及串联起来的事件等。

　　（3）理解图书画面、文字与口语对应关系的经验：学会用口语讲述画面内容，或听教师用口语念出画面中的文字内容。

　　（4）图书创作的经验：知道书中的故事是作家和画家创作出来的，并尝试自己创作图书。

二、前识字经验

　　集中、快速、大量地识字是学前儿童进入小学阶段的任务，但在学前阶段帮助他们获得前识字经验十分必要。前识字经验主要包括以下内容。

　　（1）懂得文字有具体的意义，可以将文字念出来，可以将文字符号、口语符号与概念对应起来。

　　（2）理解文字的功能、作用的经验。

　　（3）了解文字是怎样产生的，文字是如何演变的。

　　（4）知道文字符号能够与其他符号互相转换。

　　（5）认识到世界上有各种各样的语言和文字，同样一句话可以用不同的语言和文字来表达。

　　（6）明白文字有一定的构成规律，掌握这些一般规则就可以更好、更快地识字。

三、前书写经验

　　前书写经验是为学前儿童进入小学后正式学习书写所做的准备工作。学前儿童着重积累有关汉语文字书写构成的经验，主要包括以下内容。

　　（1）认识汉语文字的独特书写风格，将汉字书写与其他文字的书写区别开来。

（2）知道汉字的基本间架结构。

（3）了解书写的基本规则，学习按照规则写字，尝试用有趣的方式练习基本笔画。

（4）知道书写汉语文字的主要工具，并尝试使用这些书写工具。

（5）学会用正确的书写姿势写字，包括坐姿、握笔姿势等。

第三节 创设良好的阅读环境

引导案例

这节课，刘洋老师要带领幼儿们认识"圆"，活动的主题是"圆圆的世界"。为了配合主题活动，激发幼儿的兴趣，刘洋老师对阅读教材进行了改编。教材中这部分内容的题目原本是《小猪逛商店》，刘洋老师将它改编成《圆圆找朋友》，把商店中的商品都改成了生活中常见的圆形物品，如足球、眼镜、葡萄、西瓜、红绿灯等。这样不仅让幼儿们掌握了有关"圆"的知识，贴合了活动主题，又保留了原阅读材料的趣味性，提高了幼儿的参与兴趣和理解力。

良好阅读环境的创设是学前儿童阅读教育课程的重要因素，它直接影响学前儿童阅读兴趣的提高、阅读习惯的形成和阅读能力的培养。阅读环境的创设一般包括图书的选择与投放、阅读环境的营造及阅读游戏材料的提供等。

一、图书的选择与投放

在选择儿童图书时，图书内容应更多地贴近学前儿童的生活经验，以图为主，文字较少，情节简单，主题突出，色彩明快。

在图书的选择上，教师还要考虑不同年龄班学前儿童的阅读水平，如图6-5所示。

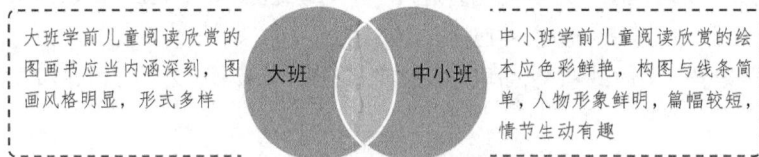

大班学前儿童阅读欣赏的图画书应当内涵深刻，图画风格明显，形式多样

大班 中小班

中小班学前儿童阅读欣赏的绘本应色彩鲜艳，构图与线条简单，人物形象鲜明，篇幅较短，情节生动有趣

图6-5 不同年龄班学前儿童的阅读水平

同时，教师要特别注意以下四点，如图6-6所示。

1 读本应以文学、图画书为主，知识性过强或以思想品德教育为重而忽视文学性、艺术性、趣味性的图画书不宜作为阅读教材

2 图书的选择与投放除了要考虑到学前儿童的兴趣外，还应符合学前儿童的阅读水平和生活经验

图6-6 图书的选择与投放

3　教师可以征求学前儿童的意见和建议，选择他们自己喜欢的读本，以激发其学习的热情和主动性，这样更有利于学前儿童理解

4　为了配合主题活动或为了满足学前儿童的某种兴趣，教师还可在一些经典读本的基础上根据学前儿童的年龄特征和教学目标对其进行改编，或自编自制图书

图6-6　图书的选择与投放（续）

二、营造阅读环境

学前儿童的阅读需要有一定的阅读环境。阅读环境即一种阅读氛围和阅读条件，它客观地存在于学前儿童生活的每一个空间，并以其独特的暗示、潜移默化、耳濡目染的方式，影响着生理和心理都正处于迅速发展中的学前儿童。虽然环境的影响不是强制的，但其具有的暗示与引导功能是难以抵抗的。

阅读环境分为显性的物质环境和隐性的心理环境，如图6-7所示。

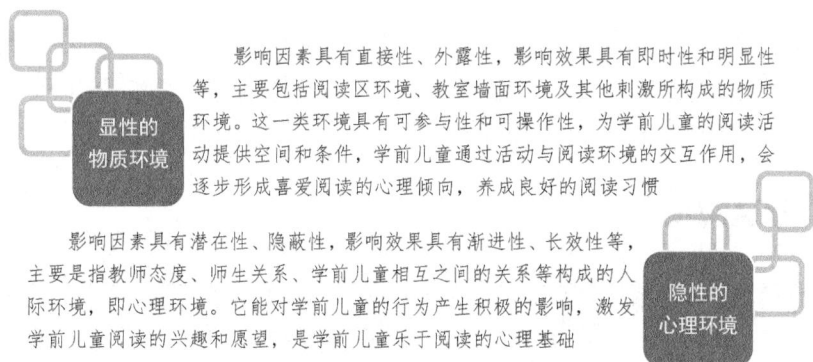

显性的物质环境　影响因素具有直接性、外露性，影响效果具有即时性和明显性等，主要包括阅读区环境、教室墙面环境及其他刺激所构成的物质环境。这一类环境具有可参与性和可操作性，为学前儿童的阅读活动提供空间和条件，学前儿童通过活动与阅读环境的交互作用，会逐步形成喜爱阅读的心理倾向，养成良好的阅读习惯

影响因素具有潜在性、隐蔽性，影响效果具有渐进性、长效性等，主要是指教师态度、师生关系、学前儿童相互之间的关系等构成的人际环境，即心理环境。它能对学前儿童的行为产生积极的影响，激发学前儿童阅读的兴趣和愿望，是学前儿童乐于阅读的心理基础　隐性的心理环境

图6-7　显性的物质环境和隐性的心理环境

教师创设阅读环境时应结合学前儿童的特点，考虑创设由舒适、安静、自由、安全、丰富的阅读区环境与有意义的文字刺激环境组成的显性物质环境，并考虑创设教师支持、充分互动、气氛愉快、和谐的隐性心理环境。

三、提供阅读游戏材料

配合学前儿童的阅读活动，教师应针对学前儿童在阅读中遇到的普遍问题或阅读困难设计一些阅读游戏。例如，学前儿童对各种动物图书较为感兴趣，往往能读出文中一些动物的名称，但离开图片后，学前儿童对文字的辨认力就较差。教师可以设计动物图片与文字的匹配游戏，可以看图找文字，也可以看字找图片，让学前儿童在对应匹配的过程中加深对辨认文字的敏感性。

引导案例

琪琪的"听故事"习惯从还在妈妈肚子里的时候就开始了。每天晚上是琪琪跟妈妈固定的"故事时间",这种习惯一直保持到现在。

琪琪妈妈深深体会到阅读是一种能给幼儿带来无限乐趣的娱乐活动,同时也是幼儿获取知识、开阔视野的学习方法,更是享受亲子关系最好的方式,于是不管多忙,妈妈都会挤出时间和女儿一起读书。

妈妈还为琪琪准备了一个书架,花花绿绿的图书布满了整个书架,琪琪特别喜欢看色彩鲜艳的书。每次琪琪和妈妈逛书店,琪琪都会被漂亮的封面和插图吸引,把书买下来后,迫不及待地想让妈妈陪她一起阅读。

琪琪现在五岁多了,已经从被动的听故事过渡到主动阅读,在不知不觉中,妈妈和琪琪都受益匪浅。

分享阅读是学前儿童早期阅读中的一种全新的方式和理念,它强调在活动中激发学前儿童的阅读兴趣。分享阅读不以学习为直接目的,是类似游戏的阅读活动,重要的是让学前儿童学会阅读,而不是在阅读中单纯地识字和学习。

一、认识分享阅读

在早期教育中,不少家长把教会学前儿童认字当作阅读成功的判定标准,使学前儿童渐渐失去阅读的兴趣。专家认为,早期教育的关键在于培养学前儿童的阅读兴趣,而不仅是比别的学前儿童多认得几个字。"先阅读、后识字"的分享阅读方法为家庭和幼儿园有效地开展学前儿童早期阅读教育提供了一个新的途径。

(一)分享使阅读成为一种乐趣

分享阅读是通过教师或父母与学前儿童的交互作用,使学前儿童获得阅读和写作能力的一种重要的教学方法,它是帮助学前儿童从依赖阅读走向独立阅读的桥梁。分享阅读可以激发学前儿童的阅读兴趣,提高其阅读技能,实现早期阅读与大量阅读。

分享阅读是指利用心理学家和教育学家根据学前儿童认知规律编写的分享阅读读本,配合特定的分享阅读教育方法和教育辅助材料,在家庭或幼儿园实施的早期阅读教育活动。分享阅读旨在以轻松、愉悦的方式培养学前儿童的阅读兴趣,提高学前儿童的阅读能力,让其在互助中享受阅读带来的快乐,在快乐中学习阅读,在阅读中逐渐成长。

(二)分享阅读的四个阶段

分享阅读主要是通过利用专门的阅读材料分四个阶段进行的,这四个阶段的具体教育内容如下。

(1)第一阶段的主要目标是引起阅读兴趣,重点在于培养学前儿童的阅读兴趣,帮助其养成良好的阅读习惯。

（2）第二阶段是阅读活动的展开，重点培养学前儿童的独立阅读能力。

（3）第三阶段是阅读分享活动，重点帮助学前儿童将图书内容与自己的生活经验相结合，提高学前儿童的记忆力，培养其表达能力。

（4）第四阶段是阅读拓展活动，重点促进学前儿童的全面发展，培养其创造力、想象力和自信心。

（三）分享阅读的价值

分享阅读对于学前儿童的价值体现在以下三个方面，如图6-8所示。

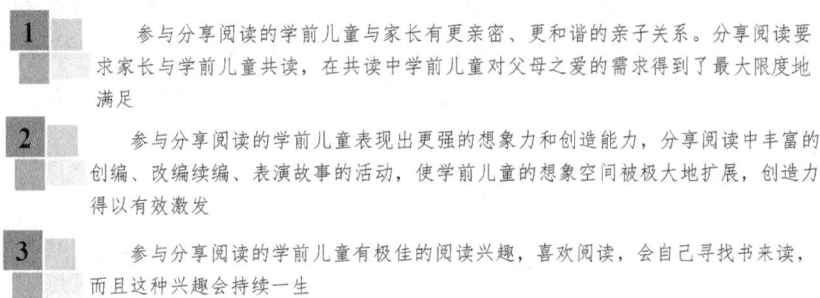

1 参与分享阅读的学前儿童与家长有更亲密、更和谐的亲子关系。分享阅读要求家长与学前儿童共读，在共读中学前儿童对父母之爱的需求得到了最大限度地满足

2 参与分享阅读的学前儿童表现出更强的想象力和创造能力，分享阅读中丰富的创编、改编续编、表演故事的活动，使学前儿童的想象空间被极大地扩展，创造力得以有效激发

3 参与分享阅读的学前儿童有极佳的阅读兴趣，喜欢阅读，会自己寻找书来读，而且这种兴趣会持续一生

图6-8　分享阅读对于学前儿童的价值体现

二、分享阅读对学前儿童的影响

阅读是一个多元、复杂的历程，学前儿童需要在阅读过程中寻找适合的途径，积累阅读经验，从而养成自主阅读的习惯。分享阅读是一种不以识字为明显目的，却能对学前儿童的成长带来长期巨大影响的理想阅读教育手段。学前儿童在分享阅读过程中感受到的是爱，而不是被逼迫、被评价的厌倦和压力。

幼年时期可塑性大，从小培养学前儿童良好的阅读习惯，对其一生都有重要的意义。

（一）使学前儿童在快乐中接受教育

分享阅读的书本基本都是彩色的绘本，颜色鲜艳，故事内容浅显易懂，学前儿童都非常喜欢阅读。在学前儿童阅读绘本时能主动地参与，并根据绘本图画运用自己的语言表达自己的想法和意愿，同伴之间也能进行友好的对话。阅读时轻松惬意，学前儿童之间也能愉快地交流沟通，理解故事的内容。

例如，在小班读本《饥饿的狐狸》中，需要学前儿童扮演狐狸、黄狗、小鸡、农夫等角色，学前儿童可以将整个读本演绎得惟妙惟肖，不需要教师过多的解说。分享阅读可以有多种教学手段，非常受学前儿童的喜爱。

（二）学前儿童和家长一起融入分享阅读的学习中，体验阅读的快乐

每学期都有几个绘本属于家庭读本，父母和学前儿童一起进行亲子阅读，在轻松愉快的气氛中，成人和学前儿童共同阅读一本书，其乐融融。分享阅读一方面可以增进父母与学前儿童的感情，另一方面还能培养家长和学前儿童良好的阅读习惯，大家共同进步。学前儿童的成长

是可喜的、潜移默化的，在亲子阅读的过程中，家长让学前儿童讲述自己对比书本上的学前儿童存在哪些不足和缺点，还可以和学前儿童一同感受改掉缺点的快乐。

（三）分享阅读是学前儿童的好老师、好朋友

分享阅读的绘本画面丰富多彩，内容浅显易懂，接近学前儿童的生活，它根据不同年龄段学前儿童的语言发展水平，以学前儿童生活为原型，图文并茂，易于学前儿童理解和掌握。学前儿童在分享阅读中能够体验到阅读的乐趣，掌握阅读的技巧，养成阅读的好习惯。

（四）分享阅读对学前儿童起到一书多用的作用

学前儿童在对绘本进行阅读时，对于一本书、一幅图，不同的学前儿童会有不同的想法和理解。每本书的图画故事都会带给学前儿童无限的想象空间。学前儿童通过观察第一页的图画可以预想出第二页的情节。分享阅读不仅能提高学前儿童的表达能力，还能拓展许多新知识。

例如，在《沙滩上》这个读本中，随着小男孩的脚步和视线不断变化，他看到的东西也在不断地变化。从海螺、小桶、城堡，到突然出现一双眼睛时，学前儿童变得很兴奋，他们争先恐后地预测这是谁的眼睛。对学前儿童来说，探索的过程总是充满惊喜的，学前儿童体验探索和发现的乐趣，引发好奇心，语言也得到了提升。

分享阅读利用图书、绘画和其他多种方式拓展和引发学前儿童对书籍、阅读和书写的兴趣，培养学前儿童的前阅读和前书写技能。

学前儿童在分享阅读过程中，感受到的是爱，是自主学习和游戏的过程，没有厌倦和压力；他们既能愉快地游戏，又能掌握新知识，不知不觉地学会了阅读，喜欢上阅读，这与《指南》中的发展目标和教育建议是一致的。分享阅读对学前儿童的影响是深远的、重要的。

三、幼儿园分享阅读的主要实施策略

（一）分享阅读的环境优化

环境对于学前儿童教育来说相当重要，因为通过视觉传达给学前儿童的信息在他们所处的阶段占有比较重要的位置。同样的道理，现阶段学前儿童教育涉及的很多部分都是依托比较直白、明确的视觉感受作用于教学对象来开展教育活动的，分享阅读想要产生预期的教育效果，应当从环境的优化入手，充分利用多种场景和道具来引起学前儿童的兴趣，并对其认知和系统学习产生积极引导。

一方面，幼儿园教师可以积极地为学前儿童争取活动室等类似的条件，尽量打造轻松温馨的氛围，从而帮助学前儿童放松紧张情绪，让他们忽略环境因素，与父母共享宝贵的阅读时光。

另一方面，有条件的幼儿园可以尽量减少单次分享阅读的人数。例如，分批开展分享阅读，启用小规模教学，利用场地划分等，让学前儿童与家长的相处尽量私密、安静，进而保证有效性，而不是单纯地注重规模忽视质量。

分享阅读本身就是一个具有特殊性的教学尝试，每组家长和学前儿童在进行中也会产生不同的问题，这与学前儿童、家长之间的沟通方式与相处方式有关。所以，幼儿园和教师需要

做的是尽量给予他们有效的时间和空间，减少一些有可能干扰分享阅读的因素，这样才能在环境和氛围上为其进行分享阅读形成第一层保护伞。

（二）家长与教师的有效引导

因为幼儿园的学前儿童年龄小，学习意识以自律能力较差，所以不管是教师还是家长，都应当在日常管理与教育中实现对学前儿童的有效引导，既不能纵容一些不良的行为和意识，也不能"一刀切"地对其进行全盘否定。

在阅读过程中，学前儿童肯定会对内容产生很多疑问，也会在阅读后向家长表达一些自己的想法和见解，这时家长需要细心地听取他们的问题与想法，做好甄别工作，及时且恰当地将素材中蕴含的道理及优良品质传达给学前儿童，并教导其在日后的学习和生活中做出正确的选择。这一阶段的学前儿童可塑性极强，很容易受到同伴、家长及陌生人的诱导，因此家长应当积极地利用分享阅读的机会帮助其分辨善恶，逐步树立正确的人生观与价值观。

在这一过程中，教师则应当对家长的表现给予关注。在一些家长出现敷衍学前儿童或呵斥打骂学前儿童的情况时，教师一定要及时地制止，并对学前儿童进行适当的安抚，防止其在日后的分享阅读及亲子活动中出现排斥和抵触情绪。

（三）对学前儿童自主社交的支持

因为分享阅读并不是某个学前儿童和家长的单独行为，所以教师可以引导学前儿童与其他同伴进行书籍的交换，或进行共同的阅读。同样，学前儿童的家长也可以达成合作，共同完成学前儿童的分享阅读。

有很多学前儿童是独生子女，回家之后很难有一起学习或玩耍的同伴，分享阅读则给学前儿童和家长提供了一次难得的交流机会。教师可以针对实际情况为学前儿童和家长组建合作小组，作为亲子活动中的一种实践形式。2～3个学前儿童之间的合作不仅能帮助他们学到更多的知识，还能为他们的学习增添乐趣。

学前儿童在分享阅读的过程中能够进行自主的社交，学会分享与奉献，家长的辅助和引导可以帮助其缓解羞涩与胆怯，同时能激发每个学前儿童的表达能力与欲望。因此，在分享阅读的大框架内，教师和家长也可以进行自主的创新与尝试，凡是有利于促进学前儿童学习与成长的因素，都可以引入到分享阅读的实践中。

分享阅读作为一个新型的幼儿园教学模式，还需要经过家长、学前儿童与教师的实践，才能得到检验与评定。在实践过程中，需要教师积极地发现问题，并及时地研究和尝试有效的解决方案。在此基础上，更加科学与更具可行性的分享阅读模式会逐渐成熟，并被全面地应用于幼教工作中。

第五节　学前儿童阅读活动的设计与组织

引导案例

国外经典图画书《母鸡萝丝去散步》讲述了母鸡萝丝散步及狐狸追逐猎物却屡屡失败的故事。赵琳老师根据该书精心组织了一次阅读活动。

在这次阅读活动中，赵琳老师先出示了一张"农场地图"，然后对幼儿们说："今天，老师给大家带来一个特别有趣的故事——《母鸡萝丝去散步》。这是萝丝生活的农场，你们看到了什么？"

幼儿们都被这张有各种小动物，又有院子、池塘、草堆等场景的地图吸引了，纷纷举手回答。赵琳老师趁着幼儿们兴致正高，一边讲述故事，一边用玩具母鸡在地图上演示萝丝散步时经过的地方，并运用语气、体态、手势等引导幼儿们注意动词。

"今天，母鸡萝丝又去散步了，到底会发生什么事情呢，大家快去书里找找吧！"赵琳老师说完后，幼儿们都翻开书津津有味地读起来。

读完后，赵琳老师引导幼儿们通过图片讲述故事，并以小组的形式讲述自己最喜欢的一个故事。最后，赵琳老师鼓励幼儿们动脑思考，为这个故事重新起一个名称，让幼儿们对这个故事了解得更加透彻。

早期阅读活动是有目的、有计划地发展学前儿童阅读能力，培养学前儿童具有良好的阅读习惯和阅读态度的活动。只有合理地组织与设计早期阅读活动，才能调动学前儿童的积极主动性，使其投入充满欢乐的阅读活动中。

一、阅读前准备性活动

学前儿童理解一本图书不是单靠一次活动就能完成的。当学前儿童对图书的情节不够熟悉时，他们就无法很好地回答教师提出的问题。这往往会导致教师在活动中将指导的重点放在帮助学前儿童理解画面的表面意思上，而忽视了让学前儿童结合某些画面的细微特征深入地理解画面之间、画面与整个故事之间的逻辑关系。当一个阅读活动中存在反反复复的提问和解说时，阅读活动也就失去了它的真正意义。所以，如果阅读的内容是学前儿童不熟悉的，教师有必要在阅读活动前一两周让其先阅读一下图书，为正式阅读活动的开展打好基础。

教师在指导这个阶段的活动时，应注意以下事项。

（1）阅读前的准备性活动只是为正式阅读做好铺垫，它并不能代替正式的阅读活动。因此，在这一阶段，只要学前儿童对阅读内容有一个大概了解即可，绝对不要让他们对图书的内容过于熟悉，否则在正式阅读时就会对图书失去兴趣，影响正式阅读活动的质量。

（2）在准备活动中，可以让学前儿童从头到尾翻看一两遍图书，或让他们边看边讲述图书的内容。教师指导的重点是学前儿童的阅读方法是否正确，阅读习惯是否良好，而对学前儿童阅读讲述的内容是否准确一般不应给予过多的评价，应让学前儿童充分地按照自己的理解将图书内容讲述出来。

（3）对学前儿童理解不正确的地方，教师可以给予提示，如"小兔正在招手，它为什么要招手呢？"提示完后，教师不要说出正确的答案，要给他们提供思考的机会，并将他们共同的无法理解的画面记录下来，作为正式活动时的重点、难点问题加以解决。通过这一环节，学前儿童拥有了重复思考同一问题的机会，教师也能准确地针对本班学前儿童的特点把握阅读内容的重点。

二、学前儿童自由阅读

学前儿童自由阅读是正式阅读活动的第一个阶段。阅读活动适合于个别化教学，所以每次阅读活动中的学前儿童人数不宜过多，一般是班级人数的一半以下，以便于教师对每个学前儿童进行个别指导。教师在简单地介绍完图书的名称及封面内容后，就要提供让学前儿童自由阅读的机会，使其重新回忆曾经看过的重要情节，在此基础上对同一内容加深理解。学前儿童可以小声地边翻阅图书边讲述，也可以在翻阅完后再讲述。这时的学前儿童主要是独自讲述，一般不与同伴发生语言交流。

与前一个阶段不同的是，这个阶段教师在指导时要用提问的方式引导学前儿童的思路，要向他们提出一些问题，使其能带着问题边思考边阅读。这些问题往往具有启发性，所以对学前儿童理解图书内容中的重点和难点有一定的帮助。

在教师巡回指导时，要注意观察每个学前儿童的表现。对阅读速度很快的学前儿童，要鼓励他们再仔细阅读图书中的细节部分，以了解故事内容的发展线索，更好地掌握故事情节；而对阅读速度较慢的学前儿童，则要予以重点观察，了解他们是在哪些画面、哪些环节上碰到了问题，哪些内容是他们不易理解与掌握的，从而为下一步的学习活动提供必要的依据。

三、师幼共同阅读

师幼共同阅读是阅读活动的一个重要步骤，可以分为以下三个阶段。

（一）师幼一起阅读

由于学前儿童对图书的主要情节和内容已经具有一定的熟悉度，所以教师可以用提问的方法与学前儿童一起阅读图书，了解和理解图书的大致内容。提问的问题不要太多，3～4个即可，但问题涵盖的画面要多，即学前儿童必须在理解1～2个画面的基础上才能回答这个问题，这样可以有效地将阅读图书与看图讲述区分开，避免反复观察一个画面的单调乏味的阅读方式，使活动的形式更活泼，活动的过程更流畅。

（二）围绕阅读重点开展活动

每个阅读活动都有其自身的重点、难点问题。对这些问题，教师要给予特别的关注。由于图书具有前后联系和连续性强的特点，如果一个重点或难点画面没有得到正确的理解，往往会影响学前儿童对整本图书主要内容的把握，小班和中班前期的学前儿童尤其会如此。因此，教师一定要在前面几个阶段观察与了解学前儿童实际困难的基础上，结合图书的主要难点对学前儿童进行必要的指导，使其能将图书的细节与内容相结合，从而深入地理解图书的主要内容，体验书中人物的内心感受。

（三）归纳图书内容

当学前儿童对图书的主要内容有了深入的理解后，教师要鼓励学前儿童将主要内容总结、归纳出来，并能体验书中人物的内心感受，从而巩固与消化所学的内容。

归纳图书内容可以有以下三种形式，如图6-9所示。

1　一句话归纳法
这种形式要求学前学前儿童用一句话将图书的主要内容总结出来

2　一段话归纳法
这种形式要求学前学前儿童用一段话将故事的主要内容讲述出来

3　图书命名法
这种形成要求学前儿童用简练的词或短句给图书起名，实际上是让学前儿童学习归纳图书内容的主题

图6-9　归纳图书内容的三种形式

以上三种归纳图书的形式和难度不同，适合于不同年龄阶段的学前儿童使用。

"一句话归纳法"和"图书命名法"要求学前儿童在理解图书内容的基础上，用简短的语句将图书主要内容准确地加以概括，而且归纳图书名称还要求学前儿童具有丰富的想象力和一定的创造性思维能力，因此对学前儿童的要求较高，一般适合中班后期以后的学前儿童使用。

"一段话归纳法"仅要求学前儿童将图书的主要内容讲述出来即可，相对而言难度不如前两种大，所以适合小班后期和中班前期的学前儿童使用。

师幼共同阅读是阅读活动中的重点环节，教师在指导时要把握好以下两个方面的问题。

第一，这个阶段提问使用的频率较高，需要教师谨慎地使用提问法，以免掉入一问一答的俗套中。这一阶段的主要目标是让学前儿童深入地理解图书的主要内容，所以教师必须调动学前儿童的多种感官，让他们通过听觉、视觉、动作、讨论和讲述等多种形式，多渠道地感受信息，以达到理解图书内容的目的。

第二，在这个阶段，教师在指导不同年龄的学前儿童进行阅读时，其侧重点应有所不同，如图6-10所示。

1　小班
能从前往后逐页地理解单页单幅画面的内容，并能用一段话归纳图书的主要内容

2　中班
知道图书下方页码的作用，能在一个问题的引导下理解 2~3 个单页单幅画面或一个单页多幅画面的主要内容，能为图书起名

3　大班
能在教师的帮助下，将一本情节复杂、内容丰富的图书按情节的发展分成几个部分，用一句话归纳图书内容，并预测图书情节的发展

图6-10　不同年龄学前儿童阅读的侧重点

四、学前儿童讲述阅读内容

这个阶段是学前儿童将理解的图书内容以口头语言的形式表达出来，它是学前儿童将图画符号转化为语言符号的阶段，因此也是阅读活动中不可缺少的一个环节。学前儿童可以在小组内自由讲述，可以在集体中讲述，也可以与同伴合作讲述。

在这个阶段中，教师在指导时应注意以下两点。

第一，学前儿童讲述的内容是他们经过思维的加工后所理解的图书的主要内容，所以只要他们基本上将图书的主要内容讲述出来即可，不必就每个画面进行反复认知，否则势必会降低学前儿童对阅读的兴趣。与此同时，教师还要鼓励学前儿童大胆想象，将与情节有关的人物、动作、对话和内心体验讲述出来。

第二，在讲述时要注意学前儿童的个别差异。当学前儿童在集体面前独自或与小组合作讲述时，教师一定要注意兼顾语言能力强弱不等的学前儿童实际情况，并进行有针对性的指导。教师可以让语言能力较弱的学前儿童选择较简单的阅读内容进行讲述，从而使这部分学前儿童也能从讲述中获取乐趣，提高自信。

思考与实训

一、思考题

（一）名词解释

1. 学前儿童阅读活动
2. 多维感知
3. 符号
4. 分享阅读
5. 阅读前准备性活动

（二）简答题

1. 简述学前儿童阅读活动的目标。
2. 简述学前儿童阅读活动的形式。
3. 简述分享阅读对学前儿童的影响。

（三）论述题

1. 阐述学前儿童早期阅读的关键经验。
2. 阐述如何创设良好的阅读环境。

二、案例分析

在进行主题活动"各行各业的人"时，幼儿把他们在生活中观察到的建筑工人、服装店老板、卖菜的农民、街边的小贩、环卫工人、警察等，用照片、图画等形式收集起来，注上文字说明，制作成图书"可爱的人"，或将有关自己父母的工作制作成读物"了不起的爸爸妈妈"，并标上作者姓名。

结合此案例，谈谈学前儿童阅读活动的特点。

三、拓展训练

1. 设计一个能丰富学前儿童前识字经验的教育活动，并说明设计理由和意图。
2. 找一个适合中班学前儿童学习的阅读材料，并设计阅读活动的组织流程。

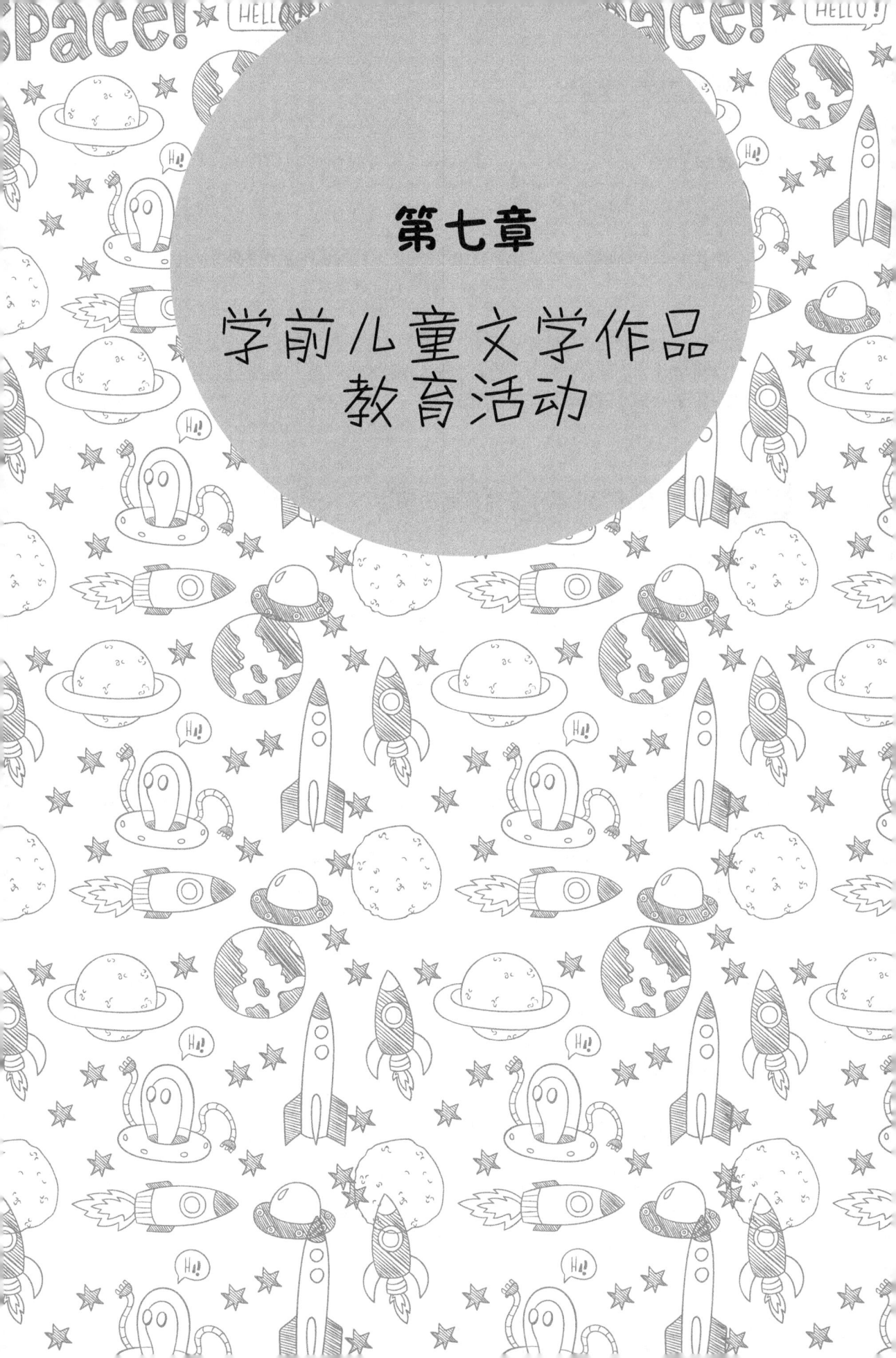

第七章

学前儿童文学作品教育活动

【学习目标】

➤ 了解学前儿童文学作品活动的特点。

➤ 了解学前儿童文学作品活动的目标。

➤ 掌握学前儿童儿歌、散文（诗）、故事学习活动的组织与教学策略。

➤ 掌握学前儿童绕口令、谜语教学活动的组织与教学策略。

以文学作品为教材而进行的教育活动，是学前儿童语言教育不可或缺的一部分。儿童文学作品包含着种类丰富的题材和内容，具有生动形象、情节有趣、笔法活泼的特点，能引起学前儿童浓厚的认知兴趣，激起学前儿童对世界的好奇心，是培养学前儿童观察世界、认识世界的好方法。

第一节	学前儿童文学作品教育活动概述

引导案例

陈老师给幼儿们讲了一个故事，名字叫"勇敢的小山羊"。小山羊嘟嘟体格强壮，但胆子很小。在一次比赛中，嘟嘟连一个狭窄的山谷都不敢跳。嘟嘟的妈妈很为嘟嘟的胆小担心。

有一次，嘟嘟在大树下等妈妈的时候，一只老虎向他扑了过来。嘟嘟选择了逃跑，跳过了一个又一个山谷。

当嘟嘟跑到最难跳的一个山谷时，他一下子就跳了过去。嘟嘟的妈妈惊呆了，激动地望着它，感到很骄傲。从此以后，嘟嘟再也不害怕跳山谷了。

陈老师一边声情并茂地讲述着故事，一边放映相应的图片，幼儿们听得特别投入，大家都为小山羊嘟嘟的成功跳跃山谷而感到开心。

结束后，幼儿们很受启发，纷纷说道："小山羊好勇敢啊，我也要像小山羊一样。"在下午的体育活动课中，大家因受到小山羊故事的鼓舞，都表现得特别勇敢和积极，连平时害怕玩滑梯的甜甜也勇敢地上去了。

0～6岁的学前儿童有自己的文学需求，生动有趣的文学作品对他们具有莫大的吸引力，所以儿童文学作品在学前儿童语言教育中也极为重要。用寓言、动物故事等巧妙组织起来的文学作品可以培养学前儿童美好的情感、心灵及健全的人格，使他们通过文学作品感受到生活中的真、善、美，满足学前儿童发展的多种需要。

一、学前儿童文学作品的内涵与类别

学前儿童文学作品是指与0～6岁的学前儿童心理发展水平、接受能力和阅读能力相适应的各类文学作品的总称，包括童话、寓言、神话故事、儿童生活经验故事、儿童小说、成语故事、笑话、儿歌、儿童诗、儿童散文、绕口令、谜语、儿童科学文艺等多种文学体裁的作品。

二、学前儿童文学作品的特点

（一）教育性

学前儿童文学作品的教育性是指作品主题要有思想教育作用，应该具有健康向上的内容，能对学前儿童产生真、善、美的启迪，对其心理成长起到引导作用，利于促进学前儿童"德、智、体、美"全面发展。例如，童话故事中关于勇敢、正直、同情心、友情等内容非常有利于学前儿童道德观的形成。

（二）文学性

学前儿童文学作品是开启学前儿童心智的启蒙文学，它是用语言塑造文学形象的艺术。从艺术品的层面来说，它具有语言美、形象美、心灵美、意境美等特点。学前儿童文学作品丰富而生动的语言特色，新颖而巧妙的构思，奇特而又符合生活逻辑的想象，能让学前儿童充分感受到文学语言的魅力。

（三）浅易性

学前儿童的语言发展水平及思维水平有限，他们对文学作品的理解能力低，这就决定了学前儿童文学作品具有浅显易懂的特点。具体来说，学前儿童对词义的理解水平有限，他们常常不能准确地理解概括性较强或较为抽象的词汇，而比较容易理解一些形象、生动的反映事物具体特征的词汇。

（四）趣味性

0～6岁的学前儿童好动，喜变化，对新奇的事物具有莫大的好奇心，他们偏爱语言表达生动有趣、故事性强、情节起伏大、人物形象生动鲜明的作品，所以学前儿童文学作品中的主角常常是一些学前儿童喜爱的小动物，甚至是一些儿童化的成人；有意将故事情节化、环境场面夸张化的艺术处理也能为学前儿童提供极大的趣味性。

三、认识学前儿童文学作品教育活动

《纲要》在第二部分"教育内容与要求"中的语言部分明确指出对学前儿童文学作品活动的一些要求。例如，语言目标中指出"喜欢听故事、看图书"，内容与要求中指出教师要"引导幼儿接触优秀的儿童文学作品，使之感受语言的丰富和优美，并通过多种活动帮助幼儿加深对作品的体验和理解。"

学前儿童文学作品教育活动是以学前儿童文学作品为基本教育内容而设计与组织的一系列语言教育活动，它对学前儿童来说具有重要的意义。

（1）从一个具体的文学作品教学入手，围绕这个作品展开一系列相关的主题活动，帮助学前儿童走近作品，理解并体验作品生动、有趣的主题，学习丰富、形象的语言，感受艺术性结构语言的美及作品中人物的真善美。

（2）通过开展与作品主题一致的迁移经验活动和创造想象运用语言活动，让学前儿童走出作品，与现实生活结合，为学前儿童提供全面的语言学习机会，帮助其发展完整的语言。

（一）对0～3岁学前儿童文学作品教育活动的认识

1. 0～3岁学前儿童文学作品教育活动的目标

对于0～3岁学前儿童文学作品教育活动的目标，主要从两个不同的年龄阶段来阐述，如图7-1所示。

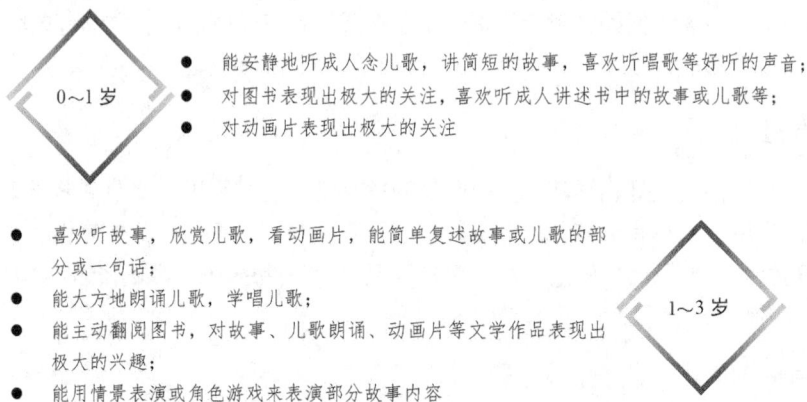

0～1岁
- 能安静地听成人念儿歌，讲简短的故事，喜欢听唱歌等好听的声音；
- 对图书表现出极大的关注，喜欢听成人讲述书中的故事或儿歌等；
- 对动画片表现出极大的关注

- 喜欢听故事，欣赏儿歌，看动画片，能简单复述故事或儿歌的部分或一句话；
- 能大方地朗诵儿歌，学唱儿歌；
- 能主动翻阅图书，对故事、儿歌朗诵、动画片等文学作品表现出极大的兴趣；
- 能用情景表演或角色游戏来表演部分故事内容

1～3岁

图7-1　0～3岁学前儿童文学作品教育活动的目标

2. 0～3岁学前儿童文学作品教育活动的特点

文学作品教育活动是促进学前儿童语言发展的重要手段，它可以让学前儿童学习书面语言，感受文学作品，丰富词汇，提高学前儿童的语言理解能力和感受能力，同时还可以提高学前儿童对语言艺术的兴趣和敏感性，促进学前儿童艺术思维和想象力的早期激发。

鉴于学前儿童语言发展水平和语言教育的规律等因素，学前儿童文学作品教育活动的开展具有随机性、日常性、反复性等特点，教师和家长应通过多渠道、多角度地开展多种形式的文学作品教育活动，充分调动学前儿童的视觉、听觉等参与文学作品的感受活动，让其重点感知体验文学作品。教师和家长应多为学前儿童提供复述文学作品的机会，并创设一个良好的听说语言环境。具体来说，可以开展以下活动。

（1）多开展"平行"的亲子阅读，培养学前儿童对书面语言的浓厚兴趣。教师或家长应给学前儿童提供拥有各类书籍的环境，例如，经常带学前儿童去图书馆，或给其布置一个小书房或图书角，让其可以随时翻看各种有趣的图书，初步感受文学作品的魅力；教师或家长可以让学前儿童坐在自己的膝盖上，与其进行"平行式"阅读，让学前儿童自由接近阅读内容，即教师或家长和学前儿童共同看着画面，一起阅读；也可以让学前儿童"点读"，训练学前儿童的手眼协调能力和注意力。

（2）初步养成倾听文学作品的良好习惯。教师或家长可以在学前儿童睡觉前为其朗读文学作品，也可以让他们听专家讲经典故事、儿歌或童谣。通过语言专家的精彩演绎，每个作品都具有了精彩的情节、优美的意境，使学前儿童听起来兴趣盎然。对学前儿童进行规范语言的启蒙，能够充分调动其想象力和对文学作品的热爱，培养其集中注意力的能力。

讲述自编故事或儿歌。教师或家长可以抓住学前儿童的片段时间为其讲述一些故事，也可以以学前儿童为主角进行编排，抓住学前儿童的心。一些有语言优势的学前儿童，教师或家长还可以让其随意编构故事给自己听，同时及时给予鼓励，以充分调动学前儿童大胆表述的积极性。

（3）通过各种途径让学前儿童感受文学作品，如多观看儿童美术片或动画片。教师或家长应为学前儿童选择一些轻松活泼、画面优美、生动有趣的儿童美术片或动画片，可以陪其一起看。看完片段后，可以与学前儿童一起回忆、讨论动画片的具体内容、人物或情节，从而培养学前儿童对动态艺术的观察和理解能力。还可以让学前儿童模仿"电视语言"，如对白、旁白、广告语等。需要注意的是，学前儿童每次看电视的时间不要超过15分钟，否则会对其视力造成一定程度的损伤。

（4）多种方式重复感受文学作品，多种途径帮助学前儿童理解作品内容。由于学前儿童语言水平处于初级阶段，对作品的记忆和理解能力有限，所以学前儿童对文学作品的学习主要是感受和体验。教师或家长可以让学前儿童通过多种途径重复感知同一个作品，也可以让其参与复述作品的活动。复述是学前儿童学习、重复和模仿文学作品的表述语言，是再现文学作品的一种有效手段。

（二）对3～6岁学前儿童文学作品教育活动的认识

随着《指南》的制定和颁布，了解3～6岁学前儿童语言学习与发展的基本规律和特点，建立对学前儿童发展的合理期望，成为教师必须明确的事情。《指南》在学习与发展目标部分分别对3～4岁、4～5岁、5～6岁三个年龄段末期的学前儿童应该知道什么、能做什么、大致可以达到什么发展水平等提出了合理的期望，特别是语言部分"阅读和书写部分的目标1：喜欢听故事，看图书"，对3～6岁学前儿童的阅读和书写能力提出了一定的要求，具体内容如图7-2所示。

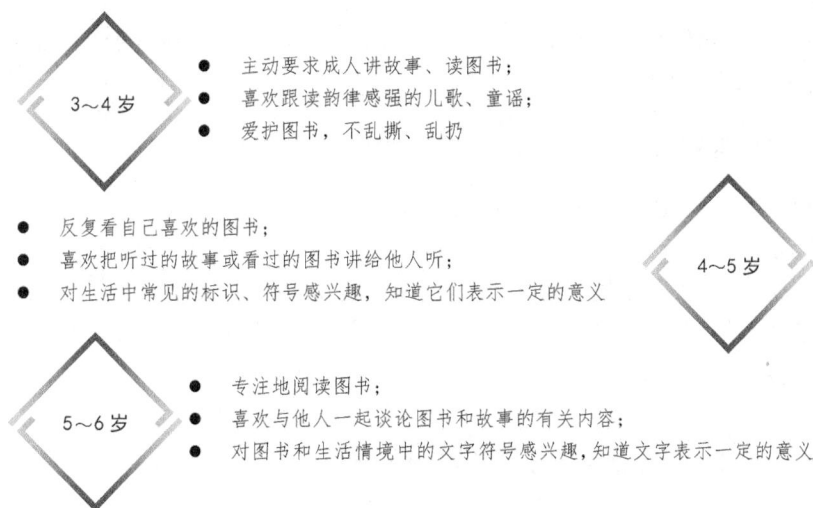

3～4岁
- 主动要求成人讲故事、读图书；
- 喜欢跟读韵律感强的儿歌、童谣；
- 爱护图书，不乱撕、乱扔

- 反复看自己喜欢的图书；
- 喜欢把听过的故事或看过的图书讲给他人听；
- 对生活中常见的标识、符号感兴趣，知道它们表示一定的意义

4～5岁

5～6岁
- 专注地阅读图书；
- 喜欢与他人一起谈论图书和故事的有关内容；
- 对图书和生活情境中的文字符号感兴趣，知道文字表示一定的意义

图7-2 3～6岁学前儿童阅读和书写能力要求

四、学前儿童文学作品教育活动的目标

学前儿童文学作品教育活动是通过欣赏文学作品来学习语言的语言教育活动类型。在文学作品教育活动中，对学前儿童有以下基本要求，如图7-3所示。

1	要求学前儿童积极参加文学作品活动，乐意欣赏文学作品，知道文学作品有童话、诗歌和散文等体裁，帮助学前儿童感受文学作品的语言美，培养他们对艺术语言的敏感性
2	要求学前儿童理解文学作品内容，掌握相关的社会认知，学会用语言或非语言的表现方式表达自己对某个文学作品的理解
3	结合文学作品提供的语言信息，进行创造性想象，并学会用自己的语言表达经验和想象，尝试构造艺术性的语言

图7-3　文学作品教育活动的基本要求

根据上述要求，学前儿童文学作品教育活动的目标具体表现在以下方面。

（一）文学作品的认知目标

（1）丰富文学作品相关的社会知识，初步学会一些简单的为人处世的道理。

（2）知道文学作品有童话、诗歌、散文等体裁，了解语言的丰富性和多样性，对书面语言有初步的认知，懂得文学作品中运用的是规范且成熟的语言。

（3）理解文学作品内容，学会标准发音，积极扩展词汇，了解各种语言句式的表达，明白书面语言和口头语言的对应关系。

（二）文学作品的情感态度目标

（1）对书面语言有浓厚的兴趣，喜欢文学作品，积极参加文学作品的学习活动，乐意聆听和阅读文学作品。

（2）使学前儿童体验文学作品中人物的真善美，感受文学作品的情感脉络和语言美，发展学前儿童的艺术想象力和审美能力。

（三）文学作品的技能目标

（1）学会倾听和表达，提高语言的感受能力。

（2）会说、说好普通话。

（3）感知文学作品艺术性建构语言的表现特点，能创造性地运用语言，扩展个人经验和想象，尝试艺术性结构语言，能用动作、语言、美术、音乐等不同表现方式积极、主动地表达个人对文学作品的理解。

五、学前儿童文学作品教育活动的特点

（一）学前儿童文学作品教育活动是围绕文学作品开展的一个系列活动

1. 围绕文学作品教学开展活动

学前儿童文学作品的学习必须从文学作品教学入手，围绕作品教学来开展活动。与其他语言教育活动相比，在文学作品学习活动中学前儿童感受到的活动内容具有形象生动、信息量丰富的特点。

2．整合相关内容，开展一个主题、多种形式的系列活动

学前儿童文学作品活动从文学作品教学出发，常常整合其相关领域的内容，开展多种形式的系列活动，使学前儿童有更多的机会认识作品中表现的社会生活内容，有助于学前儿童的感知与理解，这是学前儿童文学活动的一个基本特征。

（二）学前儿童文学作品教育活动发展的是学前儿童的完整语言

完整语言是指听、说、读、写四种语言能力的协调发展。学前儿童文学作品教育活动可以发展学前儿童完整语言，具体表现在以下方面。

（1）发展学前儿童的语言倾听和理解能力。

（2）丰富学前儿童语言词汇，规范学前儿童口头语言的表达，提高学前儿童日常交往的语言水平。

（3）培养学前儿童对书面语言的浓厚兴趣，提高学前儿童对艺术性结构语言的敏感性，并使其能用自己特有的书写方式表达对作品的理解。

（4）使学前儿童会听、会说普通话，学会创造性想象和表达语言。

（三）学前儿童文学作品教育活动整合，渗透到其他教育活动中

在儿童语言发展过程中，学前儿童的每一个新词、每一种句式的习得都是整个学习系统的调整、吸收与发展的结果。

学前儿童语言教育应与其他方面的教育密切结合，内容上可以与社会、健康、艺术、科学等领域整合，将学前儿童语言教育渗透到生活和游戏活动中，即与其他领域的教学活动整合，与生活环节有机结合。

第二节　儿歌学习活动

引导案例

关欣是一名小班的幼儿教师，今天她为幼儿们选了一首儿歌《白鹅下河》。为了让幼儿们更好地理解儿歌，关老师准备了鹅的头饰和狐狸的头饰。

关老师先带着幼儿们有感情地朗读了一遍儿歌："东边一条河，西边一群鹅，鹅儿鹅儿唱着歌，一群狐狸跑过来，鹅儿飞快跳下河。"然后请幼儿们分别装扮成鹅和狐狸，一边念儿歌，一边进行表演。

念前三句时，带鹅头饰的幼儿在"河"周围边走边念儿歌，念到"一群狐狸跑过来"时，"狐狸"从凳子上站起来，"鹅"跳下河，"狐狸"再去抓"鹅"。就这样，幼儿们在关老师的带领下轻松、愉快地学会了这首儿歌。

儿歌也称"童谣"，是学前儿童较早接触到的一种文学样式。儿歌音韵和谐，节奏鲜明，通俗易懂，篇幅短小，趣味性、娱乐性强。教师在教学前儿童学习儿歌时，应避免机械性、重复性地朗读，可以通过多种策略来激发学前儿童的学习兴趣，帮助他们更快速地学会儿歌。

一、儿歌的特点

通过仔细朗读和分析不同类型的儿歌，我们可以发现学前阶段学前儿童学习的儿歌往往具有以下特点。

（一）音韵和谐

儿歌在句子的结尾通常会采用押韵的方式，并且一句话中的平仄形成起伏变化，造就儿歌的音乐感。许多儿歌被谱曲，以被学前儿童传唱，如《小熊过桥》《数鸭子》《排排坐》等儿歌，不仅可以念，还可以唱。这种音韵和谐的儿歌往往易记易唱，深受学前儿童的喜欢。

（二）语词浅白

儿歌不仅易唱易记，而且容易理解，使用的词汇往往是口头语言，即使采用夸张、比喻等手法，在理解上也不会给学前儿童造成太大的难度。例如，在儿歌《小圆形》中，其中所有的词汇都是学前儿童生活经验范畴内的，如"太阳""气球""苹果"等。另外，这些词汇即使对于小班学前儿童来说，理解起来也没有难度。

（三）节奏明快

儿歌中的节奏是指儿歌在念唱过程中声调、语气的变化，节拍是衡量节奏的单位。在念唱儿歌中，正确地划分儿歌中的节拍，利用节拍传递和表现儿歌的情绪非常重要，尤其是在绕口令这种类型的儿歌中，不同的节拍能够体现出不同的效果。

（四）表现性强

儿歌内容形象生动，表现力强，学前儿童在学习儿歌的时候可以用动作来表现儿歌中的人物特征和动作。例如，在儿歌《小猫小猫你别叫》中，当出现小猫的声音"喵，喵，小猫叫"的时候，学前儿童可以用双手表演小猫伸爪子的样子。

二、儿歌的选材

在幼儿园中，我们会发现同样的主题往往会有不同的儿歌。在同样的主题下，如何为不同的学前儿童选择适宜的儿歌呢？因为不同年龄阶段学前儿童的认知能力不同，记忆水平和语言能力也各不相同，所以要从学前儿童的认知水平来选择儿歌，如图7-4所示。

1 小班
在小班教学中，主题要比较明确，儿歌内容比较简单，每句词量应在 3~5 个词比较适宜，而且词汇要浅显易懂，句子之间宜有统一的韵脚

2 中班
在中班教学中，儿歌内容逐渐丰富，儿歌句子中可以传递 1~2 个相关信息，每句词量可以在 4~6 个词，词汇逐渐书面化，韵脚可以逐渐有变化

3 大班
在大班教学中，儿歌的主题可以更为抽象，内容更加复杂，每句词量可以在 6~8 个词，词汇可以更加抽象化、书面化和文学化

图7-4　从学前儿童的认知水平来选择儿歌

三、儿歌学习的核心经验分析

将儿歌学习过程中需要获得的核心经验分析清楚，教学活动才会有明确的指向性。根据儿歌的特点，学前儿童在儿歌学习的过程中可以获得以下核心经验。

（一）词汇

词汇指所有词的总和，也指某一范围内所使用词的总和。词汇是构成句子的最小单位，分为实词和虚词两大类。在儿歌中，常用的词汇主要是实词，包括名词、动词、形容词、数词和量词等，如图7-5所示。

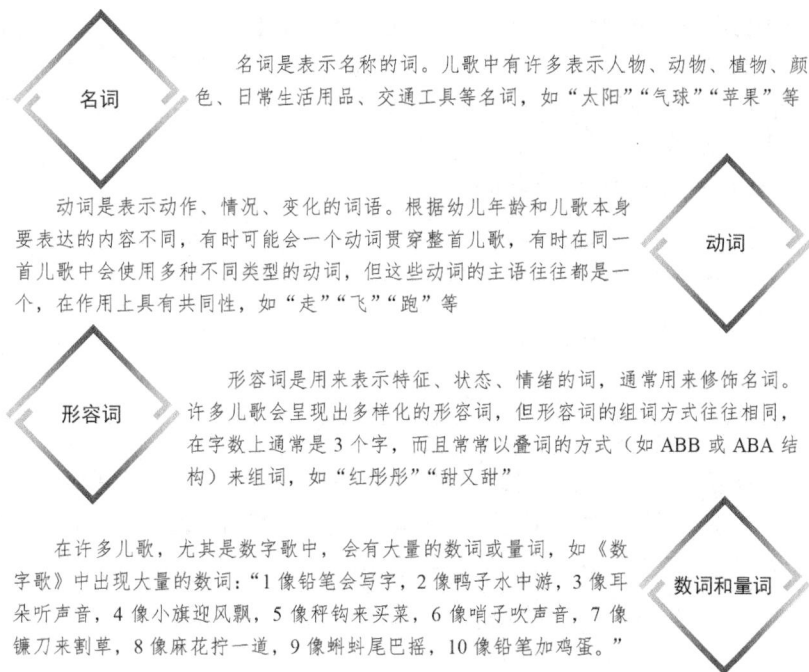

名词：名词是表示名称的词。儿歌中有许多表示人物、动物、植物、颜色、日常生活用品、交通工具等名词，如"太阳""气球""苹果"等

动词：动词是表示动作、情况、变化的词语。根据幼儿年龄和儿歌本身要表达的内容不同，有时可能会一个动词贯穿整首儿歌，有时在同一首儿歌中会使用多种不同类型的动词，但这些动词的主语往往都是一个，在作用上具有共同性，如"走""飞""跑"等

形容词：形容词是用来表示特征、状态、情绪的词，通常用来修饰名词。许多儿歌会呈现出多样化的形容词，但形容词的组词方式往往相同，在字数上通常是 3 个字，而且常常以叠词的方式（如 ABB 或 ABA 结构）来组词，如"红彤彤""甜又甜"

数词和量词：在许多儿歌，尤其是数字歌中，会有大量的数词或量词，如《数字歌》中出现大量的数词："1 像铅笔会写字，2 像鸭子水中游，3 像耳朵听声音，4 像小旗迎风飘，5 像秤钩来买菜，6 像哨子吹声音，7 像镰刀来割草，8 像麻花拧一道，9 像蝌蚪尾巴摇，10 像铅笔加鸡蛋。"

图7-5　儿歌中的常用词汇

（二）结构

结构是指表述、叙述或描述的模式。在一首儿歌的结构中，有整首儿歌的结构，也有儿歌中每节或每句的结构。将儿歌中的结构核心经验分析出来，不仅可以让学前儿童习得这样的结构，还可以通过图谱的方式帮助学前儿童更好地理解和记忆儿歌，并进行结构仿编。

（三）情节

情节是指事件发生的脉络，常常表现为事件的起因、经过和结果。有些儿歌的内容是一个故事，教师可以通过讲故事的方式把儿歌的内容生动、形象地讲给学前儿童听。对于有情节的儿歌，其分析方法是让学前儿童尝试用一句话把儿歌中的故事情节概括出来，并保证这句话中出现故事的主要元素。

（四）运用与表现

运用与表现的核心经验是指学前儿童在儿歌学习的过程中，通过再现儿歌中的人物、动作、表情、节奏等获得的经验。如何使学前儿童在儿歌学习的过程中将自己的生活经验或想象用儿歌的方式表现出来，并在生活中运用和表现学习过的儿歌，是使学前儿童获得这一核心经验的关键。

运用与表现的核心经验的获得主要体现在以下三个方面。

1. 在学习过程中再现儿歌中的要素

儿歌是生动、形象的文学形式，儿歌内容中包含许多人物、动作与表情，所以学前儿童在学习过程中，运用自己的动作、语言，并通过游戏的方式将儿歌中的人物特征、动作、情绪等表现出来，用符合儿歌节奏、节拍，甚至平仄的方式来朗诵儿歌，表现出儿歌的情绪基调，不仅可以帮助学前儿童理解儿歌，还能提高其对儿歌的运用与表现能力。

2. 将学前儿童的生活经验或想象用儿歌的方式表现出来

在学习儿歌的过程中，学前儿童可以将生活经验或想象用儿歌的方式表现出来。尤其是在"结构"这一核心经验突显的儿歌中，根据结构将学前儿童的生活经验或想象的内容仿编、续编出来，是学前儿童儿歌学习中的重要目标。

3. 在生活中运用和表现学习过的儿歌

当学前儿童学习儿歌后，在生活中愿意吟诵儿歌，在遇到与儿歌描述中相似的情形时，能够回忆起儿歌，并用儿歌中的词汇或句式表现其看到的情境或事件，这是学前儿童运用和表现儿歌的高级水平。

（五）韵律

韵律是指儿歌中的声韵和节律，具体指儿歌中的平仄格式和押韵规则。学前儿童在儿歌的学习中，要逐步感受到这些相同的韵脚，尤其是在"一字韵"中，要能够指出儿歌中的最后一个字都是一样的。这种对韵脚的意识是学前儿童文字意识发展的重要基础。除了押韵外，教师还要教学前儿童学会分析儿歌句子中的平仄变化。

（六）节奏

在儿歌中有规律地出现一定数量的音节，形成一定数量的节拍，念唱起来有短暂的停顿，这就形成了节奏。一般儿歌都会有符合自身内容和基调的节奏，但在绕口令中可以变换多种节奏。节奏越快，学前儿童在发音过程中越容易出错。通过调整节奏可以锻炼学前儿童的发音能力，同时能让其感受到绕口令的乐趣。

四、儿歌学习活动的组织与教学策略

教师要在儿歌学习活动中组织好活动环节，让学前儿童在生动、活泼的氛围中习得这些核心经验，确保学习活动的效率。具体来说，儿歌学习活动的组织通常有以下环节。

（一）激发学前儿童对儿歌学习的兴趣

兴趣是学前儿童学习的原动力，所以教师不仅要根据学前儿童的兴趣来选择相应的儿歌内容，还要在学习活动的首要环节中通过多种策略来激发学前儿童的学习兴趣。常见的策略有以下三种。

（1）提问策略：通过提问激发学前儿童已有的生活经验。

（2）主角导入策略：教师通过导入儿歌中的主角，吸引学前儿童的学习兴趣并有兴趣听主角的所见所闻。

（3）猜谜策略：教师用猜谜的方式让学前儿童猜测儿歌中的人物。

这个阶段主要起到让学前儿童迅速进入学习状态及激发学前儿童学习儿歌兴趣的作用。这个环节时间不宜太长，如果是提问策略，一般以1～2个问题为宜，在学前儿童充分表达后，让学前儿童迅速调整好状态并进入下一个环节。

（二）分句和分要素帮助学前儿童掌握儿歌内容

在这个环节中，教师往往会分为以下三步，如图7-6所示。

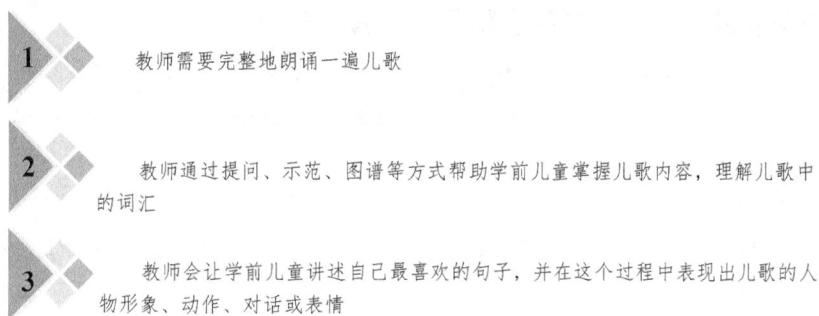

1 教师需要完整地朗诵一遍儿歌

2 教师通过提问、示范、图谱等方式帮助学前儿童掌握儿歌内容，理解儿歌中的词汇

3 教师会让学前儿童讲述自己最喜欢的句子，并在这个过程中表现出儿歌的人物形象、动作、对话或表情

图7-6　帮助学前儿童掌握儿歌内容的步骤

其中，提问、示范和图谱的具体含义如下。

1. 提问
了解学前儿童在儿歌中听到了什么并进行复述。

2. 示范
对学前儿童的回答用儿歌中的句子进行归纳，必要时进行示范。

3. 图谱
学前儿童在复述后，教师在归纳和整理的过程中使用图画、图示的方式帮助学前儿童观察、回忆儿歌中的内容。

在学前儿童理解和掌握儿歌内容的过程中，分句理解可以减轻学前儿童的学习负担，这个过程可以通过提问、图谱的方式来完成。学前儿童在理解的时候，往往不能记住全部，会遗漏儿歌句子中的部分要素，教师在这个环节要重点帮助学前儿童理解和掌握容易遗漏的儿歌内容。

分句和分要素理解的环节是儿歌理解活动中的重要环节。在这个环节中，教师要做到以下三点，如图7-7所示。

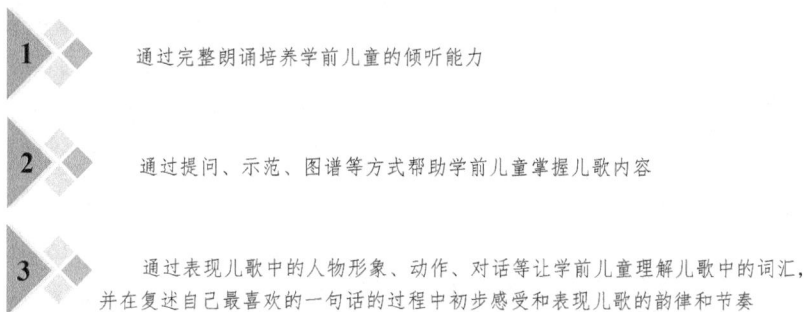

1 通过完整朗诵培养学前儿童的倾听能力

2 通过提问、示范、图谱等方式帮助学前儿童掌握儿歌内容

3 通过表现儿歌中的人物形象、动作、对话等让学前儿童理解儿歌中的词汇，并在复述自己最喜欢的一句话的过程中初步感受和表现儿歌的韵律和节奏

图7-7　分句和分要素理解环节中教师的任务

（三）引导学前儿童分析儿歌结构

教师在对儿歌的分析中，教师发现儿歌有促进学前儿童在"运用与表现"中"将自己生活经验或想象内容按照儿歌结构仿编"的学习机会，则在引导学前儿童仿编前应先引导学前儿童分析并了解儿歌的结构。

教师可以通过提问、出示图谱等方式帮助学前儿童了解儿歌的结构。常用的提问方式是"每一句都是先说什么，再说什么"，引导学前儿童分析儿歌的内容，在学前儿童回答的基础上概括儿歌的结构。教师要根据学前儿童的年龄特点，采用不同的策略，年龄越小的学前儿童，越需要直观的提示以及在充分表达后教师的归纳与指导。

（四）激发学前儿童想象，鼓励学前儿童仿编儿歌

在这个环节中，教师要充分鼓励学前儿童回忆生活经验，发挥自己的想象，然后根据生活经验和想象内容按照儿歌结构进行仿编。这个环节有两个关键要素，一是要有仿编的内容，二是要有仿编的表达。

在这个过程中，教师可以采用以下三个层次的教学策略。

（1）第一层次：教师出示仿编内容的图片或视频，让学前儿童看着内容说，教师用符合儿歌结构的方式进行总结。

（2）第二层次：教师按要素提问学前儿童"变什么？""怎么样？"，然后鼓励学前儿童用"像儿歌一样好听的句子说出来"，在学前儿童表达后，教师可以进行复述。

（3）第三层次：教师直接鼓励学前儿童按照结构进行仿编和表达，如"小圆形还会变什么，然后怎么样？"，教师要根据学前儿童的不同水平采用不同层次的策略。

在学前儿童已经初步学会按照结构进行仿编后，教师要鼓励学前儿童相互表达，或采用表演、比赛的方式鼓励学前儿童表达自己仿编的儿歌。

（五）在游戏或延伸活动中结束活动

儿歌的结构决定学前儿童在哪一环节完成学习，对于没有明显结构的儿歌，在第二个环节可以完成大部分核心经验的学习；对于有结构的儿歌，通过第三个环节和第四个环节可以完成结构的掌握和仿编核心经验的学习。

到了该环节，我们基本就要结束儿歌的学习活动。教师可以通过游戏或延伸活动来结束儿歌学习活动，主要有以下三种方式，如图7-8所示。

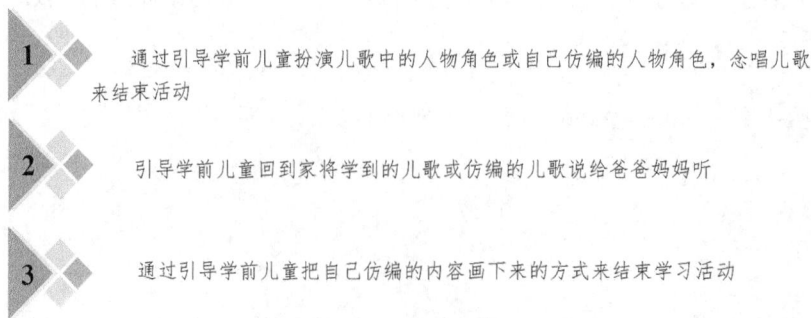

1　通过引导学前儿童扮演儿歌中的人物角色或自己仿编的人物角色，念唱儿歌来结束活动

2　引导学前儿童回到家将学到的儿歌或仿编的儿歌说给爸爸妈妈听

3　通过引导学前儿童把自己仿编的内容画下来的方式来结束学习活动

图7-8　结束活动方式

五、儿歌学习活动组织中应注意的问题

在幼儿园中，儿歌学习活动所占的比例并不高，所以一定要确保儿歌学习活动的质量，提高儿歌学习活动的有效性。除了要选择优秀的儿歌，分析儿歌学习中的核心经验，按照儿歌学习活动的组织环节开展活动外，还要避免幼儿园儿歌学习活动中存在的问题。

（一）切忌让学前儿童机械地复述儿歌

在儿歌学习活动中，有些教师常常会在总结归纳学前儿童回答有关儿歌内容的问题后，不自觉地说"小朋友跟我念……"；有些教师在让学前儿童学习了整首儿歌后，采用教师示范、学前儿童跟念、集体诵读等多种方式让学前儿童不断机械地复述儿歌。

在学前儿童儿歌学习的过程中，复述儿歌不应是学前儿童儿歌学习的目的，学前儿童能够复述儿歌是在获得该首儿歌的核心经验后的一个自然结果。如果忽视学前儿童对于词汇和结构的理解，情节的掌握，对作品中人物形象、动作、情绪和对话等的"运用与表现"，忽视学前儿童对儿歌韵律和节奏的感知，只是让学前儿童机械地复述，最终结果只会是让学前儿童被动地学、枯燥地念，这种复述有口无心，学习效果不佳。

因此，教师在组织和实施儿歌学习活动中，要避免让学前儿童机械、枯燥复述的教学行为。一般来说，在儿歌学习活动中，教师的完整朗诵不要超过4遍，学前儿童的诵读不要超过3遍，而且这些诵读都是指向儿歌学习的核心经验，要有具体的目的。

（二）分析和尊重学前儿童的学习过程

在组织儿歌学习活动的过程中，尤其是学习有结构的儿歌的过程中，教师往往会把目标指向学前儿童的仿编，将学前儿童的仿编作为教学的重点，结果要么在活动中学前儿童难以仿编出来，要么出现"拔苗助长"的现象，即使编出来也不是学前儿童自己仿编出来的，而是教师给予的。之所以出现这类问题，往往是教师未能分析和尊重学前儿童的学习过程而导致的。

儿歌学习和发展的核心经验之间有着不同的认知需求层次，即使是同一核心经验中的不同成分也有难易之分。因此，学前儿童儿歌核心经验的获得有着层次性，学前儿童需要在获得基础层次核心经验的基础上，才能学习和发展更高水平的核心经验。因此，没有对儿歌内容的理解，让学前儿童有感情或有节奏地朗诵儿歌，只会是"鹦鹉学舌"；没有对结构的了解，学前儿童的仿编只会是"天马行空"地诉说。

教师要在分析核心经验认知层次的基础上，合理安排不同核心经验之间的层次关系，并根据这种层次关系来组织儿歌学习活动。

（三）注重儿歌学习的多种表达

在儿歌学习的过程中，学前儿童对儿歌的理解和表现不仅可以采用口语的表达方式，还可以采用动作、表情、对话、诵读等多种表达方式。在儿歌学习的前后，学前儿童可以通过音乐、美术等活动进行表达。在日常生活中，儿歌学习还可以与社会交往、生活保育等方面的内容相结合。

因此，在儿歌学习的过程中，教师要注重儿歌学习的多种表达，既关注学前儿童在语言领域学习中的学习与表达，同时要关注其他领域中相关内容的表达与运用；既要关注儿歌学习中口头语言的表达，又要关注儿歌学习中通过动作、表情、对话、节奏等方式进行表达。

只有注重儿歌学习的多种表达方式，才能避免在儿歌学习活动中出现"教师一念到底、幼儿一说到底"的现象，才能调动学前儿童在儿歌学习过程中的积极性，并通过多种表达方式促进学前儿童更好地理解儿歌，掌握儿歌。

第三节　散文（诗）学习活动

引导案例

又到了幼儿们最喜欢的语文课，王老师今天为幼儿们选择了一首非常形象化的散文（诗）——《小雨点》进行学习。

"小雨点排着队，唱着歌，从天上跳下来。

跳到屋顶上，哎呀呀，小雨点把屋顶当成了滑梯；

跳到树叶上，哎呀呀，小雨点把树叶当成了滑梯；

跳到我的雨伞上，哎呀呀，小雨点把我的雨伞也当成了滑梯。

滑吧，滑吧，快乐的小雨点。"

王老师选的这篇散文（诗）意境优美，运用了排比的句式，句式紧凑，易于幼儿理解。在教学过程中，王老师还用录音真实再现了自然界中各种奇妙的雨声，并配以动画，红红的屋顶、绿油油的树在雨滴的冲刷下色彩愈加鲜明。

学前儿童的认知思维特点决定了形象化的语言会对学前儿童产生极大的魅力。学前儿童在倾听形象化的散文（诗）时，会获得一种满足的愉悦感，并逐步熟悉这样一种成熟的语言状态，逐渐了解运用这种形象化的语言产生的效果。教师在为学前儿童选择散文（诗）教学材料时，要紧紧抓住学前儿童的生理与心理特点，选择与学前儿童生活相近的、具有拟人化特点的素材，这样既能吸引学前儿童，又容易让其理解。

一、学前儿童散文（诗）的特点

优秀的学前儿童散文（诗）往往具有以下特点。

（一）生活化的内容

学前儿童的散文（诗）描写的内容应该是学前儿童在生活中能够听得到、看得见、摸得着的事物，是学前儿童感兴趣的内容。散文（诗）文学化的语言能将学前儿童的这些生活经验、所见所想系统地表达出来。

（二）重复性的结构

成人散文具有"形散而神不散"的特点，但在幼儿园中，学前儿童接触到的大部分散文（诗）会通过比较一致的结构将学前儿童的生活经验陈列出来，有的甚至在字数、韵律上都有诗歌的特点，从而成为真正的散文（诗）。因此，幼儿园教育中的散文（诗）往往具有重复性的结构。

（三）文学化的语言

学前儿童散文（诗）虽然描写的是学前儿童的生活经验，但并不是对学前儿童日常的谈话或与学前儿童相关生活经验的简单记录。学前儿童散文（诗）中使用的语言具有精练、准确、形象等特点，即学前儿童散文（诗）是学前儿童生活经验的文学化表现。在具体的语言表现形式上，学前儿童散文（诗）往往采用拟人、排比、对仗等修辞手法和形象化的语言词汇。

（四）丰富的想象

学前儿童散文（诗）通过形象化、文学化的语言来呈现学前儿童丰富的生活经验，从而在听者或读者的头脑中构建出散文（诗）所描写的时间或空间。同时，散文（诗）往往不会把学前儿童所有的生活经验或想象都描写完，而会在末尾为听者和读者留下一定的想象空间。

（五）优美的意境

意境是作者将思想感情融入语言的形象描写中所表现出来的一种情境交融、物我交融的艺术境界。文学作品的意境往往表现在三个方面：自然之美，真挚之情，万物之灵趣。学前儿童散文（诗）虽然内容不深奥，语言不华丽，但同样富有优美的意境。

概括起来，优秀的学前儿童散文（诗）要体现出四个"童"，如图7-9所示。

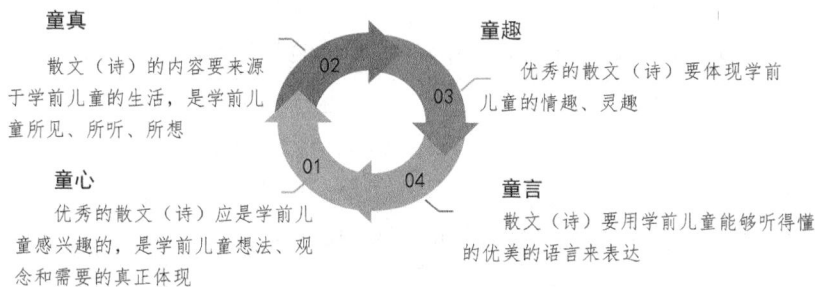

童真
散文（诗）的内容要来源于学前儿童的生活，是学前儿童所见、所听、所想

童趣
优秀的散文（诗）要体现学前儿童的情趣、灵趣

童心
优秀的散文（诗）应是学前儿童感兴趣的，是学前儿童想法、观念和需要的真正体现

童言
散文（诗）要用学前儿童能够听得懂的优美的语言来表达

图7-9 四个"童"

二、学前儿童散文（诗）的选材

在开展学前儿童散文（诗）教学过程中，教师需要选择适合的散文（诗）材料。在选材的过程中，有以下三个原则可供参考。

（一）根据单元主题进行选择

学前儿童散文（诗）教育活动属于单元主题课程中语言领域的教育内容之一，所以散文（诗）的教育活动不仅要帮助学前儿童获得有关散文（诗）学习的相关经验，同时要为整个单元主题内容的学习服务。因此，在选择散文（诗）时，首先要根据单元主题来进行选择。

（二）根据学前儿童的年龄阶段进行选择

在进行学前儿童散文（诗）的选材时，可以根据学前儿童的年龄阶段（即小班、中班和大班）进行选择。

小班学前儿童接触的散文（诗）在篇幅上比较短小，往往一个句子一个片段。小班学前儿童散文（诗）选材在结构上更加整齐、有规律；在语言上更加生动，重复性较多；在内容上直接与学前儿童的日常生活相关。

中班学前儿童接触的散文（诗）篇幅可以稍长。中班学前儿童散文（诗）选材在结构上更加灵活；在语言上逐渐增多抒情性的词汇，词汇更加多样化；在内容上可以涉及自然、人际、人与自然之间的关系。

大班学前儿童接触的散文（诗）在篇幅上更长，往往是由多个句子形成的一个片段。大班学前儿童散文（诗）选材在结构上更加松散；在语言上有更多的比喻、借代等表现形式；在内容上往往能激发学前儿童进一步的想象和评判性思考。

（三）根据学前儿童散文（诗）中学习与发展的核心经验进行选择

单元主题下的学前儿童散文（诗）学习不仅要为学前儿童掌握单元主题的相关内容服务，同时要促进学前儿童散文（诗）中学习与发展的核心经验，所以要选择能够给学前儿童提供较丰富的语言学习与发展核心经验的散文（诗）。

三、学前儿童散文（诗）学习活动的核心经验分析

一首优秀的学前儿童散文（诗）可以给学前儿童提供以下六个方面的语言学习与发展的核心经验。

（一）词汇

散文（诗）中的词汇通常包括实词和虚词。图7-10所示为实词与虚词的主要内容。

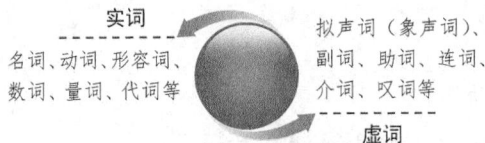

图7-10　实词与虚词

一首优秀的学前儿童散文（诗）能够给学前儿童提供多样化、丰富性、富有美感的词汇，从而帮助学前儿童在散文（诗）的学习中发展和丰富文学性的词语。一般来说，散文（诗）能够给学前儿童提供以下词汇的学习与发展的核心经验。

1. 名词

学前儿童散文（诗）的内容来源于学前儿童的生活，所以在散文（诗）中会出现许多学前儿童熟悉的名词，如表示动物、植物、颜色、日常生活用品、交通工具等名词。散文（诗）中名词的学习有助于丰富学前儿童的词汇量。

2. 动词

散文（诗）中对动词的学习一方面有助于丰富学前儿童的词汇量，另一方面有助于学前儿童更好地理解散文（诗）中的动作和情节。

3．形容词

散文（诗）作为一种文学作品，与谈话和讲述相比，其中一个显著的区别就在于文学作品中有许多形容词，这些形容词往往通过叠词的方式来呈现，如以ABB结构的组词方式来呈现。

4．象声词

象声词是模拟声音的词，也称拟声词。在许多散文（诗）中都会出现象声词，例如，描写雨声时，有"沙沙沙""滴滴滴""嗒嗒嗒""哗哗哗"等不同的表示雨点声音的词汇。象声词的学习有助于发展学前儿童的语音意识，帮助学前儿童更加形象地理解文学作品中发出声音的物体的动作和状态。

5．助词

助词是虚词的一种，这种词是独立性差、无实义的一类词语，汉语中的助词通常包括结构助词、时态助词和语气助词。在许多散文（诗）中，通常都会有"啊""呀"等语气助词。

在散文（诗）中，经常出现的比较典型的词汇是名词、动词、形容词和象声词这四类词汇。通过对散文（诗）的学习，学前儿童可以丰富自己的词汇，发展语言倾听和表达的语音意识，掌握一些具有文学性的形容词，并在词汇的学习过程中理解散文（诗）的情节、展开想象等。

（二）结构

结构是指表述、叙述或描述的模式，是文学作品中情节要素的组成方式。学前儿童散文（诗）在形式上往往具有比较稳定的结构，它是散文（诗）中各个要素组成的特定方式。

散文（诗），尤其是学前儿童散文（诗），通过结构将描写的景物和情感进行陈列，通过构建想象的空间和语言的意境来形成散文（诗）的美感。

结构的重要意义如图7-11所示。

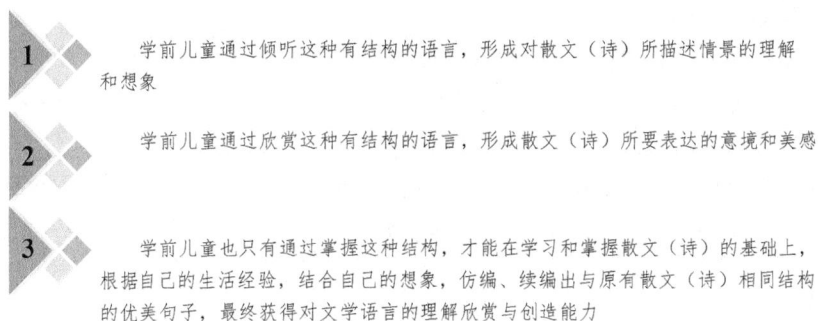

1　学前儿童通过倾听这种有结构的语言，形成对散文（诗）所描述情景的理解和想象

2　学前儿童通过欣赏这种有结构的语言，形成散文（诗）所要表达的意境和美感

3　学前儿童也只有通过掌握这种结构，才能在学习和掌握散文（诗）的基础上，根据自己的生活经验，结合自己的想象，仿编、续编出与原有散文（诗）相同结构的优美句子，最终获得对文学语言的理解欣赏与创造能力

图7-11　结构的重要意义

（三）情节

情节是指事件发生的脉络，常常表现为事件的起因、经过与结果。故事中的这一核心经验要素最为突出，在散文（诗）中也隐隐可见一些情节性的要素，有些散文（诗）情节还比较明朗。能用一句话概括出散文（诗）的基本内容，是对散文（诗）进行分析的标志。

对散文（诗）中情节的把握是学前儿童理解散文（诗）的重要表现，一个学前儿童在学习和理解散文（诗）后，首先要能说出这首散文（诗）讲了谁、在哪里、做了什么。因此，学前儿童在散文（诗）的学习过程中，要通过掌握散文（诗）的情节来理解散文（诗）的内容。

（四）运用与表现

运用与表现在学前儿童散文（诗）中主要体现在以下三个方面，如图7-12所示。

1 散文（诗）中的动作、表情、姿态，直接对应到词汇中的动词和副词

2 散文（诗）中的语言情感主要通过朗读散文时的节奏、语调和起伏变化来表现，通过语言情感表现出散文（诗）中角色的心理状态和意境

3 学前儿童散文（诗）往往贴近学前儿童的生活经验，符合并能激发学前儿童的想象，所以当学前儿童理解了散文（诗）后，就会产生将自己的经验想象进行表达的欲望，但这种表达要具有文学色彩和美感，就需要用符合散文（诗）的结构形式进行表达，这就是仿编

图7-12 运用与表现的主要体现

（五）想象

想象是在头脑中形成形象的过程，可以分为再造想象和创造想象。

1. 再造想象

再造想象是在头脑中形成基于散文（诗）主题和结构的新形象、动作、状态和情节的想象。

2. 创造想象

学前儿童在倾听和理解的基础上，想象不同的动物、不同的地点、不同的颜色等散文（诗）结构中不同的要素。

想象的重要意义如下。

（1）想象是文学作品的基础，是学前儿童散文（诗）的突出特征之一。

（2）想象是连接学前儿童生活经验和散文（诗）的桥梁，学前儿童通过想象理解散文（诗），通过想象将生活经验带入到散文（诗）中。

（3）想象是学前儿童理解散文（诗）的重要途径，没有想象，学前儿童就难以获得对散文（诗）的词汇、情节，尤其是对意境的丰富理解。

（六）意境

对教师来说，只有分析出学前儿童散文（诗）的意境是什么，这种意境在散文（诗）中是如何体现出来的，才能在教学过程中有意识地引导学前儿童初步感受散文（诗）的意境美。

意境要通过具体的元素来体现，即意境不是空洞的，而是通过静态的画面和动态的变化来承载的。静态的画面往往包含背景、色彩、基调、情感等要素，动态的变化往往表现为动作、表情、节奏和语调等的变化。

四、学前儿童散文（诗）学习活动的组织与教学策略

学前儿童散文（诗）中的核心经验往往需要通过2～3次的教学活动才能得到充分体现，所

以学前儿童散文（诗）的教学活动可以设计和组织2～3次活动。

学前儿童散文（诗）教学活动的组织重点集中在学前儿童散文（诗）中词汇、情节、结构、运用与表现等方面的核心经验的获取上，通过教学活动引导学前儿童了解和掌握散文（诗）的基本内容。这种类型的教学活动的组织主要有以下环节。

（一）生活经验导入

在开展学前儿童散文（诗）教学活动前，教师首先需要丰富学前儿童的生活经验，这个环节主要是连接学前儿童的生活经验，给予学前儿童充分表达已有生活经验的机会，激发学前儿童学习散文（诗）的兴趣。

（二）整体朗读散文（诗）

教师通过配乐，采用符合散文（诗）意境所需的节奏、语调，用富有感情色彩的语言整体朗读散文（诗）。

这个环节主要培养学前儿童的倾听能力，让学前儿童整体感知散文（诗）的内容，从而初步获取"情节"这一核心经验。在这个环节中，不建议教师配合图片、挂图或PPT进行朗诵，以免分散学前儿童的注意力，提倡教师用配乐朗诵的方式让学前儿童整体感知散文（诗）。

（三）分段理解，聚焦核心经验

在这个环节中，教学关键是通过类似"它说了一个非常好听的理由，你能说一说吗"的提问分段理解，帮助学前儿童在获得结构核心经验的同时，促进学前儿童词汇、运用与表现核心经验的发展。

这个环节是教师在教学活动中帮助学前儿童理解散文（诗）内容的关键环节。在这个环节中，学前儿童散文（诗）中的词汇、结构、运用与表现的核心经验互相交织，通过不断讨论具有相同结构的情节，学前儿童最后能够在教师的帮助下梳理出散文（诗）的结构。

（四）再次整体朗读

通过前三个环节，学前儿童已经基本掌握了散文（诗）的主体内容，理解了散文（诗）中的细节，但需要获得对散文（诗）的完整的印象和理解，所以这个环节需要通过整体朗读帮助学前儿童在整体上再次感知散文（诗）。

这个环节的整体朗读和第一次的整体朗读有着功能上的不同。第一次的整体朗读培养的是学前儿童有意识倾听的能力，而这个环节的整体朗读不仅能够培养学前儿童的有意识倾听，还可以培养学前儿童的理解性倾听和辨析性倾听。

（五）生活经验延伸

在整体理解散文的情节内容后，教师需要就散文（诗）中的现象、事件等与学前儿童进行讨论，激发学前儿童相关的生活体验或生活记忆，在帮助学前儿童进一步理解散文（诗）的同时，也为学前儿童发展运用与表现中的仿编核心经验做好准备，为学前儿童进一步理解散文（诗）的意境奠定生活经验基础。

第四节　故事学习活动

引导案例

　　在"毛毛虫的故事"这一阅读活动中，夏老师用苹果、香蕉、小树叶等布置成苹果园、香蕉园、小树林等场景。

　　在讲述故事前，夏老师提出了一些问题，让幼儿带着问题听故事，并播放了毛毛虫和蝴蝶的图片，让幼儿们了解一些简单的知识；在讲述故事时，夏老师利用提前布置好的场景，为幼儿们展示了丰富的画面，声情并茂的讲述极大地吸引了幼儿们的兴趣；讲述完成后，夏老师让幼儿们回答讲述前提出的问题。

　　在夏老师的引导下，幼儿们逐渐会用完整、连贯的语言描述画面："草地上，有一条毛毛虫，它爬呀爬，想找一些东西吃。"而在刚开始阅读故事时，幼儿们只会说："有一条毛毛虫。"在这次阅读活动中，幼儿们欣赏与理解文学作品的能力得到了进一步的提升。

　　故事是学前儿童文学作品的重要组成部分，它主题明确、内容浅显、情节与人物形象鲜明生动，寓教于乐，不仅能使学前儿童在欣赏与理解后能受到感染和教育，而且能使学前儿童的阅读能力得到进一步的提升，所以故事学习活动的开展对学前儿童语言能力的发展具有重要的作用。

一、学前儿童故事的特点

　　学前儿童故事以叙述事件为主，是适合学前儿童听和读的文学作品，主要分为以下四种。

（一）童话

　　童话是学前儿童文学的一种类型，是通过丰富的想象、幻想和夸张编写成的适合学前儿童欣赏的故事，其典型特征是充满幻想，将物体、人物、事件尽量夸张化来突显其特征，造成故事情节的冲突，最终达到给予学前儿童快乐的目的。

（二）寓言

　　寓言是以假托的故事或拟人化的手法说明深刻的哲理、经验、教训或进行劝谕、讽刺的文学作品形式。在寓言中，比喻或借喻是常用的手法，主要方式是借此喻彼、借小喻大、借古喻今，学前儿童通过对寓言中人物的讨论获得某种经验或教训，掌握某种思维方法，或习得某种生活和社会交往技能。

（三）生活故事

　　生活故事是指以学前儿童为主人公，反映学前儿童现实生活，适合学前儿童倾听的故事，如《大林和小林》《谁勇敢》等。生活故事通过描写学前儿童的生活，使用学前儿童的语言，在情节的重复和变化中展现学前儿童的生活，体现童年的乐趣，并传递某种观念或道理。

（四）传说

传说是由神话演变而来的具有一定历史性的故事。有的传说是夸张的故事，有的传说则是关于某人、某地、某物或某个节日的历史或传闻。学前儿童接触和学习传说，有助于其了解本民族、本地区的文化、传统和习俗。

学前儿童喜欢故事，尤其是优秀的学前儿童故事。在学前阶段，教师要为学前儿童选择优秀的学前儿童故事。那么，什么样的故事是优秀的学前儿童故事呢？优秀的学前儿童故事的文学特征和语言特征表现为以下方面，如图7-13所示。

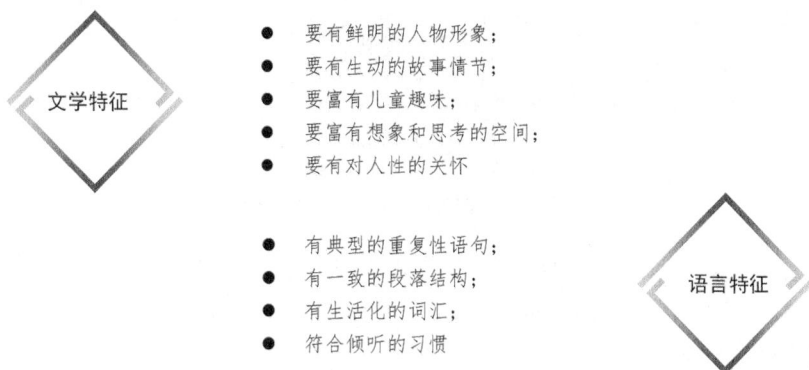

文学特征

- 要有鲜明的人物形象；
- 要有生动的故事情节；
- 要富有儿童趣味；
- 要富有想象和思考的空间；
- 要有对人性的关怀

- 有典型的重复性语句；
- 有一致的段落结构；
- 有生活化的词汇；
- 符合倾听的习惯

语言特征

图7-13　学前儿童故事的文学特征和语言特征

二、学前儿童故事的选材

学前儿童故事教学活动的首要问题是选材问题。学前儿童故事教学所选的故事除了要考虑文学作品的文学性、教育性等特点外，还要考虑故事本身的一些条件。学前儿童故事的选材要点包括以下四点。

（1）主题单一明确，有一定的教育意义。

（2）情节具体生动有趣，有起伏，按一般顺序记叙。

（3）故事要有针对性。教师应针对本班学前儿童的实际情况，关注本班学前儿童的思想状况，及时选择相关主题的故事进行教育。故事要利于训练学前儿童的创新思维，留给学前儿发挥想象的空间。

（4）故事选择要体现年龄特征。

① 小班：以帮助学前儿童养成良好的生活卫生习惯、文明礼貌的行为习惯为主。

② 中班：进一步巩固学前儿童良好行为习惯的养成，增加知识性要求。

③ 大班：既注重对学前儿童良好个性品质、创新思维的培养，又注重丰富学前儿童的知识。

三、学前儿童故事学习的核心经验分析

根据学前儿童故事的文学特征和语言特征，结合《指南》在语言领域对学前儿童"听故事"和"阅读理解能力"上的要求，将学前儿童故事学习的核心经验分为以下六个方面。

（一）词汇

学前儿童故事因为其叙事性和情节性，在内容长度上比同年龄段学前儿童接触的儿歌和故事更长，包括了更多类型的词汇，所以学前儿童在故事学习中能够获得许多新词汇，增进了对词汇含义的理解。

（二）结构

学前儿童故事中的结构核心经验包含以下两个方面，如图7-14所示。

| 整个故事的线索，如地点线索、时间线索和事件线索 | 结构核心经验 | 故事段落中相似的叙事方式，类似于儿歌和散文（诗）中的句子结构 |

图7-14　学前儿童故事结构核心经验

故事中的结构往往会通过重复性的语句来呈现，所以在故事学习中掌握故事中的结构，不仅有助于学前儿童理解故事内容，通过重复性语句来猜想故事的进展，还能为学前儿童在学习故事后续编故事打好基础。

（三）情节

在学前儿童文学作品中，学前儿童故事在情节这一核心经验上体现得最为明显和独特，所有的学前儿童故事都必须有情节，而且生动的故事情节是优秀学前儿童故事的必备文学特征。

在分析学前儿童故事的情节时，常常采用"三步法"来概括故事情节，如图7-15所示。

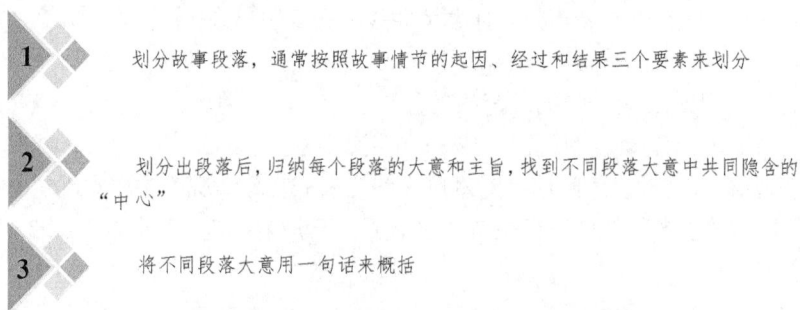

1 划分故事段落，通常按照故事情节的起因、经过和结果三个要素来划分

2 划分出段落后，归纳每个段落的大意和主旨，找到不同段落大意中共同隐含的"中心"

3 将不同段落大意用一句话来概括

图7-15　概括故事情节"三步法"

在学前儿童学习故事的过程中，不仅要理解故事内容，掌握故事中的词汇含义，还要逐步学会概括故事。学前儿童获得了这样的核心经验，今后在倾听或阅读某个故事后，才能用准确、概括的语句向他人讲述故事大意。

（四）运用与表现

学前儿童故事学习中的运用与表现的核心经验与儿歌和散文（诗）中的核心经验基本相同，主要体现在以下三个方面，如图7-16所示。

1	对故事内容中人物的表情、动作、对话等的再现
2	在故事学习中，能够将自己的想象内容或生活经验按照故事中的结构表现出来
3	能在生活中复述学过的故事，用故事的方式讲述自己的生活经历

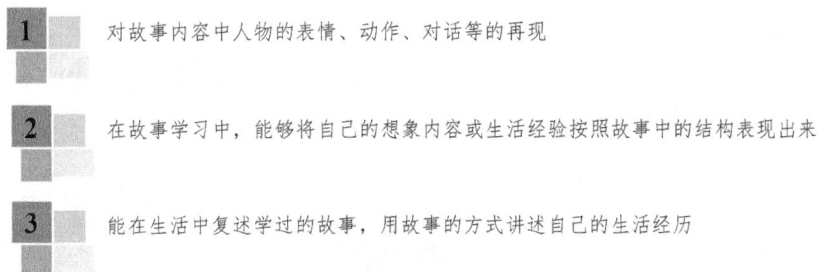

图7-16　学前儿童故事的运用与表现

在学前儿童故事学习中，运用与表现核心经验的获得不仅可以帮助学前儿童更好地理解故事的内容，掌握词汇的含义，还可以在培养学前儿童文学语言能力的同时，促进学前儿童思维、社会性交往等方面能力的发展。

（五）人物形象

鲜明的人物形象同样也是优秀的学前儿童故事必不可少的文学特征。在学前儿童故事学习的过程中，有两个典型问题与人物形象有关，如图7-17所示。

这个故事讲的是谁的故事 ◀ 典型问题 ▶ 你觉得他是一个什么样的人

图7-17　典型问题

学前儿童对这两个问题的回答，就是其在故事学习过程中获得的对有关人物形象的理解。

在故事学习中获得人物形象的核心经验，不仅有助于学前儿童形成对类似角色形象的认识，为在今后的故事学习中理解人物的行为、对话提供知识和经验基础，还有助于学前儿童通过人物形象理解故事的主题，通过故事中正面人物形象的示范习得相应的行为，养成相应的品格。

（六）评判性思维

看完一个故事，学前儿童不仅要知道故事的内容，还能对这个故事的主旨、有趣程度、人物的行为进行评价和判断，能表达自己对某个故事的喜好并说明原因；对故事内容进行思考、质疑、分析与评价，从而形成自己的看法，就是评判性思维的体现。

在学前阶段，获得初步的评判性思维对学前儿童思维能力的培养、独立人格的塑造、良好个性的形成都有着重要的意义。

四、学前儿童故事学习活动的组织与教学策略

学前儿童故事教学活动，要体现以学前儿童为中心，充分发挥学前儿童的积极性、主动性和创造性。对于学前儿童故事教学活动，教师可具体安排如下。

（一）恰当导入

教师运用一定的手段设置一定的情境，引起学前儿童了解故事的浓厚兴趣。常见的导入手段主要有以下四种，如图7-18所示。

图7-18　常见的导入手段

（二）二遍讲述

教师通过幻灯片、录音、木偶表演或生动有趣的故事课件等形式，生动且有感情地对故事进行第二遍讲述，帮助学前儿童深入地了解故事情节。

（三）理解故事

通过挂图、教具、故事表演和描述性、思考性、假设性的"三层次提问"等方式，帮助学前儿童理解故事的主题、情节、人物性格特征等。

其中，理解故事中的"三层次提问"，其具体内容如下。

（1）教师以提问方式引出故事，第一遍讲完故事后，教师可以进行描述性提问，引导学前儿童对故事的名称、角色、基本情节进行粗略的了解，帮助幼儿了解故事的内容大意。

（2）第二遍讲述完故事后，教师可以进行思考性提问，帮助学前儿童理解故事的人物性格特征、主题大意等，引导学前儿童理解故事的主题、人物性格和心理特征等。

（3）在学前儿童围绕故事进行表演游戏等活动后，教师可以进行提假设性提问，引起学前儿童想象、讨论、迁移和扩展作品经验，使学前儿童懂得在生活中遇到同样的情况时该如何处理。

（四）迁移故事经验

为了帮助学前儿童理解并掌握故事，教师可以在理解或延伸环节安排活动，如故事表演游戏、复述故事、创编故事、续编故事、画故事等各种围绕故事相关主题开展的活动。

（五）活动延伸

在掌握了故事情节、理解了故事中的词汇、分析了故事的结构，同时又发展了运用与表现的能力，对人物形象和故事主旨等进行讨论后，针对故事本身的学习活动就基本结束了，但针对故事外的学习活动还可以继续展开，这就是活动延伸。

在延伸活动中，学前儿童可以把故事讲给爸爸妈妈听，把故事画下来，将编构的故事讲给其他学前儿童听，或进行故事表演等活动。在这个环节中，教师可以鼓励学前儿童开展上述活动，从而慢慢结束整个故事学习活动。

五、学前儿童故事学习活动中应注意的问题

故事是学前儿童语言教育中最常用的文学体裁，教师要保证优秀的学前儿童故事能够带给学前儿童美的文学体验，同时促进学前儿童语言能力的提升。在故事学习和组织的过程中，教师要注意以下问题。

（一）明确故事学习活动的目的

在故事学习活动中，教师将学习活动的目标定位为"理解故事情节"，但在学习活动的过程中，总是不断地重复讲故事，不停地问"故事里是怎么说的"，让学前儿童"跟我念一遍"，最终认为学前儿童理解故事情节的表现是"看谁能够把这个故事完整地讲出来"，实际上教师是将故事学习活动的目标定位为学前儿童能够复述故事，甚至是原文背诵故事。

在《指南》中，对于学前儿童在故事倾听和理解上的发展期望是"要求成人讲故事""喜欢把听过的故事讲给别人听""喜欢与他人一起谈论图书和故事的有关内容"等，这些期望中包括学前儿童对故事的倾听、理解、表达和创造的要求，而不只是复述故事。

在故事学习活动中，教师首先要将活动目标定位在语言领域，在语言领域的目标中又要聚焦到故事学习的核心经验的获得上。当学前儿童获得故事学习的核心经验时，对故事的表达和创造就是水到渠成的结果，没有核心经验的学习与发展，学前儿童对故事的复述只能是鹦鹉学舌，这样的教育方式对于学前儿童语言能力的发展、自主学习能力的提升没有任何帮助。

（二）避免故事学习中的"教育主义"倾向

有些教师往往在故事学习的结束部分通过"这个故事告诉我们……"这样的方式来给学前儿童灌输一些道理，或是在故事中提出"他这样做对吗""应该怎么做"之类的问题，希望幼儿回答教师所期望的答案；还有些教师在组织故事学习活动中，总是试图让学前儿童获得甚至只获得故事传递的道德意义、人生哲理、生活品格，这些都是典型的"教育主义"的表现。

学前儿童故事可以传递真善美，优秀的学前儿童故事是通过有趣的故事情节、鲜明的人物形象等文学要素和语言要素来传递真善美的，但一个有教育意义的故事应该通过充满想象力的故事情节，让听者自发得出自己的结论。在故事学习活动中，教师应该关注的是选择优秀的学前儿童故事，让学前儿童感受故事的情趣，理解故事中的美，并获得有关故事学习的六个方面的核心经验。聚焦故事学习核心经验的学习活动不是直接告诉学前儿童应该知道什么、应该学说什么、应该做什么，而是当学前儿童获得了这六个核心经验后，他能自主、自觉地去思考自己应该怎么做、怎么说，这种主动学习的能力比简单的道德灌输对学前儿童的终身发展更为重要。

（三）区分三种语言活动类型中的"故事"

在学前儿童语言教育活动中，教师常常会在三种学习活动的材料中遇见故事，分别是讲述活动中的叙事性讲述、故事学习活动及故事性图画书阅读活动，分清这三种活动中故事的区别，是把握不同语言教育活动中学前儿童学习与发展核心经验的关键。

1. 叙事性讲述中的"故事"

在讲述活动中，常见的一种活动是以图画为凭借物的叙事性讲述，通常称为"看图讲述"。在这类讲述活动中，学前儿童需要观察图画，并讲述出图画中的故事包括的时间、地

点、人物，事件的起因、经过、结果、人物心理状态等，这些要素往往是学前儿童故事中的主要要素。

在讲述活动中所讲述的故事是学前儿童的"故事"，是学前儿童想出来和讲出来的故事，这些故事没有固定的版本，所以也没有内容的对错之分。讲述活动重点发展的是学前儿童的观察、讲述能力，在"讲述内容"这一核心经验中关注的是对图画中故事情节的观察，强调的是学前儿童形成自己的故事。

2．故事学习活动中的"故事"

故事学习活动中的故事主要是通过倾听的方式获得的，而不是通过对画面的观察而理解故事。故事是作者要表达的故事，学前儿童首先要理解的是作者的故事，而不是说出自己的故事。因此，在故事学习活动中，教师应培养学前儿童的倾听能力，重点是学前儿童通过故事倾听，理解故事情节，掌握词汇、结构，并进行运用与表现。

3．图画书阅读活动中的"故事"

目前，故事性图画书中也有故事，有时间、地点、人物，事件的起因、经过、结果等，如《爷爷一定有办法》《猜猜我有多爱你》《逃家小兔》等。但图画书是"文字"和"图画"共同讲故事的书，即通过文字和图画相互结合的方式把一个故事呈现出来，图画书中的"文字"并不能单独讲故事，图画也不仅是一个故事的插图。在故事性图画书阅读活动中，学前儿童需要理解和讲述的故事是图画书作者要表达和传递的故事。

在这类活动中，学前儿童通过阅读图画和倾听成人的讲述理解图画书中的故事，重点培养图画书阅读中的三个核心经验，包括阅读习惯与行为、阅读内容理解与阅读策略、阅读内容的表达与评判。

（四）注意故事学习中挂图等多媒体教具的使用

在故事学习过程中，许多教师会使用教学挂图，或采用PPT等多媒体呈现图画。虽然挂图等多媒体工具的使用可以帮助学前儿童更好地理解故事内容，但许多教师往往在第一遍故事讲述时就出示挂图，边指挂图边讲故事，这样做会分散学前儿童的注意力，不利于学前儿童倾听能力的发展，影响学前儿童在学习中对故事内容的理解。

故事是非常适宜倾听的文学体裁，所以在故事学习活动中，教师第一遍朗读故事时不宜出示挂图或多媒体教具，而要让学前儿童带着问题，在静静地倾听教师有感情的朗读中抓住故事中的关键信息，努力去理解故事。让学前儿童经过这样的心理过程后，教师在第二遍故事讲述的过程中可以出示挂图或多媒体教具。

第五节　学前儿童绕口令、谜语教学活动

引导案例

今天，幼儿园中班要学绕口令《拦兔追鹿》。

老虎拦住鹿和兔的路，

张着嘴巴要吃兔。

兔子捂着肚子呜呜哭，

说是吃草中了毒。

老虎放开兔子去追鹿，

左找右找找不着鹿，

回头再来抓小兔。

没了兔，没了鹿，

气得老虎直发怒。

　　在教学过程中，老师先带领幼儿们练习"鹿""兔""怒"的发音，然后请幼儿分别来扮演老虎、小兔和小鹿。老师让幼儿一边展现动物的形象和生动的场景，一边复述绕口令的内容，同时对其错误发音进行了纠正。幼儿们很快就掌握了说这篇绕口令的技巧，学会了"鹿""兔""怒"的正确发音，一些幼儿还在表演中增强了自信心。

　　绕口令和谜语是学前儿童诗歌的两种特殊形式，绕口令是一种训练学前儿童发音的游戏儿歌；谜语是一种丰富学前儿童认知、训练学前儿童思维的智力儿歌。绕口令和谜语不仅具有诗歌的句式，有对仗工整、音韵和谐等特点，同时又具有自身的特色。

一、绕口令

（一）特点

　　绕口令是语音相近且容易混淆的字、词和句子组成的一种练习学前儿童发音的游戏儿歌，其特点是内容和形式都比较生动活泼，诙谐幽默，形象有趣；由语音相近或容易混淆的字构成，句式工整，符合儿歌的特点；在朗读时，要求快速、准确、流畅。

（二）意义

　　绕口令教学对学前儿童语言发展具有积极的意义，如图7-19所示。

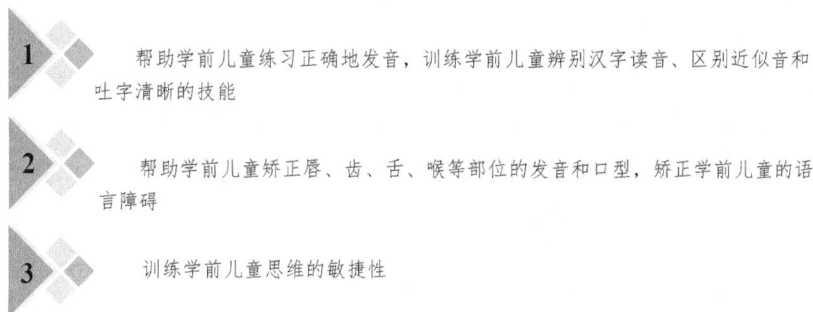

1 　帮助学前儿童练习正确地发音，训练学前儿童辨别汉字读音、区别近似音和吐字清晰的技能

2 　帮助学前儿童矫正唇、齿、舌、喉等部位的发音和口型，矫正学前儿童的语言障碍

3 　训练学前儿童思维的敏捷性

图7-19　绕口令的教学意义

（三）选材要点

　　学前儿童绕口令主要根据两点进行选材，如图7-20所示。

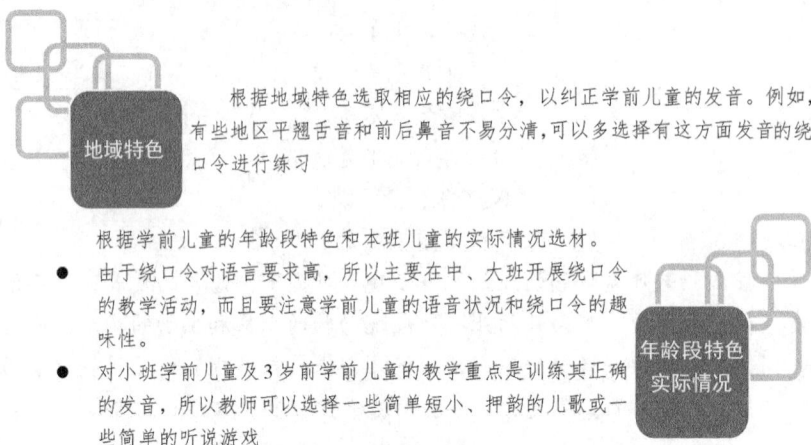

根据地域特色选取相应的绕口令，以纠正学前儿童的发音。例如，有些地区平翘舌音和前后鼻音不易分清，可以多选择有这方面发音的绕口令进行练习

地域特色

根据学前儿童的年龄段特色和本班儿童的实际情况选材。

- 由于绕口令对语言要求高，所以主要在中、大班开展绕口令的教学活动，而且要注意学前儿童的语音状况和绕口令的趣味性。
- 对小班学前儿童及3岁前学前儿童的教学重点是训练其正确的发音，所以教师可以选择一些简单短小、押韵的儿歌或一些简单的听说游戏

年龄段特色实际情况

图7-20　学前儿童绕口令的选材

（四）教学指导

在学前儿童绕口令的教学中，教师可以通过以下步骤进行指导。

（1）做好相应的准备工作。先将自己所选的教材事先背熟，并录好快语速诵读的版本，以备教学时学前儿童欣赏，同时做好相应的教具准备。

（2）设置情境导入。

（3）教师示范朗诵，用正常语速，读准相似音，吐字清楚，富有情感。

（4）教师再次示范朗诵，引导学前儿童记诵绕口令。

（5）围绕绕口令开展相应的游戏活动，如朗诵比赛等。

二、谜语

谜语既是一种特殊的诗歌，又是有趣的智力游戏材料。它通常是由五字句或七字句构成的四句儿歌，具有诗歌语言的通俗简练、韵律自然和谐的特点，同时又能开启学前儿童的心智，训练学前儿童的思维。

谜语通常运用比拟的手法，综合描述某种物体、现象的形状、颜色、声响、动态、性质和用途等特征，通过隐藏物体名称让猜谜者根据描述的情况（谜面）综合思考并概括出是什么物体或现象，即"谜底"。

（一）意义

学前儿童谜语教学对学前儿童的发展具有多重意义。

（1）通过猜谜可以巩固学前儿童对事物或现象的认识，丰富学前儿童的社会认知。

（2）猜谜活动可以训练学前儿童对语言的理解力、思维的敏捷性和概括力，达到开启学前儿童心智、发展学前儿童语言的目的。

（3）编谜活动不仅可以考查学前儿童对语言的驾驭能力，还可以考查其观察力和对实物或现象的把握与概括能力。

（4）猜谜和编谜活动具有很强的游戏性，能够激发学前儿童的求知欲，满足学前儿童的好奇心。

（二）教学活动设计和组织要点

学前儿童谜语教学活动分为猜谜教学和编谜教学两种形式。由于谜语教学对学前儿童的能力有一定的要求，要求学前儿童必须具备一定的语言理解能力、表达能力及一定的生活经验，所以谜语教学主要在中、大班开展，而编谜活动则主要在大班展开。

学前儿童猜谜教学设计和组织要点如下。

1. 情境导入

引起学前儿童猜谜的好奇心和浓厚兴趣，谜语的导入类似于诗歌的导入，重点是教师要自己表现出对猜谜有极大的兴趣和爱好，以便感染学前儿童，激发其好奇心和兴趣。

2. 知道猜谜的具体方法

（1）教师介绍谜语的组成：谜语由谜面和谜底构成。

（2）猜谜的方法：要求学前儿童仔细听清楚每个字、每句话，并将几句话连起来思考，谜面的每句话都要与谜底吻合、呼应，引导学前儿童把每一句的特征综合起来判断。

3. 教师示范猜谜

教师出示一个谜语，示范猜谜，引导学前儿童将谜底与谜面的每一句逐句对应、检验。

4. 教师引导学前儿童猜谜

（1）教师念谜面，要求发音准确，吐字清楚，速度适中，关键词重读。

（2）教师启发学前儿童猜谜。教师可进行适当讲解，通过提出启发性问题引导学前儿童思考。

（3）出示谜底，师幼共同印证谜语。

（4）出示图片或实物，再次印证谜语。

5. 记忆谜语儿歌

教师用针对诗歌的理解和记忆方式引导学前儿童记忆谜语儿歌。

最后教师以同样方法出示2～3个谜面，引导学前儿童猜谜。在学前儿童保持猜谜的浓厚兴趣的情况下，引导学前儿童在日常生活中继续猜谜活动。

学前儿童编谜活动设计和组织要点包括：教师引导学前儿童认知谜语特点；教师示范编谜；教师出示一个谜底，引导学前儿童编谜；教师引导学前儿童背诵自编谜语。

思考与实训

一、思考题

（一）名词解释

1. 韵律
2. 图谱

3. 情节

4. 意境

（二）简答题

1. 简述学前儿童文学作品的特点。

2. 简述学前儿童文学作品的内涵与类别。

3. 简述儿歌的特点。

（三）论述题

1. 阐述儿歌学习活动的组织与教学策略。

2. 阐述故事学习活动的组织与教学策略。

二、案例分析

《伞》

公路边的大杨树，

是小喜鹊的伞。

水塘里的大荷叶，

是小青蛙的伞。

山坡上的大蘑菇，

是小蚂蚁的伞。

下雨了，大家都有一把伞。

这首诗歌短小、精美，用比拟手法形象地勾勒出自然界小动物与其生活环境的关系，形象逼真，充满温情，富有童趣。请根据此诗歌设计适用于中班学前儿童学习的教学活动。

三、拓展训练

1. 选择一篇适合小班学前儿童学习的文学故事，并设计该故事教学的组织流程。

2. 选择一篇适合大班学前儿童学习的散文（诗），并设计该散文（诗）教学的组织流程。

第八章

学前儿童书写准备活动

【学习目标】

➢ 认识学前儿童书写准备活动。

➢ 了解3~6岁学前儿童前书写发展。

➢ 掌握促进学前儿童书写准备活动的策略。

学前儿童前书写教育活动是幼儿园日常教育活动中的重要组成部分，是对学前儿童发展十分有益的活动，可以培养学前儿童前书写能力及与书写有关的态度，为学前儿童进入小学奠定坚实的基础。

第一节　认识学前儿童书写准备活动

引导案例

跳跳的妈妈是幼儿教师，跳跳刚满18个月，妈妈就给跳跳买了很多书写工具，如铅笔、彩笔、蜡笔、画本等，跳跳看到这些新奇的东西非常开心，拿起笔在画本上乱写乱画。跳跳的奶奶看着跳跳画本上"四不像"的作品，皱着眉头说道："这么小的孩子，也学不会写字，买这些东西有什么用啊？"

跳跳的妈妈解释说："现在孩子对它感兴趣就是好事，虽然只是乱写乱画，但他已经有模仿的意识了，慢慢就会对写字产生兴趣，这是让他为书写做准备呢！"跳跳的奶奶听后，仿佛理解了一些，开始给跳跳买一些幼儿图画。在妈妈的引导下，跳跳确实比其他孩子更早地产生了书写意识。

在学前儿童教育过程中，教师与家长可以利用图书、绘画和其他多种方式，引发学前儿童对书籍、阅读和书写产生兴趣，培养学前儿童前阅读和前书写技能。《指南》要求"为儿童提供适当的环境，鼓励儿童大胆地涂涂、画画、写写，让他们感受其中的乐趣；让儿童在绘画和学习中学习书写的基本笔画和姿势；在生活中让儿童体验文字的功能，激发书写的愿望。"学前儿童前书写能力的重要性在学前教育学界已达成广泛共识，教师也应重视学前儿童前书写活动的组织及对学前儿童前书写能力的培养。

一、初识前书写

学前儿童学习书写的方式与学习识字和阅读的方式相似，都要经历尝试和探索的过程。他们先是觉得好玩而在纸上涂涂画画，继而慢慢了解写字的各种形式，开始试着写出类似文字的东西。

华东师范大学硕士张晶在其论文《美国各州早期学习标准的内容分析及启示》中写道：前书写主要包括书写和字母表意识。

（1）书写：学前儿童明白书写的目的，并且开始能够用涂鸦、形状、图片表达自己的看法，因此要鼓励学前儿童用多种书写工具或文字来表达。

（2）字母表意识：学前儿童开始认识一些字母，知道其形状及发音。

美国某些州的学者认为，学前儿童具有"字母表意识"的具体表现为：学前儿童开始认识自己名字中的发音、字母的形状、发音与字母之间的关系，如当学前儿童看到有字母B的玩具时，把它挑出来，并说"我的名字里有个B"。

虽然中美两国在文化、教育背景，尤其造字法等方面存在诸多差异，但在研究学前儿童前书写能力发展过程时，依然能发现两者存在惊人的相似。例如，王纬虹、申毅、庞青所著的《幼儿前书写活动的研究与实践》中对"前书写"进行了这样的阐释：前书写是指学龄前儿童以笔墨纸张及其他书写替代物为工具，通过画图和涂写，运用图画图形、文字及其符号，表达信息，传递信息，与周围的同伴和成人分享、交流其思想、情感和经验的游戏和学习活动。

然而，这种"近似文字的书写"不简单地等同于涂鸦和画画。为了更好地使读者了解其含义，下面就前书写和涂鸦绘画进行比较。

二、前书写与涂鸦、绘画的区别

（一）前书写与涂鸦的区别

学前儿童最早尝试的书写是涂鸦。大概在18个月时，学前儿童就喜欢拿起笔在纸上乱涂、乱写、乱画。而且处于这一阶段的学前儿童，你问他们在干什么，他们都很难给你一个确切的答案。

图8-1所示为一岁半学前儿童的画作。通常他们都是无意识涂鸦，仅仅是探索、摆弄绘画工具，而没有在头脑中形成特别的作品。因而，学前儿童的书写是随意的、无规则的，甚至有可能是凌乱的。不过，学前儿童越早开始有意识地模仿其他作品，就能越早开始进行"有意识地书写"。

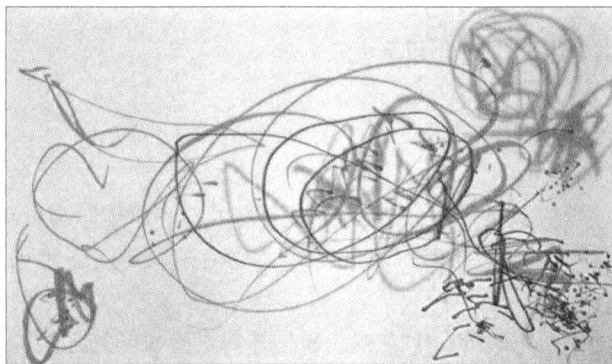

图8-1 一岁半学前儿童的画作

（二）前书写与绘画的区别

绘画与书写都是符号表征的重要方式，但两者有着很大的区别。绘画要求图画与所画的对象不能相差太多，追求画与物的相似性，而书写就没有这样的要求。不过在学龄前期，学前儿童是分辨不出绘画与书写的区别的，对他们而言，这都是对外部世界的表达方式，都很重要。

因此，有专家指出："让学前儿童每天在他们的本子上持续画他们的故事，或画每天发生的事情是很重要的，因为画画能促进最早的书写，这种书写会成为最早的阅读，而作者就是他们自己。"

第二节　3～6岁学前儿童前书写发展

引导案例

刘老师是一名小班的幼儿教师，为了让幼儿们对文字产生兴趣，她特意在幼儿的日常生活中融入汉字的因素，并取得了明显的成效。

刘老师在幼儿的私人物品，如杯子、拖鞋、床铺上贴上幼儿自己的名字；在一些经常见到的物品，如门、窗、床、灯等上面贴上该物品的名称；在卫生间及教室的门口，按方向贴上"出"和"进"的标记……在教室里到处都可以看到汉字。一些幼儿模仿物品上的标记，自己写出了这些汉字；还有些幼儿在刘老师的启发下用彩色的笔模仿其他汉字，为活动区做出新的文字标记。

虽然大家写得歪歪扭扭，但刘老师并没有进行批评和更正，而是鼓励幼儿们继续创作，并进行引导性的提问和评价，如"你写的是什么？""你太棒了！""让我们一起来写一写、画一画吧！"等。在刘老师的指引下，整个班级充满了浓厚的书写氛围。

学前儿童的发展与环境之间存在着密切的联系。如果为学前儿童提供合适的环境氛围，学前儿童往往会主动地学习写字，在创造自己的书写知识的同时，也会从其他材料中获取信息进行模仿，这是学前儿童前书写发展的重要特点。教师应充分把握学前儿童前书写发展的特点，根据学前儿童的年龄特点及心理状况进行适当的指导，激发学前儿童的前书写兴趣。

一、学前儿童前书写发展的特点

根据相关研究，学前儿童前书写发展的特点表现为以下六点。

（1）学前儿童通常都很主动地学习写字。

（2）学前儿童必须在有意义的环境中使用语言和文字，才能学会写字。

（3）学前儿童学习写字是借假设、尝试和逐渐修正有关语言运用和书写系统的规则来学会正确的写字方式。

（4）学前儿童能使用正确的写字方式，通常并非直接教学的结果，而是通过逐步地理解与学习实现的。

（5）学前儿童在学习写字时，必须有机会根据自身不同的需要和目的有意义地使用和发挥语言文字的功能。

（6）书写语言是很复杂的，没有人能完全地描述和说明其规则和内涵，所以无法给予学前儿童十分明确的说明和解释，而主要是靠学前儿童运用自己的力量去学习。

随着年龄的增长，学前儿童的书写也不再如早期一样杂乱无章，而会慢慢形成自己的书写逻辑。新泽西读写专家玛丽·克雷（Marie Clay）发现，学前儿童在创造他们自己书写知识的同时，也会从周围的书写中提炼出一定的信息。这一行为符合以下原则，如图8-2所示。

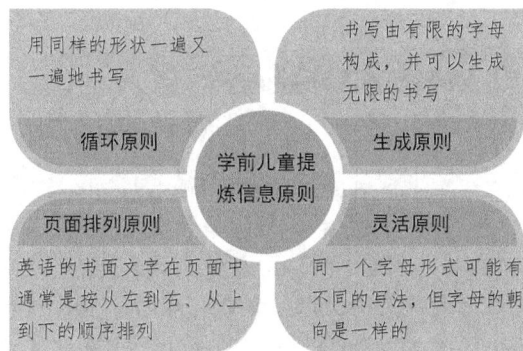

图8-2 学前儿童提炼信息的原则

二、学前儿童前书写发展的现状

近年来，我国也开始逐渐关注对学前儿童前书写能力的培养，有越来越多的学者对此进行研究。例如，为调查学前儿童汉字书写的现状，找出汉字书写发展的特点和规律，以及是否与学前儿童空间分析有关联。心理学教授林泳海等人对3～6岁学前儿童名字书写的一般发展状况进行了研究，其研究结果大致如下。

（一）名字书写发展趋向

学前儿童名字书写在3～6岁是不断发展的，其中，在4～5岁进步平缓，而3～4岁和5～6岁是快速发展的两个时期。由于汉字是一种象形文字，汉字书写需要一定的空间能力，这一时期书写的发展与其思维发展的象征性特点紧密相连，近一半的学前儿童能够较好地书写自己的名字。

（二）名字书写的笔顺情况

3～4岁的学前儿童基本上不能按笔顺来书写，只有小部分4～5岁的学前儿童可以按笔顺书写名字。而到了小学一年级，这种情况完全改观，这是学前儿童年龄增大、书写技能提高及教育训练的结果。

（三）绘画技能与名字书写的关系

学前儿童的绘画技能水平与书写表现相比要更高一些，说明书写是一种比绘画难度更大的活动。学前儿童的文字书写经验不仅涉及认知技巧，而且它本身就是一个复杂的社会心理语言活动。学前儿童写字呈现出情感知识、沟通和创造性的个别差异。借助于绘画和文字的想象力及在读写上的经验，学前儿童才能更好地理解书写文字。

总之，我国学前儿童的书写作品在内容上反映出他们对本国文字特质所做的各种假设与发现，而在形式上逐渐趋向传统上的规范，大多数学前儿童的书写形式接近本国文字结构，即使是错别字，也在外形上近似。近一半的5岁学前儿童可以规范地书写，大部分的6岁学前儿童能做到正确规范。

第三节　促进学前儿童书写准备活动的策略

引导案例

赵老师在教中班幼儿写字的过程中，发现大家对字帖有些反感，平时重复的、机械性的描写或抄写根本无法激起幼儿们的兴趣，有些幼儿甚至无法按时完成写字课的作业。针对幼儿们的厌倦心理，赵老师决定改变教学方式，以幼儿们擅长的绘画形式和游戏形式进行教学。例如，用画小棒来学写竖（丨）；用画小雨点来学写点（丶）；用画帽子来学写宝盖头（宀）等。赵老师还设计出镂空的文字，并把它们放在一定情境的画面中，让幼儿用彩笔在文字的镂空处涂写文字，如在《高老鼠和矮老鼠》图书中，赵老师把"高"和"矮"分别放在两只老鼠的头上，通过涂写这两个字，增强幼儿对"高""矮"的感知。

在赵老师的精心指导下，幼儿们渐渐不再讨厌上写字课，还对书写产生了浓厚的兴趣。

文字对于学前儿童来说只是抽象的符号。机械的教学方式只会让学前儿童对书写活动产生厌倦的心理，教师要学会运用恰当的策略将抽象的符号转化为学前儿童熟悉的事物或符号，使他们在书写活动中保持足够的信心和兴趣，让他们在轻松、愉快的环境中学会书写。

一、区角活动——创设书写区

要促进学前儿童书写能力的发展，教师就要为学前儿童创设一个合适的环境，如书写区等区角。在书写区内，教师可以为学前儿童提供多种多样的书写工具，如与学前儿童身高相符的书桌或画架，各式各样的书写工具（铅笔、彩笔、蜡笔、马克笔等），或单独竖一块小黑板，如图8-3所示，让学前儿童自己探索书写，自由发挥。

图8-3　提供书写工具

除了这些正规的书写工具外，教师还可以为学前儿童提供沙盘、豆盘或盐盘，鼓励学前儿童用手指在沙子、豆子堆或盐粒中进行"书写"。当然，虽然是区角活动，但也要制定一些规则。规则既可以由老师制定，也可以由学前儿童做主。规则需要确定每次进去的人数、活动的要求等，这样可以保证区角活动有序、愉快地开展。

二、专门活动——书写教育

专门的书写活动不是强求学前儿童端坐在书桌前面一笔一画、工工整整地书写，而是要求教师在绘画和游戏中让学前儿童学习书写的基本笔画，掌握正确的书写姿势，眼睛要与桌面保持一定的距离，腹部与桌子保持一定的距离，如图8-4所示。

图8-4　正确的书写姿势

对于学龄前期的学前儿童而言，汉字是符号化的抽象表征，他们不太可能对"成人式"书写感兴趣，所以教师要为专门的书写活动创设情境。《指南》中这样要求："通过走迷宫、一笔画等游戏，帮助儿童学会能沿着一定的方向运笔的技能；让儿童通过画人行横道线、格子手帕或走迷宫的方式，学习由上至下、由左至右的基本书写笔画。"现在学前儿童前书写活动还处于探索阶段，教师可以发挥自己的聪明才智，创造适合学前儿童前书写的良好途径。

三、渗透活动——整合教育

学前儿童通常会很主动地学习书写，但只有在明白文字是有意义的，能概括出日常生活中所见所闻、所思所想时，才可能学会写字。因此，教师要整合教育，将书写渗透到学前儿童的一日生活中，让学前儿童体验到文字的神奇功能，从而激发其书写的欲望。

例如，幼儿园里充满着各种文字符号，教师就可以遇见一个指认一个，告诉学前儿童"这是……"；当学前儿童兴致勃勃地讲了一个好听的故事时，教师可以用文字将其记录下来，使学前儿童明白文字是可以记录生活的，并且还有一个神奇的作用，那就是能使故事更容易分享与保存；鼓励学前儿童制作图画书，让学前儿童综合运用绘画、符号和文字等多种形式进行创作，主题可以来源于学前儿童感兴趣的话题，也可以对学前儿童喜爱的故事进行重新创编，这样让学前儿童大胆构思，大胆创作，大胆绘画，更能吸引其积极参与。让每个"学前儿童作者"讲解并与大家分享自己的图画，由教师记录，再鼓励学前儿童署上自己的名字，就成了一本具有"独家版权"的图画书了。

综上所述，学前儿童的书写准备活动并不是一种书写活动，而是一种前书写活动，是为了学前儿童将来写字而进行的活动，所以在实际教学中，不能生搬硬套地以"正确、工整、整洁"为标准，强求学前儿童一笔一画都符合书写规范要求，因为这不符合学前儿童身心发展的特点，会大大降低学前儿童的学习积极性，甚至会阻碍学前儿童书写能力的提高。因此，幼儿教师要注重培养学前儿童对书写活动的兴趣，让其产生对文字标识的敏感度，同时要以游戏和动手操作为主，多进行游戏化教学活动。

思考与实训

一、思考题

（一）名词解释

1. 前书写
2. 字母表意识

（二）简答题

1. 简述前书写与涂鸦的区别。
2. 简述学前儿童前书写发展的特点。

（三）论述题

促进学前儿童书写准备活动的策略有哪些？

二、案例分析

在书写活动中，珊珊总是弯腰驼背，眼睛与桌面离得很近，老师纠正了很多次，可她一直不以为然，常常趁老师不注意，又恢复成以前的错误姿势。如果你是老师，会用什么办法让珊珊自觉纠正错误的书写姿势呢？

三、拓展训练

在书写活动中，欢欢喜欢在自己写的字上面画些奇奇怪怪的画，有时将"田"字画成了房子；有时将"口"字画成了一朵花；有时会将一个字添些笔画变成另外一个字，即使她并不认识这个字……对此，你会不会对欢欢进行纠正和阻止，为什么？

第九章

学前儿童日常生活中的语言教育

【学习目标】

➢ 了解学前儿童日常交谈的特征及表现形式。

➢ 掌握学前儿童活动区角中的语言教育。

➢ 掌握学前儿童语言教育中的家园配合。

在日常生活中，学前儿童总是有意无意地与教师、同伴及家长进行语言交往。这种自然的交往情境为学前儿童提供了大量语言交往机会，使学前儿童能够通过实践，练习和发展运用语言的能力，同时也为家长、教师对学前儿童进行语言教育提供了良好的机会。

第一节　日常交谈中的语言教育

引导案例

秋天来了，树上的叶子随着秋风慢悠悠地落到了地上，幼儿园的林荫道上铺满了各种形状、各种颜色的落叶。

天天捡起一片枫叶对老师说："老师你看，这个叶子真好看！"

老师笑着说："你为什么觉得它好看呢？"其他幼儿也围了上来，仔细地看着叶子。

天天说："它看起来像火焰！"

佳佳说："是啊，它的颜色好漂亮！你看，我也捡到了一片叶子，它像一把小伞。"

老师看大家讨论得很开心，说道："孩子们，你们的想象力真丰富，那我们看看这里还有什么叶子，看看它们最像什么，好不好？"

幼儿们对这个话题特别感兴趣，纷纷加入讨论，并展开了丰富的想象力，在老师的引领下尽情地表达自己的想法。

日常生活中的交谈具有自发性和随机性，教师应该把握随机性谈话的契机，善于挖掘学前儿童感兴趣的话题，鼓励学前儿童主动进行相互间的交流，以形成积极的语言交往态度和良好的语言交流习惯，发挥出日常交谈的优势，在不同的情境中不断训练和提高学前儿童的语言能力。

一、日常交谈的特征

日常交谈是在日常生活情境下的口语交流。与独白体口语表达相比，日常生活中的交谈具有以下特点。

（一）语言的情境性

日常交谈是一种交际性口语，它的重要特点是具有特定的情境性，这种情境包括交际对象、时间、空间和具体的场景。在日常交谈中，学前儿童所处的场景会有所不同，角色也会不断地发生变化，这就要求学前儿童针对不同的对象和场景，针对自己承担的角色不断地调节自己的语音语调、说话的内容和方式等。

（二）时间的不确定性

日常交谈具有很强的突发性和随机性，它往往是毫无准备的双方自然而然地发生口语交际。例如，两个学前儿童偶尔在某个地方相遇，便兴致勃勃地攀谈起来；某一事物同时吸引好几名学前儿童共同探究，从而引发他们的随机交谈；教师随机确定某个话题后向毫无准备的学前儿童提出问题，让学前儿童进行应答。

（三）信息的多向性

日常交谈是一种多方位的语言交流。成人和众多学前儿童的参与不仅为个体带来了丰富多彩的生活经验与感受，使每个学前儿童获取更多的语言信息量和更丰富的内容，而且使学前儿童表述这些经验和内容的语言形式变得更加丰富多样。同时，教师（家长）与学前儿童、学前儿童与教师（家长）、学前儿童与学前儿童之间的交谈，还大大丰富了语言交流的方式。

（四）交谈氛围宽松、自由

交谈氛围的宽松、自由主要体现在两个方面：一是交谈中不要求学前儿童统一答案或有一致的思路，学前儿童可以根据自己的感受自由地发表见解，围绕话题说出自己想说的话；二是不特别要求学前儿童使用规范化的语言，成人在交谈活动中鼓励学前儿童积极说话，充分表达个人想法，不要求学前儿童使用准确无误的句式和完整连贯的语段。

二、日常交谈的表现形式

成人与学前儿童交谈是长幼之间一种有效的言语沟通与交流方式，日常交谈包括集体交谈、个别交谈以及学前儿童之间的交谈三种方式。

（1）集体交谈主要是指教师与全班或小组学前儿童围绕某个或某些话题而展开的语言交流。

（2）个别交谈是教师或家长与个别学前儿童进行的一种有针对性或随机性的语言交流。

（3）学前儿童之间的交谈是学前儿童与同伴之间围绕某一感兴趣的话题进行的一种语言沟通与交流。

三、在日常交谈中进行语言指导

日常交谈具有自发性、随机性和较强的针对性。要想发挥交谈在学前儿童语言发展过程中的独特优势，教师应该运用以下指导策略。

（一）把握与创造机会

教师要把握好日常生活中的每一个随机性情境，把握与创造随机性交谈的机会。

1. 日常交往中的语言指导

在各类生活活动中，学前儿童总会自然地同教师、同伴进行语言交往。教师应不失时机地利用发生在每日生活中自然的交往情境，对学前儿童进行语言指导。

此外，教师还要随时发现日常生活中的教育契机，善于挖掘学前儿童感兴趣的热门话题。

例如，请外出归来的学前儿童讲讲自己的见闻，请学前儿童说说今天的热门新闻等。正是这些日常生活活动和有意挖掘的机会，给学前儿童提供了语言情境，久而久之，学前儿童的语言能力便在这些情境中不断地得到训练和提高。

2. 创造执行语言指令的机会

日常活动的组织离不开生活常规的建立，教师应在帮助学前儿童建立生活常规的过程中，提高学前儿童理解语言并按语言指令行动的能力。例如，在学前儿童入园后，要求学前儿童自己将小椅子抬到餐桌前，先如厕、洗手，再进餐。

在建立常规的开始阶段，学前儿童不一定能够理解这些指令，这时教师应该把这些指令与相应的行为训练结合起来。例如，教师发出"请小朋友们依次把手中的皮球放到筐子里"的指令后，就让学前儿童排成队，一个跟着一个往筐子里放球，以帮助学前儿童明白"依次"的含义。

（二）创造情境

人际交往必然伴随着一定的情境和交际双方的互动，教师要因时、因人制宜，努力创设教师与学前儿童、学前儿童与学前儿童、学前儿童与群体之间互动的情境，以激发学前儿童交谈的欲望。

1. 教师与学前儿童的互动

在现实的教育实践中，教师与学前儿童之间的语言交流质量并不高。教师常习惯于自己讲、学前儿童听，很少顾及学前儿童的想法和感受，缺乏与学前儿童沟通和交流的技能。因此，要促进教师与学前儿童之间的有效交流，教师需要特别注意以下四点。

（1）在平等的基础上与学前儿童进行交谈。教师与学前儿童一定要建立在民主、平等的基础上，让学前儿童感到是在随意、自然地与教师聊天，不能形成"教师总是说，学前儿童总是听"的局面。

（2）为学前儿童提供有效的语言示范。教师是学前儿童一日活动的组织者，教师言谈中的用语、语言习惯及体态语都是学前儿童模仿、学习的对象。教师应充分利用师幼间的交谈，有意识地为学前儿童提供良好的语言样板。

一方面，教师要加强自身的语言修养，对学前儿童的说话技巧产生潜移默化的影响；另一方面，教师要结合学前儿童在日常生活中接触的各种物品及时介绍相关知识，并向学前儿童展示相关的词汇和句式。

此外，教师还要通过交谈来调整学前儿童的语言表达方式，帮助学前儿童在交往中积累表达的经验，培养口语表达的良好习惯。

（3）耐心倾听学前儿童谈话，及时给予鼓励和纠正。教师要以母亲般的爱心、耐心和细心倾听学前儿童说话，尤其是当学前儿童主动发起谈话时，教师更应倾注极大的热情倾听学前儿童的谈话，切不可以冷漠的态度对待学前儿童，破坏学前儿童的说话欲望。

（4）努力提高与学前儿童言语沟通的技能。教师要掌握"关注学前儿童的兴趣并巧妙引入谈话，形成交谈热点"的技能；掌握运用提供信息、提问、评议等方式引导学前儿童持续谈话热情的技能；掌握适时地结束或转移话题，给学前儿童留下谈话余兴或引出新谈话热点的技能。

2. 学前儿童与学前儿童之间的互动

由于学前儿童之间年龄相仿，认知水平相近，他们交谈起来往往能特别投入。事实表明，学前儿童与邻座之间、玩伴之间、组内同伴之间，用说、问、评、议等方法相互交流，有利于学前儿童主动创造和调整自己的语言，促进语言的共同提高。在现实的教育实践中，要促进学前儿童之间语言的有效交流，教师需要特别注意以下三点，如图9-1所示。

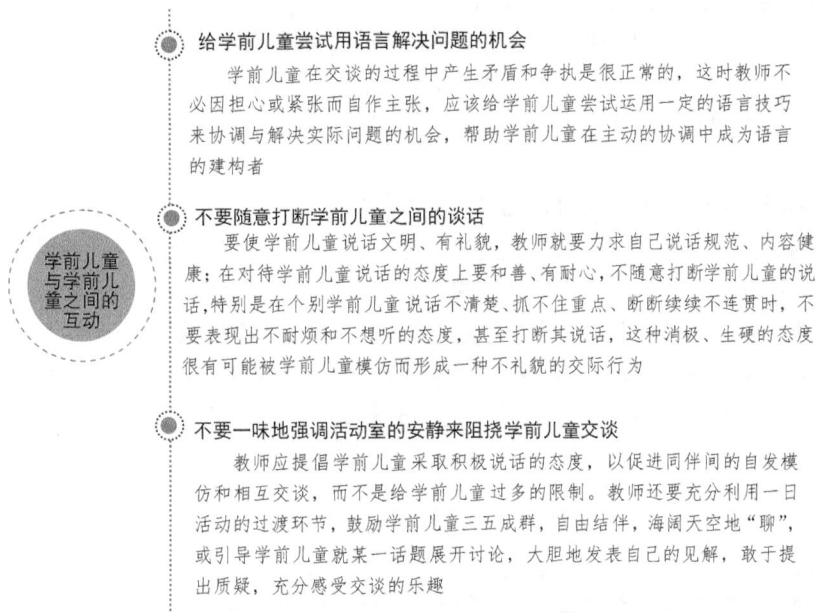

学前儿童与学前儿童之间的互动

○ **给学前儿童尝试用语言解决问题的机会**
　　学前儿童在交谈的过程中产生矛盾和争执是很正常的，这时教师不必因担心或紧张而自作主张，应该给学前儿童尝试运用一定的语言技巧来协调与解决实际问题的机会，帮助学前儿童在主动的协调中成为语言的建构者

○ **不要随意打断学前儿童之间的谈话**
　　要使学前儿童说话文明、有礼貌，教师就要力求自己说话规范、内容健康；在对待学前儿童说话的态度上要和善、有耐心，不随意打断学前儿童的说话，特别是在个别学前儿童说话不清楚、抓不住重点、断断续续不连贯时，不要表现出不耐烦和不想听的态度，甚至打断其说话，这种消极、生硬的态度很有可能被学前儿童模仿而形成一种不礼貌的交际行为

○ **不要一味地强调活动室的安静来阻挠学前儿童交谈**
　　教师应提倡学前儿童采取积极说话的态度，以促进同伴间的自发模仿和相互交谈，而不是给学前儿童过多的限制。教师还要充分利用一日活动的过渡环节，鼓励学前儿童三五成群，自由结伴，海阔天空地"聊"，或引导学前儿童就某一话题展开讨论，大胆地发表自己的见解，敢于提出质疑，充分感受交谈的乐趣

图9-1　学前儿童与学前儿童之间的互动

3．促进群体之间互动

群体之间互动是指两个或多个学前儿童之间积极、主动地交流与沟通。这是一种层次更高的互动，因而对学前儿童的要求也更高，因为每个学前儿童都是群体中的一分子，在群体中可以增强学前儿童的集体观念，培养学前儿童相互关心、相互帮助的品格，提高他们的参与意识、竞争意识和交往能力。群体互动的形式主要有以下三种。

（1）在日常生活中，教师可以采取小组与小组互动的方式，组织学前儿童进行讨论、辩论等。

（2）教师可以组织学前儿童欣赏大学生唇枪舌剑、针锋相对的辩论场面，感受辩论场上的激烈气氛，懂得辩论不仅要善辩、巧辩，更要以理服人。

（3）在上述两点的基础上，寻找一些学前儿童喜欢并能发挥的题目，让学前儿童辩论。这时，为了小组的荣誉，学前儿童就会集中注意力倾听对方发言，快速讨论和组织反驳材料，及时应答，并依靠大家的智慧和行动争取赢得胜利。

这种学前儿童群体之间的互动会对学前儿童提出更大的挑战，也会使学前儿童在交往语言建构中更多地受益。

（三）观察分析

学前儿童语言学习和发展的过程是一个极具个性特征的过程。不同的学前儿童在语言学习的速度、效果及动用语言进行交际的积极性等方面都表现出不同的特点。为此，学前儿童语言教育必须在顾及同龄群体需要的同时，照顾到个别学前儿童的发展特征。

在日常交往的自然情境中，学前儿童往往能真实地表现自己的语言交际水平，以及语言表达的态度和行为习惯。如果教师能够留心观察，就能动态地了解每个学前儿童的语言交往能力和交往态度，并根据不同情况因材施教，做好个别指导。

1. 对于语言表达能力较强的学前儿童

教师要向语言表达能力较强的学前儿童提出略高于其现有水平的要求，使其在语言发展上"更上一层楼"。例如，请他们给大家讲述故事和见闻，朗诵或表演儿歌；委托他们转达教师的意见和要求。当他们用词不当或说话不符合语法规范时，教师应当及时予以纠正，以便不断提高他们的口语水平。

2. 对于不爱说话、语言表达能力较差的学前儿童

对于不爱说话、语言表达能力较差的学前儿童，教师要主动亲近他们，有意识地与他们交谈，解除他们说话的顾虑，鼓励他们大胆说话，以增强他们谈话的兴趣和信心。

3. 对于语言发展中出现各种问题甚至产生语言障碍的学前儿童

对于这种学前儿童，教师既不可操之过急，也不能听之任之，而是要更加细心地去观察和了解他们语言发展中的实际情况，找出问题，分析原因，并为他们制订合适的语言辅导计划和方案，耐心地、有针对性地进行个别指导，以免因错过关键期而造成学前儿童语言发展的终身问题。

第二节　活动区角中的语言教育

引导案例

张老师为了提高幼儿的语言能力，在班级中创设了一个小小的"图书馆"，"图书馆"不仅有适合幼儿阅读的各种图书资料，还有温馨的阅读环境。

每天中午，张老师都在"图书馆"中读一会儿书。在张老师的引导下，幼儿们都爱上了这个小小的"图书馆"，每天跟着张老师一起读书，还跟着张老师一起自制图书，或一起讨论书中的人物和情节。张老师还带领幼儿表演图书中的内容，组织故事讲演活动，鼓励他们自己制作图书。幼儿在"图书馆"中不仅学到了知识，还提高了自己的语言能力，提高了对阅读的兴趣。

生活中的任何情境都可以成为教师进行语言教育的重要机会，除了专门的语言教育活动外，创设各种活动区角也是提高学前儿童语言能力的重要方式。在活动区角中，学前儿童可以积极说话并能得到积极的应答。

活动区角具有浓厚的学习与交流氛围，教师应有目的、有计划地为学前儿童创造自由、宽松的语言环境，吸引学前儿童与其他人交谈，体验语言交流的乐趣。

一、图书角

（一）图书角的建设

图书角是以阅读活动为中心而构思设计的活动天地。图书角的建设具有以下作用。

（1）通过对这个区域的空间和环境材料的设计，创设温馨的阅读环境，吸引学前儿童积极、主动地参加阅读活动，愉悦情感，开阔视野，让其对阅读产生浓厚的兴趣。

（2）根据学前儿童的心理特点选择阅读书目，满足他们自主阅读的需求。

（3）通过阅读区的师幼共读，培养学前儿童主动阅读的习惯和能力，获得阅读的经验和体验，提高阅读的效益和乐趣。

（4）习得阅读的技巧和方法，培养学前儿童良好的阅读习惯。

教师在进行图书角的设计时，要考虑以下三点，如图9-2所示。

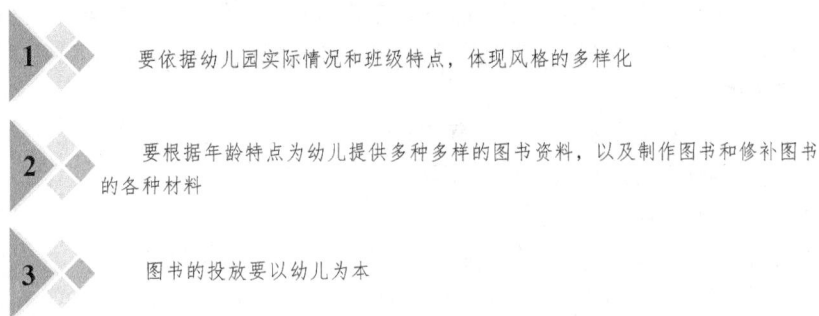

1 要依据幼儿园实际情况和班级特点，体现风格的多样化

2 要根据年龄特点为幼儿提供多种多样的图书资料，以及制作图书和修补图书的各种材料

3 图书的投放要以幼儿为本

图9-2　图书角的设计依据

其中，图书角的图书资料包括以下内容。

（1）内容多种多样的连环画、图卡、工具书等。

（2）形式多种多样的立体图书、墙面书（使用比较结实的材料，如无纺布、硬纸板等，做成书并粘贴在墙面上）、地面书（设计地面阅读材料，如"跳房子"，引导学前儿童有序地找到画面或文字，说出图片上的人和事物或编讲故事）、异形书。

（3）能满足师幼共读的大书。

（4）制作材料多种多样的自制布书、纸盒书等。

在选择图书资料时，小班学前儿童的图书应色彩鲜艳，画幅大，情节简单并贴近学前儿童的生活，注意书的纸质应比较结实，相同的图书要多；中、大班学前儿童可以考虑故事人物、情节复杂一些的图书，书的种类要多，注意投放学前儿童自制的图书。阅读材料要分类投放，分类的标志可以由学前儿童来设计。

在设计图书角时，教师要注意以下三点，如图9-3所示。

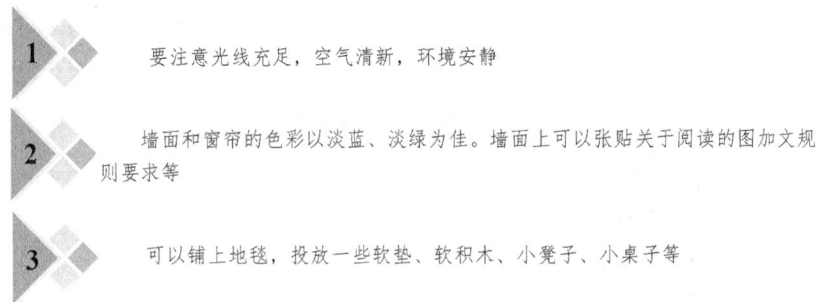

1 要注意光线充足，空气清新，环境安静

2 墙面和窗帘的色彩以淡蓝、淡绿为佳。墙面上可以张贴关于阅读的图加文规则要求等

3 可以铺上地毯，投放一些软垫、软积木、小凳子、小桌子等

图9-3　设计图书角的注意事项

（二）指导要点

1．寻找阅读材料

教师要从生活中寻找阅读素材，如各种食品、玩具的说明书，服装上的标牌，广告，交通安全标志牌等，将这些素材放在阅读区便于学前儿童一一阅读、观察，并为他们提供一定的帮助。慢慢地，学前儿童不断积累，就能够逐渐将语言知识迁移、内化。

教师要根据不同年龄层次的学前儿童语言发展的需要，选择画面生动、色彩鲜艳、语言简单准确、内容短小有趣、贴近学前儿童生活的图书，投放在阅读区内。需要注意的是，学前儿童的动作仍然比较笨拙，应当尽量提供一些不易撕破的图书。同时，要根据学前儿童语言发展的差异性选择多种多样的阅读材料，通过不同的阅读材料满足不同学前儿童的阅读需求。

2．建立必要的阅读规则

图书角阅读规则的建立有利于学前儿童养成良好的阅读习惯，促进学前儿童阅读活动的顺利开展。图书角的规则主要包括以下四个方面。

（1）根据图书角范围的大小调控人数。

（2）在图书角要走路轻，说话轻，轻拿轻放图书，保持阅读环境的安静。

（3）两人同时选择一本书时，由两人协商解决，学习轮换阅读和分享阅读。

（4）图书阅读后要放回原处。

建立图书角规则的关键是教师要引导学前儿童理解规则，遵守规则。图书阅览规则可以用图加文的方式张贴在图书角，并介绍给学前儿童。

3．及时更换和介绍新图书

教师要及时观察、分析学前儿童的阅读情况，分析其阅读行为。根据学前儿童的实际情况引导学前儿童发现图书的趣味，及时更换、增添新的图书，提高图书角对学前儿童的吸引力，如图9-4所示。

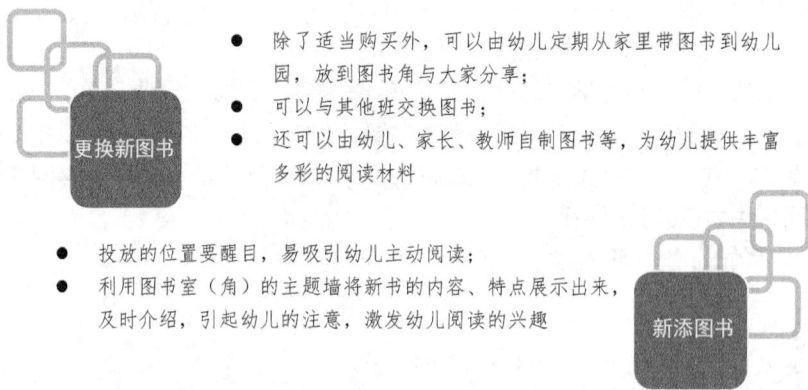

更换新图书
- 除了适当购买外，可以由幼儿定期从家里带图书到幼儿园，放到图书角与大家分享；
- 可以与其他班交换图书；
- 还可以由幼儿、家长、教师自制图书等，为幼儿提供丰富多彩的阅读材料

- 投放的位置要醒目，易吸引幼儿主动阅读；
- 利用图书室（角）的主题墙将新书的内容、特点展示出来，及时介绍，引起幼儿的注意，激发幼儿阅读的兴趣

新添图书

图9-4　及时更换和介绍新图书

4．养成良好的阅读习惯

良好的阅读习惯如图9-5所示。

其中，学前儿童阅读图书的基本方法有以下四点。

（1）要端端正正地把书放在桌上（正置书）。

（2）一页一页有序看书，避免无序翻看。

（3）两指捻翻书页，避免五指一把抓书页。

（4）阅读时要从左到右、从上到下。

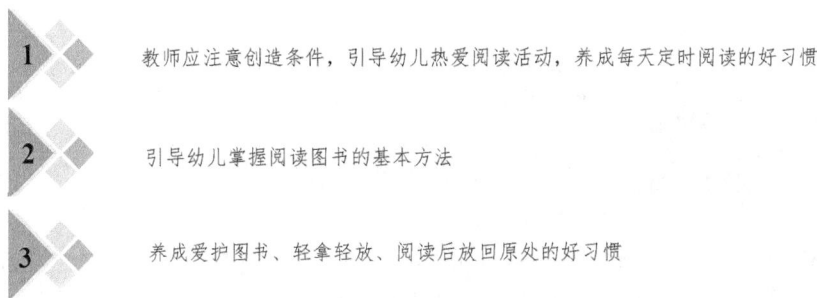

1　教师应注意创造条件，引导幼儿热爱阅读活动，养成每天定时阅读的好习惯

2　引导幼儿掌握阅读图书的基本方法

3　养成爱护图书、轻拿轻放、阅读后放回原处的好习惯

图9-5　良好的阅读习惯

5. 引导学前儿童表达和表现图书内容

引导学前儿童表达和表现图书内容主要有三种方式，如图9-6所示。

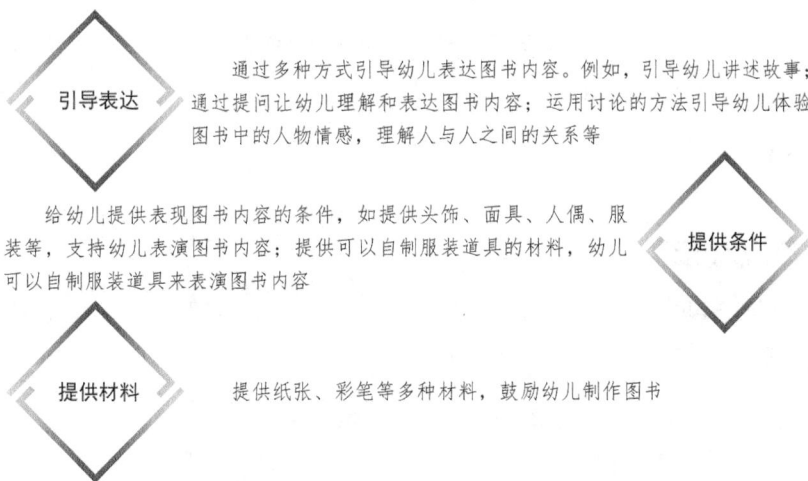

引导表达　通过多种方式引导幼儿表达图书内容。例如，引导幼儿讲述故事；通过提问让幼儿理解和表达图书内容；运用讨论的方法引导幼儿体验图书中的人物情感，理解人与人之间的关系等

给幼儿提供表现图书内容的条件，如提供头饰、面具、人偶、服装等，支持幼儿表演图书内容；提供可以自制服装道具的材料，幼儿可以自制服装道具来表演图书内容　提供条件

提供材料　提供纸张、彩笔等多种材料，鼓励幼儿制作图书

图9-6　引导学前儿童表达和表现图书内容

6. 开展有趣的图书角活动

图书角活动主要有以下五种。

（1）分享阅读：学前儿童与学前儿童、学前儿童与教师、学前儿童与家长共同阅读。

（2）故事大王：开展故事会和故事比赛活动，让学前儿童主动阅读。

（3）图书制作：引导学前儿童自己画图书或手工粘贴图书，从学前儿童的实际生活出发，引导学前儿童运用心的体验和手的制作促进语言发展。

（4）图书展览会：可以由学前儿童、教师、家长等收集多种多样的图书，开办一个"图书展览会"，学前儿童可以向其他同伴介绍图书。

（5）"问题树"墙饰：教师收集学前儿童感兴趣的问题，也可直接让学前儿童提问题，让学前儿童与家长将问题用图加文的方式写或画出来，引导和支持学前儿童自己去查阅图书来解决问题。

（三）实践练习

教师与学前儿童可以制作多种多样的图书，其材料与制作方法如图9-7所示。

材料与工具

- 多种多样的纸张（可以是废旧的）；
- 废旧的纸袋（制作图书封面）；
- 单个的花草树木、人物、动物图样，多种彩笔；
- 浆糊（胶水、双面胶）等

制作方法

- 长长的书：将纸裁剪成长条形，根据年龄班确定页数，用折扇子的方式来回折叠成书，拉开变成长长的书；
- 折叠书：将8开的纸放在桌上，先宽对宽对折，再宽对宽对折，第三次宽对宽对折；然后打开一次，再打开一次，用剪刀从纸的合口处剪到折痕的中点，翻折成书，可以在纸上写上幼儿喜欢的内容；
- 异形书：根据书的内容剪成需要的形状

图9-7　图书自制的材料和方法

二、视听角

（一）视听角的建设

视听角是利用各种现代技术为学前儿童创设视听结合的、发展学前儿童语言能力的活动区角。视听角设施设备的投放应因地制宜，如图9-8所示。

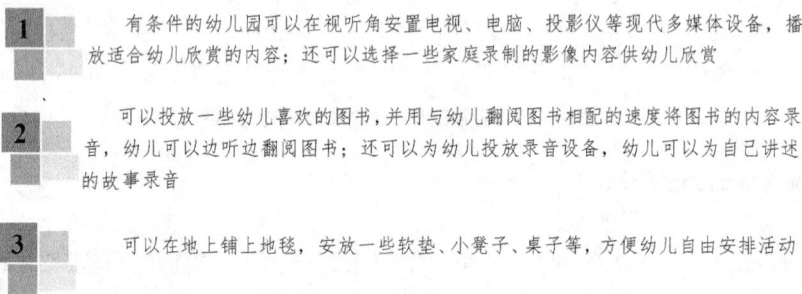

1　有条件的幼儿园可以在视听角安置电视、电脑、投影仪等现代多媒体设备，播放适合幼儿欣赏的内容；还可以选择一些家庭录制的影像内容供幼儿欣赏

2　可以投放一些幼儿喜欢的图书，并用与幼儿翻阅图书相配的速度将图书的内容录音，幼儿可以边听边翻阅图书；还可以为幼儿投放录音设备，幼儿可以为自己讲述的故事录音

3　可以在地上铺上地毯，安放一些软垫、小凳子、桌子等，方便幼儿自由安排活动

图9-8　视听角的设施设备

（二）指导要点

1. 选择和创编视听教材

由于现代化的视听设备，特别是电子媒体能给学前儿童带来多种多样的语言和知识信息，视听材料的质量和内容与学前儿童的成长密切相关，因此，教师应该精心筛选视听教材。视听教材的选择要求如下。

（1）提供画面优美、轻松活泼的美术片、动画片。

（2）选择主题鲜明、短小精悍的故事、诗歌、散文音频。

（3）选择欢快活泼、优美动听的音乐音频。

（4）选择生动有趣、奇妙动听的自然界或社会中的多种声响。

（5）教师、学前儿童、家长自制的视听材料。

2．学前儿童学习操作视听设备的方法

学前儿童学习操作视听设备的方法有两种，如图9-9所示。

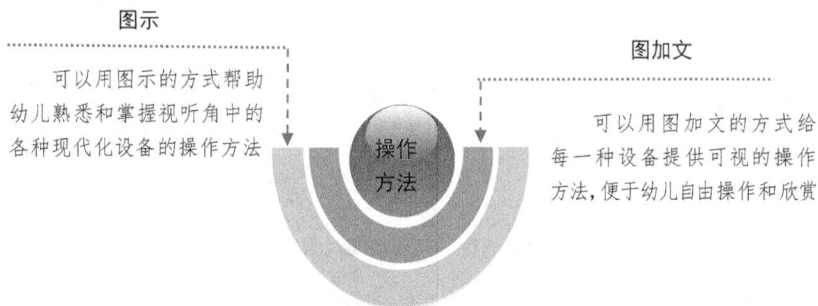

图示

可以用图示的方式帮助幼儿熟悉和掌握视听角中的各种现代化设备的操作方法

操作方法

图加文

可以用图加文的方式给每一种设备提供可视的操作方法，便于幼儿自由操作和欣赏

图9-9　学前儿童学习操作视听设备的方法

3．支持和引导学前儿童主动积极地视听

观看和倾听视听材料不同于阅读图书，其画面和声音是流动的，往往一闪而过，学前儿童有时会忽略一些画面和声音的信息，影响对材料的感知和理解。因此，教师可以根据具体情况，运用以下方法来支持学前儿童的视听活动。

（1）连贯视听。连贯放映或播放整段或整部美术片、故事、诗歌、散文，使学前儿童完整观看、倾听，并获得完整印象。这种方法多用在视听活动的开始和结束阶段，帮助学前儿童获得作品的完整印象。使用连贯视听方法时要注意两点：一是作品的篇幅不宜过长，以免学前儿童疲劳；二是观看前可以提出观看要求和问题，观看过程中提醒学前儿童应该注意的重点，观看后要求学前儿童讨论和表达。

（2）重复视听。为了满足学前儿童的愿望，也为了学前儿童更好地欣赏连续变化的视听材料，加深学前儿童对作品的理解，可以用完整重现和部分重现的方法。教师要注意提出视听的要求，让学前儿童抓住作品中的动作、语言、表情等，清晰地感知视听材料的内容，以促进语言发展。

（3）定格观看。让屏幕上的某个画面暂时固定不动，学前儿童可以仔细观察画面，并理解内容。

（4）复述和朗诵。让学前儿童在反复倾听故事的基础上，尝试基本按照原文自然地讲述。

4．开展生动有趣的视听角活动

视听角活动主要有以下类型，如图9-10所示。

复述和朗诵

- 复述是指幼儿在反复倾听故事的基础上，尝试基本按照原文自然地讲述故事的活动，复述故事可以全文复述，也可以分段复述
- 朗诵是指幼儿在反复欣赏或学习诗歌、散文后，尝试自己有感情地复述诗歌、散文

图9-10　视听角活动

- 幼儿在多次欣赏动画片等音像的同时，感受片中的形象、意境、音乐的美，特别是富有特色的语言，然后关掉声音，让幼儿为画面配音
- 幼儿给画面即兴配音，还可以用纸盒制作"小小电视机"等

声像配乐

听音响
讲故事

向幼儿播放优美的旋律或自然界和社会中存在的声响，然后通过提问等方式引导幼儿展开想象，把自己对音乐和声响的感受编成故事讲给大家听

图9-10　视听角活动（续）

此外，还有录音游戏，教师或学前儿童用录音设备把自己讲的话录下来，放给其他学前儿童听，或开展新闻播报等专题活动。

三、表演角

表演角是学前儿童用动作、表情、语言来表现自己对语言文学作品的理解和再现作品内容的表演活动区角，学前儿童在这里可以用自己创编的故事及针对他们经历过的事件进行表演。

表演角主要包括哑剧、故事剧、木偶剧、分角色阅读、皮影戏、主题角色剧及故事表演等。

设计和布置表演角的积极意义主要有三点，如图9-11所示。

1 满足幼儿表现文学作品内容和自己创编故事，以及表现自己经历过的事件的需要

2 幼儿能在表演活动中积极主动地运用语言和非语言材料，提高语言表达能力。同时，表演游戏可以激发幼儿丰富的学习潜能

3 幼儿不仅可以学习语言，其学习范围还可以扩展到科学、数学、社会、艺术等多个领域

图9-11　设计和布置表演角的积极意义

（一）表演角的建设

表演角的建设主要包括：根据幼儿园和本班实际情况，教师可以设计固定式的表演角、小舞台；根据活动室的门厅、过道、走廊等具体位置和形式设计表演角和可移动的小舞台；投放服装道具、头饰、面具、人偶等表演材料，学前儿童可以自由地进行表演活动。

（二）指导要点

表演角的指导要点主要有以下六个方面。

1．提供丰富的材料，营造表演的氛围

（1）支持学前儿童积极参与表演角环境的设计和布置，和其他学前儿童一起搭建小舞台，布置墙饰和背景。图9-12所示为学前儿童布置的表演角。

（2）根据语言文学作品活动和视听活动的内容制作道具、头饰、人偶等。图9-13所示为学前儿童因角色需要为自己制作的面具。

图9-12　表演角环境布置

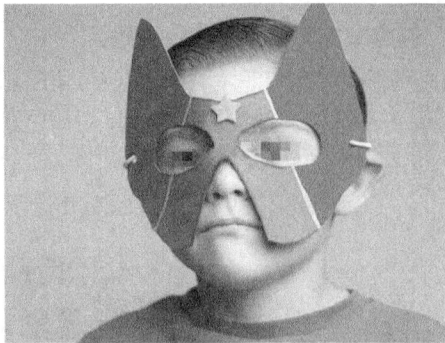

图9-13　学前儿童为自己制作的面具

（3）提供适合作品角色的服装，引导学前儿童利用废旧物品制作服装道具。图9-14所示为学前儿童利用废旧纸壳为自己制作的服装道具。

图9-14　利用废旧纸壳制作的服装道具

2．引导学前儿童感受和理解作品，把握角色特点

理解作品是学前儿童表演的前提和基础。表演作为文学作品活动的延伸和拓展，要注意与文学作品活动结合。教师既要引导学前儿童理解故事、诗歌、散文、绕口令等作品的内容，又要帮助学前儿童学习运用声调、节奏、速度等来表现人物角色的性格特点，有感情地朗诵。

3．鼓励幼儿按自己的意愿表演

学前儿童的表演不能停留在模仿上，教师应该给学前儿童留出创造空间，鼓励他们自己决定表演内容，自己分配角色，尊重学前儿童对作品的理解和演绎。

4．表演活动生成环境，环境支持活动

为了支持和鼓励学前儿童的表演活动，教师可以将表演活动的构思设计过程用图画、实物、照片等记录在墙上，形成动态的活动墙饰，为师幼互动和家园互动提供媒介，并成为活动进一步发展的依据和线索。将活动与环境创设有机地结合起来，形成"活动生成环境，环境支持活动"的良性循环。

5. 参与学前儿童的表演活动

教师除了通过提供材料来支持学前儿童的创造性表演活动外，还能以某一角色身份参与学前儿童的表演活动，间接地引导学前儿童运用语言、表情和动作来表现角色，创造性地再现作品内容。

6. 开展丰富多彩的表演角活动

幼儿园活动室的空间有限，在利用角落和区域时应该因地制宜。由于语言既是学前儿童学习的对象又是学前儿童交流的工具，所以教师要注意发挥其他活动区角的语言教育功能和作用。活动区角的创设形式是多种多样的，可以根据本班实际情况设置，如构建讲述角、悄悄话角、电话亭、图书"印刷厂"等。图9-15所示为幼儿园图书角。

图9-15 幼儿园图书角

四、墙面阅读环境

幼儿园墙面阅读环境是幼儿园环境创设的重要内容，也是推动学前儿童语言发展的重要方式，一般分为幼儿园图书馆、故事墙与诗歌墙、亲子阅读墙。

（一）幼儿园图书馆

在幼儿园图书馆中，学前儿童将日常生活与幻想世界相结合，创造出一个纯真的神奇世界。学前儿童可以展开想象的翅膀，在浩瀚的文学世界里遨游。

（二）故事墙与诗歌墙

依据学前儿童的年龄特征和认知水平，在故事墙与诗歌墙上有选择地分阶段投放故事、诗歌和儿歌，并将教师、学前儿童或家长为故事、诗歌创作的图画展示出来，帮助学前儿童理解故事、诗歌。

（三）亲子阅读墙

在亲子阅读墙上享受读书的乐趣是阅读的精髓，学前儿童的感觉是轻松、愉快的。在亲子阅读墙上分享阅读的快乐，可以为学前儿童日后的学习奠定健康的心理基础。

第三节　学前儿童语言教育需要家园配合

引导案例

皮皮今年上大班了，可是依旧说不清楚普通话，他说话时总是带有浓重的湖南口音，小伙伴们与皮皮交流起来都有些困难。老师没少花工夫教皮皮讲普通话，可是皮皮的普通话一直进步不大。在一次家访中，老师找到了这一问题的原因。

原来皮皮的爸妈、爷爷、奶奶都是湖南人，大家交流时都用家乡话。虽然皮皮白天学习普通话，可是在家就一直用家乡话和家人交流，这样就难以养成说普通话的习惯。

老师找到这一原因后，和皮皮的家长进行了沟通。为了让皮皮更好地掌握普通话，老师要求家长给皮皮创造说普通话的机会，平时尽量用普通话和皮皮交流。听取了老师的建议后，皮皮的家长马上就实施起来，一段时间后，皮皮的普通话有了很大的进步，家园配合取得了良好的成果。

在家庭环境中，学前儿童与家人随时随地都在交流，家长对学前儿童语言教育的影响是巨大的。如果教师的学前儿童语言教育活动可以得到家长的支持，或家长与幼儿教师的语言教育目标能够达成一致，将会大大促进学前儿童语言能力的提高。因此，在教学活动中，教师要与家长保持充分的沟通与交流，共同促进学前儿童语言智能发展。

一、在家庭中进行学前儿童语言教育

《纲要》强调"家庭是幼儿园的重要伙伴。应本着尊重、平等、合作的原则，争取家长的理解、支持和主动参与，积极支持、帮助家长提高教育能力"。家庭中蕴藏着丰富的教育资源，家庭教育多以非正式的、随机的、个别化的教育方式进行，在学前儿童语言教育方面独具优势。家庭中学前儿童语言教育的优势主要体现在以下四个方面。

（一）亲情关系

父母是孩子最早的启蒙老师，从咿呀学语到出口成章，父母的影响无处不在，孩子的成长倾注着他们的深情和爱意。因为有亲情，孩子有安全感，这样有利于激发孩子对语言活动的兴趣；因为是个别教育，亲子之间容易产生双向互动，宽松和谐的心理氛围和及时的应答活动有利于学前儿童语言能力的全面发展。

（二）教育的个别化

由于孩子年龄小，口语表达能力在不断完善的过程中，容易出现错音、错词和语病等问题，父母会及时给予帮助，有利于孩子的模仿学习。在阅读图书的时候，父母可以与孩子进行分享式的阅读活动，与孩子一起阅读，一边看一边读，一边问一边讲。这种"一对一"的教育方式可以及时支持和帮助孩子，孩子易感受亲情，体验成功。

（三）语言与语境匹配

学前儿童的思维是以具体形象为主的，理解语言和表达交流都有赖于语言情境，在具体的语言情境中，他们能够较好地理解语义。父母与孩子的语言交谈，都有一个客观的语言环境，孩子可以自己发起和控制话题，这些话题是孩子感兴趣的，符合孩子的需要和语言发展水平，而且与当时的语境相匹配。

（四）随机灵活的语言教育

家庭中的语言教育没有固定的大纲和教材，内容、方法和时间都是随机的。在家庭环境中，亲子间随时随地都在交流，不受时间、地点和形式的限制，活动空间的流动使交流的内容也不断地发展和变化，有着宽松、自由的谈话氛围。孩子在与亲人的欢聚中同时发展了口语表达能力。

二、语言教育的家园配合

为了使家园配合更好地发挥作用，教师应引导家长明确以下学前儿童语言教育的意义。

（一）让家长明确学前儿童期是人类学习语言的关键期

学前儿童期是人一生中掌握语言最迅速的时期，也是最关键的时期。3岁是学习语音的关键期；3~6岁则是学习词汇和语法的关键期。因此，教师应该通过多种有效的途径，将幼儿园、家庭、社区教育结合起来，帮助家长把握好学前儿童学习语言的关键期，使幼儿园和家庭形成一股教育的合力，家园一致地促进学前儿童的语言发展。

（二）让家长明确学前儿童语言教育可以促进学前儿童全面发展

语言智力是用于听、说、读、写的交际和交流能力，也是个人在社会中赖以生存的一种重要能力，与学前儿童的全面发展息息相关。为了开发学前儿童的语言智力，心理学家和教育学家建议家长要密切关注学前儿童语言智力的发展。家长的重视和家园一致的创设，对开发学前儿童的语言智能会有很大的帮助。

（三）让家长明确家园配合共同教育的必要性

学前儿童的语言学习大多是在模仿中习得的，语言学习的特殊性要求家庭与幼儿园必须保持高度的连续性和一致性。

家长的参与和支持是非常必要的。虽然幼儿园语言教育是全面教育，有专门的教师，有精心设计的活动，但还需家长积极参与，家园一致地将语言教育渗透到家庭中。

家庭是语言教育活动延伸的重要场所。将语言教育延伸到家庭，让家长成为学前儿童语言学习的指导教师，使家庭教育成为幼儿园语言教育活动中的一个反复或"回放"，能够使学前儿童的学习得以巩固和发展。

教师应该让家长知道自己孩子班上的语言教育目标，家庭教育应当与幼儿园教育保持统一的目标。语言教育的目标在方向上应该与《纲要》保持一致，重视学前儿童语言运用能力的发展，重视学前儿童早期阅读的发展，最终实现促进每一个学前儿童语言智能全面发展的教育目标。

思考与实训

一、思考题

（一）名词解释

1. 日常交谈
2. 图书角
3. 视听角
4. 表演角

（二）简答题

1. 简述日常交谈的特征。
2. 简述日常交谈的表现形式。

（三）论述题

1. 阐述语言区角的环境创设与指导要点。
2. 阐述家园配合开展语言教育活动的重要性。

二、案例分析

【活动名称】

"春夏秋冬"的故事

【活动目标】

1. 观察书中的画面，尝试说完整句"××在××地方××（干什么）"的练习。

2. 能用熟悉的动词，如"飞""跳""爬""找"等来较准确地描述小动物的动态。

3. 感受用指偶在阅读布书过程中"游玩""游戏""触摸"的奇妙乐趣。

【活动过程】

1. 出示布书，让幼儿感受布书的不同。

2. 教师用指偶带领幼儿进入布书"春""游玩"，配合指偶的动作，教师示范完整句的讲述、动词的使用。

3. 幼儿自己选戴动物指偶，介绍自己的小动物，说说小动物喜欢怎么玩（教师提示准确的动词的使用和完整讲述）。

4. 幼儿的小动物指偶在布书第一页、第二页"春""夏"中一边游玩一边讲述。

5. 互换指偶，幼儿自由讲述第三页、第四页"秋""冬"。

6. 幼儿进入读书角，自选布书，带上指偶阅读。

对此活动案例进行分析和点评。

三、拓展训练

1. 举例说明日常生活中的语言教育策略。
2. 收集家庭中语言教育的方法，并在班级内进行交流。

第十章

学前儿童语言教育的评价

【学习目标】

➢ 认识学前儿童语言教育评价。

➢ 了解学前儿童语言教育评价的原则。

➢ 掌握学前儿童语言教育评价的途径。

➢ 了解学前儿童语言教育评价的发展。

教育评价是幼儿园教育工作的重要组成部分，是提高学前儿童教育质量的必要手段。语言教育对于学前儿童的生活与发展具有重要的意义，进行学前儿童语言教育评价可以促进学前儿童语言能力的发展，控制、引导与调节整个学前儿童语言教育活动，为学前教育管理和决策提供依据。

第一节　认识学前儿童语言教育评价

引导案例

王宁是一名刚刚结束实习期的幼儿园教师。这一天，园长带领王宁与其他教师一起观摩幼儿园中一班的语言教育活动，并要求教师们在活动结束后对此次教育活动进行评价。

活动以"感恩"为主题，旨在通过开展活动让幼儿懂得感恩，培养幼儿从小学会感恩的优秀品质。活动中，教师讲述了感恩节的来历，并邀请家长与孩子进行互动，结束时，教师播放了关于"感恩"的真实故事。

在整个活动过程中，王宁都听得非常认真。活动结束后，大家都纷纷写下了对此次活动的评价，王宁却不知如何下笔，想了半天才写了两点。而园长与其他教师对此次活动有很多看法，写了很多，有些是王宁已经想到的却没有写下来，有些是王宁根本没有注意到的，但园长和其他教师想到了。

王宁发现自己并不知道如何对语言教育活动进行总结和评价，毫无头绪和方法，即使自己听得很认真，也没有太大的帮助。

在幼儿园教育实践中，教师对自己及他人的教育活动进行评价，提出自己的看法，分析教育活动的优点与不足，不仅能让自己获得专业性的发展，而且能帮助执教教师从他人的视角来审视活动。因此，在学前儿童语言教育中，学会如何对自己及他人的教育活动进行评价是幼儿园教师必备的专业技能之一，也是幼儿园教师专业发展的重要途径。

一、学前儿童语言教育评价的内涵

学前教育评价是在一定的教育价值观的指导下，采取科学的方法对与学前教育活动有关的各个方面进行价值判断的过程。学前儿童语言教育评价是在遵循学前儿童教育规律的基础上，根据《纲要》的要求，采用科学的方法，对学前儿童的语言教育活动情况进行量化与质化，从而获得科学的数据。

改进学前儿童语言教育，提升学前儿童语言教育质量，主要从四个方面进行评价，如图10-1所示。

图10-1 学前儿童语言教育评价的内涵

学前儿童语言教育评价是对学前儿童语言教育的价值做出判断的过程，是收集语言教育活动的设计、组织和实施过程中各方面的信息，依据一定的客观标准对教育活动及其效果做出客观衡量和科学判断的过程。

二、学前儿童语言教育评价的作用

学前儿童语言教育评价能够鉴定学前儿童语言发展状态与水平，同时为研究学前儿童语言教育活动提供有效的数据材料。学前儿童语言教育评价的作用如下。

（一）提高教育质量

评价是为了找出存在的问题，提高教育的质量。在收集资料、分析数据的过程中，能研究、检查学前儿童语言教育活动的有效性，改善学前儿童语言教育的实施方案，保障学前儿童语言教育的质量。

学前儿童语言的发展，如果方法得当，措施得法，会有一个质的飞越，同时也能为学前儿童将来的语言发展打下良好的基础。

在学前阶段，学前儿童语言在生理上和心理上都处于一种不断成熟的阶段，大脑思维在不断地发展，外界语言的刺激能对学前儿童大脑思维的完善起到促进作用。

教育的本质是提高受教育者的能力，学前儿童语言教育是学前儿童认识世界的重要途径，也是提高学前儿童人际交往能力的重要方式。学前儿童语言教育评价在提高教育质量方面能起到重要的作用。

（二）反馈作用

评价作为一种"反馈—矫正"体系，可以反馈与确认教师教育和学前儿童学习的效果，即"激发动机效应"。教师对教育活动的设计与组织通过评价被确认存在缺陷和不足时，就具有激发教师改进和调整语言教育活动的作用；反之，良好的成果一经确认，将会激发教师在这一方面继续努力。

调整效应激发"成功强化效应"，强化教师所选择的成功、有效的教学内容和方法，弱化失败经验的效应，可以促使教师改正不适当的、经实践证明失败的内容和方法，从而提高教师自我教育评价和从事教育工作的能力。

（三）诊断作用

诊断学前儿童在语言教育活动前期、中期、后期的语言发展状况，主要是诊断语言教育内容与目标的适合程度、内容与学前儿童语言发展水平的适合程度、内容和方法与学前儿童兴趣点的适合程度，以便帮助教师及时调整语言教育内容，改进语言教育方法，并因材施教，有的放矢地进行个别指导。

（四）增效作用

通过不断地总结、调整和改进，每次语言教育都能避免零作用或副作用，从而逐渐提高语言教育的教学质量。及时的评价可避免许多"无效劳动"，及时改进、调整和完善语言教育活动，增进教育的实效性。这种评价还可以为学期或学年总评积累素材。在评价的过程中剖析语言教育实践，是形成语言教育整体结构和运行机制的一种手段，能够帮助教师改进薄弱环节和不足之处，发扬优点。

三、学前儿童语言教育评价的内容

学前儿童语言教育评价是由幼儿教师依托一定的语言教育活动对学前儿童实施的一种有目的、有计划、有组织的评价活动。学前儿童语言教育评价主要涉及教师和学前儿童两个主体及语言教育活动本身这样一个客体。因此，对学前儿童语言教育活动进行评价应包括以下三个方面。

（一）对幼儿教师的评价

学前儿童语言教育评价的目的之一是促进教师教学行为的改变，所以对幼儿教师的评价是学前儿童语言教育评价的一个重要方面。

对幼儿教师的评价主要包括三个方面，如图10-2所示。

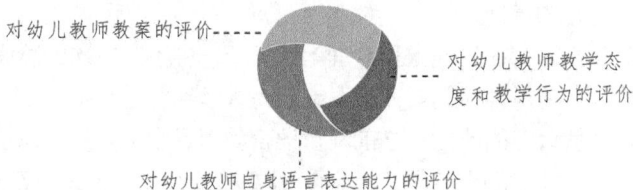

对幼儿教师教案的评价

对幼儿教师教学态度和教学行为的评价

对幼儿教师自身语言表达能力的评价

图10-2　对幼儿教师的评价

1. 对幼儿教师教案的评价

教案是教师进行教学的一个重要物质载体。教师在进行教学前，必定会花一定的时间，参照相关的书籍、资料等编排教案。教案目标的表述是否全面，教案内容是否新颖，教案结构的设计是否合理等都在一定程度上反映出幼儿教师的教学观、教师观和儿童观。

2. 对幼儿教师教学态度和教学行为的评价

态度决定行为，幼儿教师在教学活动中采取什么样的态度，决定了教学活动中师幼互动的行为。在教学活动中，教师是否充分尊重学前儿童的主体地位，是否积极地对学前儿童进行语言教育等，都与教学活动中教师采取的态度密切相关，所以在进行教学评价时应关注幼儿教师的教学态度。

3. 对幼儿教师自身语言表达能力的评价

语言教育活动对教师本身的语言素质提出了较高的要求，特别是对于学前儿童来说，由于他们年龄小，身心发展不成熟，理解能力极其有限且易受到外界环境的影响，这就要求幼儿教师必须具备较强的语言表达能力。幼儿园的语言教育活动本身就在于给学前儿童创设一个"纯正"的语言环境，培养学前儿童良好的语言表达能力。

（二）对学前儿童的评价

在进行学前儿童语言教育评价时，对学前儿童的评价主要包括两个方面的内容。

1. 对学前儿童语言发展状况的评价

随着国外先进教育理论的不断引进，我国的教育目标从单一地强调知识与技能转变为"三维目标"，即"知识与技能""过程与方法""情感态度与价值观"三个目标维度。在对学前儿童的语言发展状况进行评价时，必须结合学前儿童的年龄特点，考虑学前儿童语言目标的达成情况。

2. 对学前儿童参与语言教育活动情况的评价

在进行学前儿童语言教育评价时，学前儿童参与教育活动的状态是进行评价的一个重要指标。在学前儿童语言教育活动中，如果学前儿童注意力集中，表现积极活跃，具有强烈的参与意识，能主动地提出疑问，对教师发起的互动行为能给予积极的反馈，能主动地创编、改编诗歌或故事等，则说明学前儿童真正地投入到活动中；反之，就说明学前儿童并未投入到活动中，这时就要求教师进行反思。

其中，对学前儿童语言发展状况的评价要围绕"三维目标"，《纲要》将语言教育的目标分为五点，如图10-3所示。

图10-3 语言教育的目标

（三）对语言教育活动本身的评价

语言教育活动是幼儿教师对学前儿童实施语言教育的重要载体。对语言教育活动本身的评价主要从以下方面进行考虑。

1. 对活动目标的评价

"新课改"提出了"三维目标"，《纲要》也将语言教育的目标分为认知目标、情感目标和能力目标，所以在对活动目标进行评价时，必须结合学前儿童已有的知识经验及其年龄特点，从"知""情""能"三个方面着手。

2. 对活动内容的评价

语言教育活动是根据一定的目标、围绕一定的内容进行的，其内容可以是诗歌、故事、散文等。语言教育活动开展的形式也是多种多样的，可以是教师根据一定的教学内容进行引导，也可以是学前儿童自由地表达自己的观点和感受。在对活动内容进行评价时，需要结合学前儿童的实际情况、活动目标和活动形式等展开。

3. 对活动过程的评价

语言教育活动过程包含了多种多样的因素，主要是教师和学前儿童的互动情况。在教师和学前儿童互动的过程中，教师语言是否具有童真童趣，教师是否注意和每个学前儿童互动，教师在互动的过程中主要采取哪些互动方式等，都是对活动过程进行评价时必须考虑的因素。

4. 对活动环境的评价

《纲要》明确指出："环境是重要的教育资源，应通过环境的创设和利用，有效地促进幼儿的发展。"由此可见，环境对学前儿童的发展是非常重要的。在语言教育活动中，教师应为学前儿童创设一个宽松、自由的语言交往环境，鼓励学前儿童表达自己的观点，促进学前儿童的主动探索与学前儿童之间的交往。

四、学前儿童语言教育的主要评价方法

（一）自由叙述法

自由叙述法是将对教育活动的意见、判断、感想等自由地写下来或说出来，通过文字叙述或口头语言的形式对教育活动加以评价的方法。

这种评价方法适合自我评价和对他人评价，主要采用文字的形式对教育活动进行点评。常用的评价形式有三种，如图10-4所示。

图10-4　常用的评价形式

这种评价方式没有进行大量的数据分析，不需要专门的可测量工具和复杂的评价程序。这种评价方式有利于综合反映活动过程中的情况，可以对静态的，如目标、内容、方法、材料和环境布置等进行评价；也可以对动态的，如学前儿童在活动中的行为表现等因素进行语言上的描述与分析。

（二）观察评价法

学前儿童的活动是不断变化的，尤其是在语言发展阶段。在学前阶段，学前儿童的语言表达能力不断地提高，表达方式发生变化，使用的词汇量不断增加。基于这种情形，我们可以通过对学前儿童行为表现的观察与了解来对整个教育活动的效果进行分析。

这种评价方法包括：分析活动目标的达成情况，活动内容和方法与学前儿童的适合程度，教育活动的运行状况；了解学前儿童活动后在语言方面产生的变化等。

观察评价法可使用的途径如图10-5所示。

创设语言情景下的观察

密集性、连续性观察

对提问、回答问题的观察

自然情景下的观察

巡视指导中的观察

观察评价法
可使用的途径

图10-5 观察评价法可使用的途径

观察评价法的优缺点如图10-6所示。

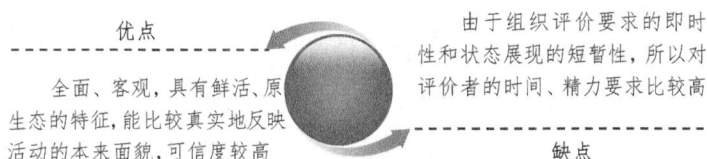

优点

全面、客观，具有鲜活、原生态的特征，能比较真实地反映活动的本来面貌，可信度较高

由于组织评价要求的即时性和状态展现的短暂性，所以对评价者的时间、精力要求比较高

缺点

图10-6 观察评价法的优缺点

（三）综合等级评定法

综合等级评定法是从纵向、横向两个维度确定评价的指标，对活动的各种因素、状态进行分析和评价，从而得到综合的评价信息。

1. 纵向维度评价

纵向维度评价指对构成语言教育活动的各种因素，包括目标、内容、形式、学前儿童参与活动程度、材料利用情况、师幼互动等进行评价。

2. 横向维度评价

横向维度评价指对语言教育活动的各种因素在运行过程中的状态及其等级进行评价。

这种评价方法可采用表格的形式进行量化。其中，横向维度评价采用的表格形式如表10-1所示。

表10-1 综合评价表

	目标	完全达到	基本达到	未达到
目标达成分析	目标1			
	目标2			
	目标3			
	适合程度	完全适合	部分适合	不适合
适合程度分析	内容			
	形式			
	参与程度	主动积极	一般参与	未参与
活动因素分析	材料利用	充分利用	一般利用	未利用
	师幼关系	积极主动	一般配合	消极被动

（四）间接信息评价法

学前儿童语言教育除了在幼儿园活动中能体现外，在家庭中也能体现。因此，在对学前儿童语言教育进行评价时，还需要对其家庭教育进行评价。

这种评价的方法可以通过问卷调查的方式进行。

（1）在问卷中涉及学前儿童在家庭中使用语言的情况与状态。

（2）在问卷中涉及学前儿童家庭成员的文化程度，在家庭中使用语言的状态与情况。

现在的学前教育不仅是幼儿园的教育，还需要家长的配合，家园配合才能实现对学前儿童语言教育的全方位提升。

间接信息评价法的优缺点如图10-7所示。

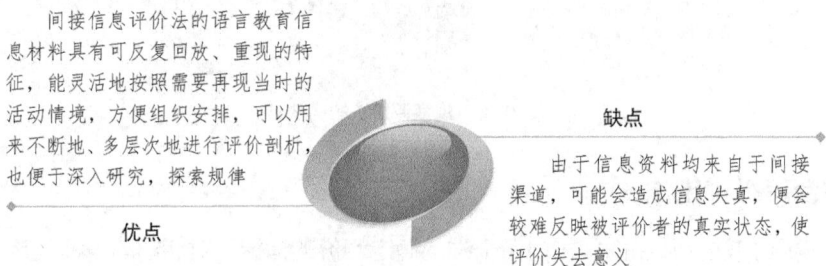

间接信息评价法的语言教育信息材料具有可反复回放、重现的特征，能灵活地按照需要再现当时的活动情境，方便组织安排，可以用来不断地、多层次地进行评价剖析，也便于深入研究，探索规律

优点

缺点

由于信息资料均来自于间接渠道，可能会造成信息失真，便会较难反映被评价者的真实状态，使评价失去意义

图10-7　间接信息评价法的优缺点

因此，间接收集的信息应尽量做到保持原貌，力求以最真实的状态呈现，使评价减少不必要的误差。

第二节　学前儿童语言教育评价的原则

引导案例

林老师通过对小班绘本教学《山羊爷爷的眼镜》课后的反思，找到了语言教育活动中的优点和不足。

《山羊爷爷的眼镜》讲述了"山羊爷爷不小心将自己的眼镜弄丢了，小羊主动要求帮山羊爷爷找到眼镜"的故事，在找眼镜的过程中，小羊遇到了许多小麻烦，但他一直没有放弃，最后小羊在坚持不懈的努力下，终于在菜地里帮山羊爷爷找到了眼镜。

这个小故事通俗易懂，适合小班幼儿学习。林老师准备了静态PPT课件和动态的AVI课件，让幼儿在动静结合中更快地沉浸在故事氛围中。在活动开始阶段，林老师向幼儿们抛出了各种问题，帮助幼儿充分理解绘本内容。

但在实际教学过程中，林老师发现了一个问题：由于刚开始幼儿对课本的理解不够深入，很多问题没有信心回答，不能畅所欲言。如果在幼儿观察完之后再提出问题，他们会回答得更好。

林老师根据学前儿童语言教育活动原则对自己的教学活动进行了自我评价，在未来的语言教育活动中，她会取长补短，不断提升教学效果。

学前儿童语言教育评价不仅能提高学前儿童语言教育的质量，还能提高学前儿童语言表达能力。进行学前儿童语言教育评价不能没有根据，它需要遵循一定的原则，这样才能对教育目标和教育内容进行有效的检验，从而发现优点并加以发扬，找出缺点并加以改进。

一、客观公正性原则

客观公正性原则是学前儿童语言教育评价的最基本原则。无论是语言教育评价机制的制定，还是语言教育评价的实施，都要遵循客观、公正的原则。只有采取公正、实事求是的态度，获取的信息才是真实的，才能对改进学前儿童语言教育起到指导作用，要避免主观臆断或掺杂任何个人感情色彩的评论与指责。

根据客观公正性原则，对学前儿童语言教育评价的要求主要有三点，如图10-8所示。

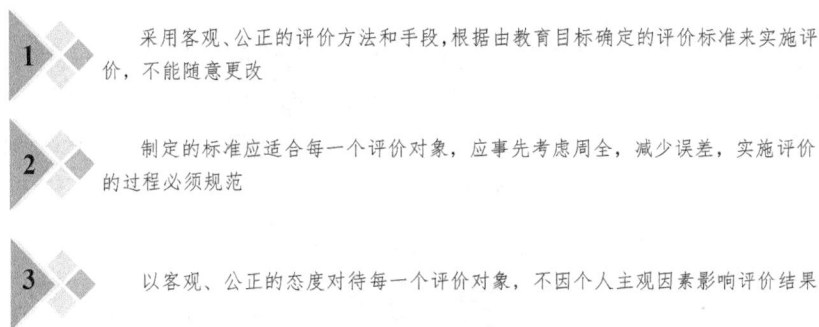

1 采用客观、公正的评价方法和手段,根据由教育目标确定的评价标准来实施评价，不能随意更改

2 制定的标准应适合每一个评价对象，应事先考虑周全，减少误差，实施评价的过程必须规范

3 以客观、公正的态度对待每一个评价对象，不因个人主观因素影响评价结果

图10-8 学前儿童语言教育评价的要求

二、连续全面性原则

学前儿童语言教育评价的连续全面性原则指连续不断地对语言教育活动的组成部分和构成要素进行全面评价，以符合教育实践不断运动、全面发展的特点。遵循连续全面性原则需要完整地把握以下内容。

（1）学前儿童语言的发展情况、教师的教学情况。

（2）学前儿童语言教育的目标、内容和方法。

（3）教具、学具的选择和利用。

（4）教师与学前儿童之间的互动情况。

（5）静态活动要素和动态活动过程。

三、诊断有针对性原则

诊断有针对性原则主要包括三个层面，如图10-9所示。

1 学前儿童语言教育评价不能单纯地进行目测评估，要进行具体的量化考核和质量评价。将量化的显性评定与质的隐性评定相结合，从而提高学前儿童语言教育的质量

2 有针对性的评价要重点考核设定的目标数量与程度是否达到要求，以及达到要求的具体情况

3 在针对性评价原则的指导下，能够及时找出问题存在的原因，并采取有针对性的改进措施，能够对在学前儿童语言教育中出现的问题进行有的放矢的改进

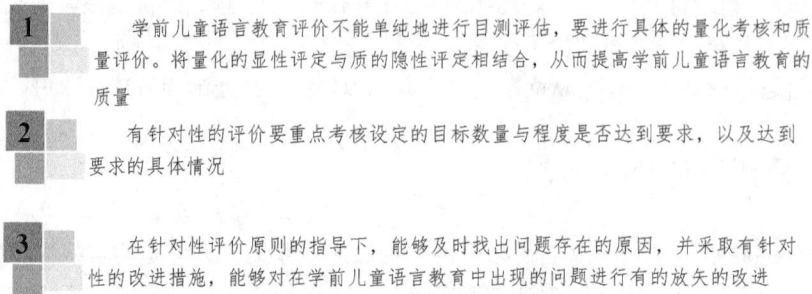

图10-9　诊断有针对性原则

四、参照性原则

学前儿童语言教育评价不是凭空设定原则，而应有科学的依据并遵循一定的规律。学前儿童语言教育评价是为了提升学前儿童语言教育的质量而采用的一种评价方式。在评价内容的制定上注意两点要求，如图10-10所示。只有这样，我们才能对学前儿童语言教育进行科学的评价。

要依据国家有关法规，依法制定评价原则　◀　制定要求　▶　遵循学前儿童语言发展的基本规律，根据语言教育的目标设定评价内容

图10-10　参照性原则要求

五、实效性原则

学前儿童语言教育评价的实效性是指评价教育活动方案的设计、实施的可行性及其教育目的所达到的程度或结果。

实效性评价原则的内容如下。

（1）通过学前儿童语言教育活动的开展，评价学前儿童在倾听、表达、阅读、交流中表现出来的语音、词汇、句子、讲述、理解、语法和阅读等水平的提高程度。

（2）评价学前儿童对语言学习和运用语言进行交流的态度、行为习惯的改变程度等。

（3）通过这种评价能够真实地反映语言教育情况和效果，为语言教育质量的提高提供可行性指导。

实效性评价主要有两种类型，如图10-11所示。

考虑学前儿童对语言教育的目的、任务的看法，强调通过多方面教育促进学前儿童语言的发展，既要评价学前儿童语言发展水平，又要评价语言教育、教学过程；既要评价专门的语言教学中教师与学前儿童的相互作用，又要评价学前儿童在日常生活中运用语言的情况。

竞赛型

着重活动组织形式的新颖和教学过程的完美，强调幼儿能否配合教师完成预定的计划

研究型

从幼儿是否能积极主动地学习来分析组织形式、教学过程及教师发挥的作用

实效性评价的类型

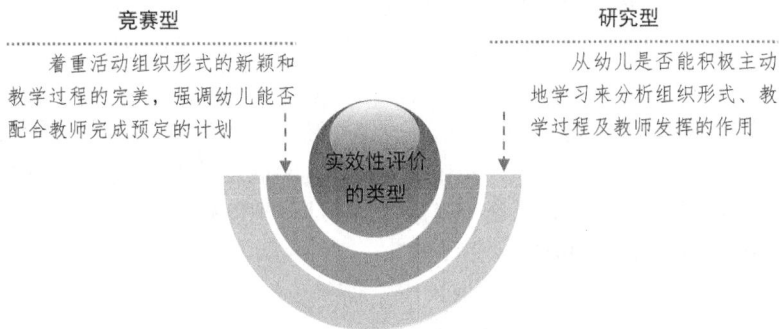

图10-11　实效性评价的类型

第三节　学前儿童语言教育评价的途径

引导案例

　　某幼儿园为了更好地监督幼儿语言的发展，提高幼儿教育活动的针对性，改进幼儿园的语言教育质量，对每个班级、每个幼儿的家长进行了问卷调查。问卷主要针对幼儿语言发展状况提出了一些问题，例如，幼儿最近语言表达上有哪些进步？语言表达方面有哪些缺点？对于幼儿语言教育有哪些建议和意见？……这些问题一方面提升了家长对幼儿语言教育的重视程度，另一方面反映了教师的教学质量。

　　家长对此次调查问卷也极为配合，认真填写内容。园方将问卷收回后，对家长的评价结果进行了总结和分析，发现小班家长大多认为自己的孩子语言表达能力进步很大，大班部分家长认为幼儿园的语言教育活动形式应该更加丰富些，并充分考虑大班学前儿童的心理特点。该幼儿园针对家长提出的建议进行了改进，希望在与家长不断的沟通中提升幼儿语言教育质量。

　　学前儿童语言教育评价的途径不是单一的，幼儿园应注意通过不同的渠道对学前儿童语言教育活动进行评价，从多角度观察与分析学前儿童语言教育活动，不断完善学前儿童语言教育教学环节的内容和质量。

　　对学前儿童语言教育进行评价，一般可以分为三个途径：一是自评途径，即幼儿园的自评；二是互评途径，即幼儿园之间的互评；三是他评途径，即第三方的评价，包括教育机构评价、社会评价及家长评价等。通过这三种途径，幼儿园能够全方位评价学前儿童语言教育的成效，找出其中存在的不足。

一、幼儿园自评

　　学前儿童语言教育质量的高低主要是通过幼儿园对本园教育理念、教师教学设计、教师基本功考核及教师日常教学的考核体现出来的。

　　幼儿园的日常考核、公开课考核、各种大型活动中对教师活动安排的考核，能够真实地

反映出在学前儿童语言教育中存在的问题，同时能够做出具有针对性的改进。

幼儿园的自我评价不但能够提高幼儿园自身的办学水平，同时也是自我生存的一个重要指标。

幼儿园对学前儿童语言教育的评价可以从日常生活和游戏中学前儿童之间的语言交流、学前儿童与教师的语言交流中进行。人的模仿能力在幼儿时期是最强的，尤其是对语言的学习，都是从模仿开始的，教师在对学前儿童语言教育中要体现出语言的规范性与准确性。

幼儿园自评的优势如图10-12所示。

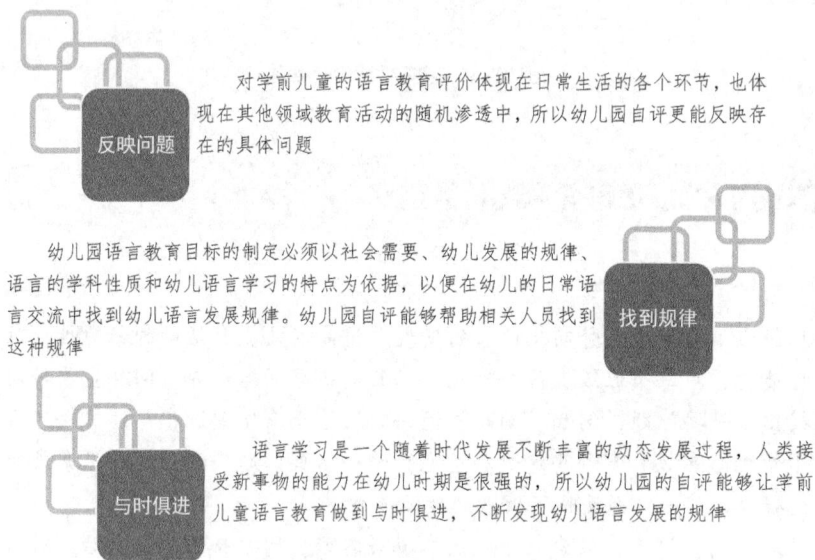

反映问题
对学前儿童的语言教育评价体现在日常生活的各个环节，也体现在其他领域教育活动的随机渗透中，所以幼儿园自评更能反映存在的具体问题

找到规律
幼儿园语言教育目标的制定必须以社会需要、幼儿发展的规律、语言的学科性质和幼儿语言学习的特点为依据，以便在幼儿的日常语言交流中找到幼儿语言发展规律。幼儿园自评能够帮助相关人员找到这种规律

与时俱进
语言学习是一个随着时代发展不断丰富的动态发展过程，人类接受新事物的能力在幼儿时期是很强的，所以幼儿园的自评能够让学前儿童语言教育做到与时俱进，不断发现幼儿语言发展的规律

图10-12　幼儿园自评的优势

二、同级机构互评与上级机构评价相结合

学前儿童语言教育是评价幼儿园教学质量的硬性指标之一，同级幼儿园之间的互评可以通过开展公开课或大型活动进行，一方面是给学前儿童提供展示自我的机会，另一方面也是对学前儿童教育的评价。

组织专门的语言教育活动对学前儿童进行语言教育评价，通过这种评价方式，幼儿园对学前儿童的语言教育能够达到一定的标准，这样幼儿园在日常的教学活动中就能做到有目的性、有针对性。

同级机构和上级机构的评价也是整合教育观的一个体现，学前儿童语言教育内容的整合主要是社会知识、认知知识和语言知识的有效结合。在评价过程中，能够发现存在的共性问题，通过同级机构和上级机构的评价提出一个针对共性问题的解决方案。

三、家长评价

在学前儿童进入幼儿园阶段后，能够发现学前儿童在语言的丰富性与规范性上发生变化的人，除了幼儿园的教师外，就是家长。家长在教育学前儿童时没有规范性，因此更能发现学前儿童在语言表达上的变化。在对学前儿童语言教育评价中，应该将家长发现学前儿童语言变化的情况以问卷调查的方式进行数据收集。

家长的意见是真实反映教师教学质量的重要依据之一。渗透的语言教育充分利用学前儿童的各种生活和学习经验，在真实的生活情境中为学前儿童提供更加广泛的、多种多样的学习语言的机会，提供给更好地运用语言获得新的生活经验和其他方面的学习经验的机会。现在很多幼儿园都建立了家园体系，设立了家委会，充分发挥家长对幼儿园教育的关注与参与作用，将这种渗透的语言教育向幼儿园外的家庭延伸，是全面提高学前儿童语言发展的途径。

<table>
<tr><td>第四节</td><td>学前儿童语言教育评价的发展</td></tr>
</table>

引导案例

这节课是语言教育活动"我喜欢……"，要求幼儿说出自己喜欢的事物或事件，以及喜欢的原因。王恬老师先说出了自己喜欢的东西，并讲述了自己喜欢的原因，然后问："小朋友们，你们有没有喜欢的东西呀，告诉老师你为什么喜欢它。"

小朋友们听后，都高高地举起了自己的小手，目光追随着老师，身体也跟着老师转，跃跃欲试，希望老师马上点到自己的名字，甚至有一些小朋友忍不住，没等老师点名，自己就说了起来，都非常热情。

这时，王恬老师板起脸，严肃地说："谁遵守课堂纪律，我就让谁回答。"教室立刻安静下来，小朋友们都被老师前后截然不同的态度"打"得措手不及，之后课堂的气氛再也没被调动起来，小朋友们的热情被泼了一盆"冷水"，大家都不敢畅所欲言了。

学前儿童语言教育评价是提高学前儿童语言表达能力的重要途径。通过评价，教师能够发现自身存在的问题，并有针对性地进行改进。鉴于学前儿童语言教育评价的现状，我国学前儿童语言教育的发展还有进一步提升的空间。

幼儿教师在进行语言教育的过程中，过于注重教学技巧和教学内容的完整性，却往往忽视了学前儿童的语言运用情境。学前儿童语言运用能力的发展是学前儿童语言教育的重点，教师要为学前儿童创造一个宽松、愉快的语言环境，让学前儿童想说、敢说，畅所欲言。

一、提供宽松的语言运用情境

幼儿园语言教育的首要任务是帮助学前儿童成为积极的语言运用者，在交往中逐渐学习理解和表达不同的看法。

教师需要注意保护学前儿童运用语言交往的主动性和积极性，为学前儿童提供宽松的语言运用情境。《纲要》对这一点有明确要求：创造一个自由、宽松的语言交往环境，支持、鼓励、吸引学前儿童与教师、同伴交谈，体验语言交流的乐趣。

因此，不论是学前儿童语言教育评价还是定量与定性的评价体系，都要在教学环节与教学活动中加大对这方面的评价。

目前，学前儿童语言教育存在以下现象，如图10-13所示。

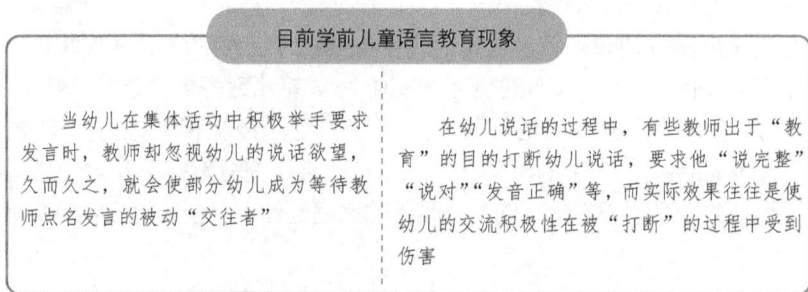

图10-13　目前学前儿童语言教育现象

宽松的语言学习环境是愉快的，是积极互动的，是允许出错的。如果教师让每个学前儿童诉说哪怕不成熟的想法，让每个学前儿童有说的机会，那么他们说话的欲望就会得到满足和鼓励，就有了运用语言的机会。因此，教师应当允许学前儿童表达得不准确、不完整，要相信学前儿童会在交谈的过程中说得越来越准确，越来越完整。

创造性语言运用环境，应当是学前儿童"想说、敢说"的环境，也是学前儿童可以随时大胆质疑提问的学习环境，同时还是鼓励学前儿童表达对学习内容预期和假设的环境。

二、提升学前儿童的早期阅读能力

《纲要》把学前儿童早期阅读方面的要求纳入语言教育的目标体系，并提出"要培养幼儿对生活中常见的简单标记和文字符号的兴趣；利用图书、绘画和其他多种方式，引发幼儿对书籍、阅读和书写的兴趣，培养前阅读和前书写技能。"

提高学前儿童早期自主阅读能力是早期阅读教育的关键。学前儿童通过自主阅读，其词汇量会不断增加，对世界的探求欲望将被开启。这不仅能使学前儿童获得语言能力的提升，也是探索世界的重要途径。

学前儿童早期阅读能够帮助学前儿童在阅读中不断提升语感。

培养学前儿童早期阅读能力有以下四种方式。

（一）阅读前的准备性活动

在阅读前首先要为学前儿童选择适合其所在年龄段阅读的书籍。例如，为小班学前儿童准备图画篇幅较多的书籍，这样能吸引学前儿童去阅读，并通过图画让其理解文字的内涵。

为大班学前儿童准备文字篇幅较多，但以图文并茂为主的书籍。随着年龄的增长，学前儿童识字的数量在不断增加，所以在大班学前儿童的阅读中，一方面需要提高学前儿童识字的能力，另一方面需要通过文字来提高学前儿童的想象力与对文字的理解力。

（二）培养学前儿童进行自由阅读

由于个体的差异性，学前儿童对不同书籍的兴趣点不同，所以在培养学前儿童早期阅读中要给学前儿童充分的自由，让他们根据自己的兴趣点选择书籍。学前儿童在这种自由的阅读中能够真正体会到阅读的乐趣，掌握语言并能在实际生活中进行运用。

（三）师幼共同阅读

学前儿童的自由阅读是按自我喜好选择书籍，阅读的书籍类别比较单一，掌握的语言范围比较窄。为此，采用师幼共同阅读、教师引导的方式，让学前儿童和教师共同阅读一本书，学前儿童能对不认识的字音进行识别，教师可以对读错的字音进行纠正。

（四）学前儿童复述阅读的内容

复述是将阅读的内容通过口语的方式讲述出来。复述的过程是学前儿童对阅读的内容进行回顾与消化的过程，也是学前儿童对阅读的内容重新进行语言组织的过程。这种方式不但能提高学前儿童的语言组织能力和语言表达能力，还能提高学前儿童的记忆力与对事物的关注度。

在对学前儿童早期阅读能力的评价中，要采用一定的考核方式。教师在教学过程中对学前儿童阅读书籍的数量进行量化，对学前儿童复述阅读内容进行等级上的评价。

三、培养母语之外的第二语言能力

在发展学前儿童母语能力的同时，积极地对学前儿童进行第二语言的启蒙，是提高学前儿童语言能力的重要方式。早日开发学前儿童对外语语音和文字符号的认知能力与兴趣，有利于减少成年后的母语习惯对学习外语的不利影响。

家长可以采取图10-14所示的三种方法有意识地培养学前儿童的第二语言能力。

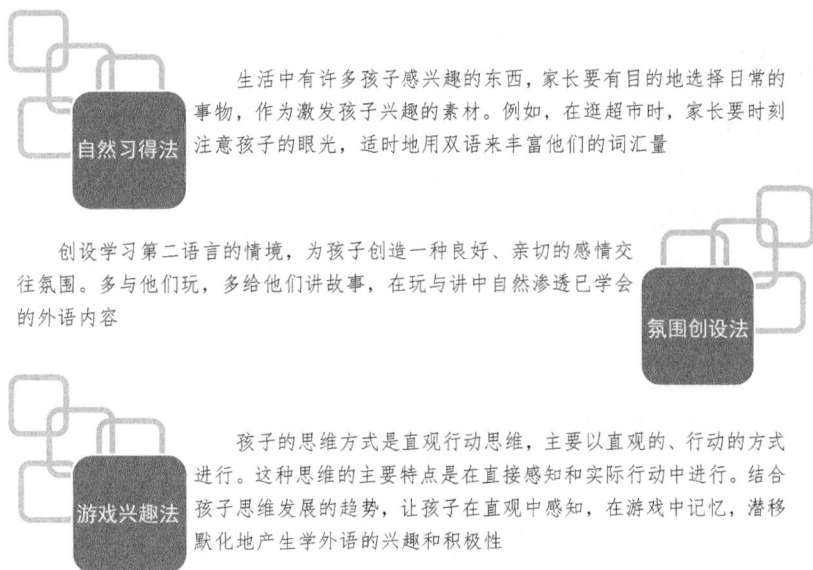

自然习得法　生活中有许多孩子感兴趣的东西，家长要有目的地选择日常的事物，作为激发孩子兴趣的素材。例如，在逛超市时，家长要时刻注意孩子的眼光，适时地用双语来丰富他们的词汇量

氛围创设法　创设学习第二语言的情境，为孩子创造一种良好、亲切的感情交往氛围。多与他们玩，多给他们讲故事，在玩与讲中自然渗透已学会的外语内容

游戏兴趣法　孩子的思维方式是直观行动思维，主要以直观的、行动的方式进行。这种思维的主要特点是在直接感知和实际行动中进行。结合孩子思维发展的趋势，让孩子在直观中感知，在游戏中记忆，潜移默化地产生学外语的兴趣和积极性

图10-14 培养孩子第二语言能力的方式

四、培养学前儿童整体语言能力

学前儿童整体语言能力包括听、讲、读、写的基本能力。提高整体语言能力对学前儿童的学习和生活影响非常大，它能促进学前儿童创造性的认知特征、情感特征、人格特征及身体动作的发展。

思考与实训

一、思考题

（一）名词解释

1. 学前儿童语言教育评价
2. 自由叙述法

（二）简答题

1. 简述学前儿童语言教育评价的内涵。
2. 简述学前儿童语言教育评价的作用。
3. 简述学前儿童语言教育评价的内容。

（三）论述题

1. 阐述学前儿童语言教育评价的主要方法。
2. 阐述学前儿童语言教育评价的原则。
3. 阐述学前儿童语言教育评价的途径。

二、案例分析

一只小小鸟，两只小小鸟，

见面点点头，点点头，

你亲亲我，我亲亲你，

碰一碰，碰一碰，

飞走了。

【活动目标】

1. 体验与同伴相亲相爱、友好相处的美好情感。
2. 鼓励幼儿在集体面前大胆地表达自己的感受。
3. 理解儿歌内容，清晰、大方地朗诵儿歌。

【活动准备】

课件——声音：小鸟叫声

课件——照片：小鸟

课件——音乐：《树林里的小鸟》

【活动过程】

（一）导入

播放小鸟的叫声，引起幼儿的兴趣。

教师：大家仔细听听，这是谁在叫？

（二）展开

1. 出示照片：小鸟。

教师：从小鸟的叫声里，你能听出它们在干什么吗？（引导幼儿听小鸟的叫声，模仿小鸟做各种动作。）

教师引导性地参与，微笑着点点头，亲一亲小朋友，抱一抱小朋友。

教师：小鸟们这么快乐，你有什么感受？（鼓励幼儿大胆地表达自己的感受。）

2. 教师朗读儿歌，并配有音乐。

3. 幼儿大声朗读儿歌，并模仿小鸟飞的动作。

4. 找出儿歌中都出现了哪些小鸟的动作，培养幼儿对动词的理解。

5. 找出儿歌中两只小鸟愉快相处的词语，培养幼儿情感上的认知。

6. 畅所欲言，请幼儿谈谈读了这首儿歌后的感受。

请分析上面的教学设计是否合理。

三、拓展训练

根据学前儿童语言教育评价的原则，对自己见习或实习中的某个语言教育活动进行评价，并将自己的评价撰写成文。